낭비 '0'를 실현하는
도요타 개선력

낭비 '0'를 실현하는 **도요타 개선력**

지은이 | 정일구
펴낸이 | 김성실
편집 | 이소영·박성훈·김진주·채은아·김성은·김선미
마케팅 | 곽홍규·김남숙
인쇄 | 한영문화사
제본 | 광성문화사
펴낸곳 | 시대의창
출판등록 | 제10-1756호(1999. 5. 11.)

초판 1쇄 발행 | 2005년 10월 24일
초판 5쇄 발행 | 2007년 1월 25일

2판 1쇄 인쇄 | 2008년 9월 24일
2판 5쇄 발행 | 2015년 11월 9일

주소 | 121-816 서울시 마포구 연희로 19-1 4층
전화 | (02) 335-6125
팩스 | (02) 325-5607
이메일 | sidaebooks@hanmail.net

ISBN 978-89-5940-131-4 (03320)
책값은 뒷표지에 있습니다.

ⓒ 정일구, 2005, Printed in Korea.

- 잘못된 책은 바꾸어 드립니다.
- 무단 전재와 복제를 금합니다.

낭비 '0'를 실현하는
도요타 개선력

정일구 지음

시대의창

머리말

'무궁한 발전'을 위해 '개선'을 숭상한다

하나의 생명체가 주어진 환경에서 살아남아 스스로 추구하는 역할을 다 이루기란 참으로 어려운 노릇이다. 그리고 생명력을 유지하기 위해 스스로 계속 진화하면서 다른 생명체에도 영향을 줄 만큼 능력을 확대하는 일은 더욱 어렵다. 종족의 생존을 넘어 번창하기 위한 생명체의 노력은 그만큼 눈물겹고 치열할 수밖에 없다. 자연의 생명체에만 해당하는 얘기는 아니다. 급변하는 시장 환경과 살벌한 경쟁 속에서 살아남아야 하는 '기업'도 더할 나위 없이 끈질긴 생명력과 성장력이 요구되는 생명체다.

대다수 기업들이 우선 '살아남기 위해' 몸부림치고 있는 가운

낭비 '0'를 실현하는 도요타 개선력
TOYOTA

데 유독 경이로운 번영을 구가하는 초일류 기업이 있으니, 바로 '일본의 자존심'으로 일컬어지는 도요타자동차다. 자동차의 선진 기업으로 군림하던 미국의 빅3가 점차 쇠퇴하는 반면 도요타는 첨단기술은 물론이고 내부경쟁력과 글로벌 경영능력 면에서도 기존의 선두그룹을 훨씬 앞질러 가고 있다.

수많은 업종 가운데서 왜 '자동차'의 제조판매능력에 가장 큰 가중치를 주는 걸까? 자동차는 정밀기계장치의 복합체로서 첨단 기술력의 상징이며, 여타 산업에 커다란 파장을 미치는 종합 산업인데다가 전 세계 상품시장에 미치는 영향력이 막대하기 때문이다.

자동차 제조 기업은 물론 전체 기업 가운데서도 도요타는 다방면에서 타의 추종을 불허하는 초일류 기업이다. 이런 도요타가 어떠한 능력을 모태로 성장할 수 있었는지를 다루는 동시에 성장 엔진이 되는 도요타 생산 시스템을 주축으로 한 경영 시스템의 전반적인 소개가 『도요타처럼 생산하고 관리하고 경영하라』는 제목으로 출간되어 독자 여러분에게 소개된 지 벌써 한 해가 흘렀다. 도요타를 상세하게 분석한 이 책을 통해 도요타 파워의 원천을 알게 된 열성 독자들의 호평과 격려에 늘 고마워하고 있지만, 특히 지식 습득에 그치지 않고 실천할 수 있는 보다 상세한 접근법과 방법론 집필을 재촉해온 분들에게 더욱 감사드린다.

도요타의 생산원리와 경영 집행방식을 개괄적으로 전달한『도요타처럼 생산하고 관리하고 경영하라』에 이어지는『낭비 '0'를 실현하는 도요타 개선력』에서는 도요타의 진화능력과 실천능력을 어떻게 해석하면 우리 것으로 이식시킬 수 있는가를 연구하였다.

도요타가 보유한 힘의 원천을 창업자의 유전자, 조직력, 경영자들의 리더십, 걸출한 혁신세력 등 여러 가지로 분류할 수 있지만 그 가운데서도 가장 강력한 영향력과 에너지 창출의 보편성을 지닌 요소는 바로 '개선'이다. '개선'은 우리가 일상에서 흔히 쓰는 보통명사지만 도요타에서 추구하는 '개선'은 도요타 경쟁력의 8할을 담당할 만큼 가공할 위력을 지닌 고유명사다.

도요타는 모든 활동을 '개선'에서 출발하여 '개선'으로 마감할 정도로 개선활동을 숭상한다. '개선'은 도요타의 무궁한 발전을 위한 '신앙'이다. 도요타의 직원이라면 누구나 이 신앙을 지킬 의무를 지닌다. 이 의무는 강제된 일회성 행사가 아니라 자연스럽게 몸에 밴 일상생활이다. '개선'을 숨쉬듯이 일상화시키는 것—바로 이것이 '도요타 생산방식'의 핵심이다.

많은 기업들이 생존을 위한 개선이나 개혁을 추구해 왔지만 그

낭비 '0'를 실현하는 도요타 개선력
TOYOTA

어느 것도 (오랜 세월에 걸쳐 강력한 무기로 작용해온) '도요타 생산방식'에는 미치지 못했다. 현재 '도요타 생산방식'이 일본에서 유일한 혁신 무기로 인정받고 있을 뿐 아니라 전 세계 굴지의 기업들이 앞 다퉈 벤치마킹하려는 현상을 볼 때 '도요타 생산방식'이 세계 제조업 운영 표준이 되는 것은 시간문제일 것이다. 그러한 도요타 생산방식 가운데서도 가장 강력한 무기인 '개선의 힘'을 정확하게 해석하고 우리 것으로 체화하려면 아는 것을 넘어 꾸준한 실천 노력이 뒤따라야 한다.

TPS(도요타 생산방식)의 완성자 오노 다이이치大野 耐一는 "개혁의 고통을 두려워하는 조직은 결국 소멸되고 만다"는 진리를 설파했다. 이는 생각에만 따른 이론이 아니라 그 자신이 오랜 기간 몸소 겪어온 체험의 소산이다. 개혁이든 개선이든 그 실천 과정에는 고통이 따르게 마련이다. 그러나 그 고통을 이겨내고 면역이 형성되면 누구나 개혁을 당연하게 여기게 되고 개선을 일상화하게 된다. 이러한 도요타식 개선사고는 제조기업은 물론이고 다른 업태에서도 폭넓게 활용할 수 있을 것으로 믿는다.

전반부에서는 도요타의 개선의식과 사고 그리고 수행 능력에 대해 기술하고, 후반부에서는 도요타의 개선 방식을 자신의 기업 현장에서 현실화하는 방안을 서술하였다. 물론 실천 경험에 따른 필자의 의견도 덧붙였다.

이 책이 우리 기업들의 개선활동에 좋은 길잡이가 되어 우리 경제가 한 단계 도약하기를 소망한다.

먼저 번 책에 이은 후속 아이디어를 이끌어 낸 시대의창 김성실 대표와 김이수 주간께 감사드리고, 까다로운 용어와 딱딱한 내용을 한 차원 높게 소화시켜준 편집진 여러분에게 고마운 마음을 전한다. 끝으로 국가 산업에 도움이 되는 인물이 되기를 늘 기도하는 아내와 원고 작성에 도움을 준 딸 혜진, 아들 우열 그리고 깊은 관심을 가져주신 주위 분들께 감사드린다.

지은이 | 정 일 구
http://www.ciktps.pe.kr

개정판을 내면서

개선사고와 개선방식 도입으로
난관을 극복해간다

　　　　　　도요타가 창업한 지 70년 만에 세계의 정상을 차지할 줄은 아무도 몰랐다. 그들 자신도 알 수 없었던 일이다. 전 직원이 오직 앞만 보고 전진했을 뿐이고 어느 기업과도 충돌하는 일 없이 독자적인 길을 걸어왔을 뿐이다. 수많은 기업들이 1980년대부터 독보적인 성과를 내는 도요타의 업무 시스템이나 행동철학을 벤치마킹하려 했으나 거의 수포로 돌아갔다. 그 이유는 무엇일까?

　도요타는 겉만 보고는 판단할 수 없는 독특한 기업이다. 그들이 갖고 있는 기업문화나 행동철학은 쉽게 복사되지 않는다. 그 이유 가운데 가장 큰 것은 창업자를 비롯해 종업원 모두 회사가 완전 파멸할 뻔한 큰 상처를 간직한 데서 온 불굴의 정신이 있었기 때문이다. 특히 회사는 망해도 기업주는 망하지 않는다는 통설을 뒤집고, 위기에 처한 회사를 구하기 위해 창업주가 희생을 마다하지 않다가 결국 죽음에까지 이르는 참 기업인의 길을 간 덕분에 그 혼을 되살리려는 직원들의 노력이 오늘의 도요타를 일구었다.

그런 기업의 직원들이 갖는 개선의 추진력은 일반 기업과는 다를 수밖에 없다. 누가 시켜서 하는 억지 행동도 아니고 코앞의 단기목적을 위해서 하는 것도 아니다. 그저 다시는 겪고 싶지 않은 환경을 만나고 싶지 않아서 할 뿐이다. 또 그렇게 전진하지 않으면 오늘의 내가 아무런 의미를 찾지 못할 것이라는 생각이 있어서다. 요즈음 국내 기업들의 경영환경을 볼 때 우리에게 그런 정신과 행동력이 더욱 필요하다. 기업의 진로는 정부가 정해줄 수도 없고 지원책으로 성장할 수도 없다.

점점 어려워지는 상황 속에서 각 기업들은 새로운 돌파구를 찾기보다 기존에 경쟁력이 있다고 여겨지는 분야에서 더욱더 정진하는 편이 훨씬 좋다. 그런 노력에 요구되는 기본자세는 도요타와 같이 전 직원이 현재의 방법을 가장 낙후된 방식으로 간주하고 보다 나은 개선책을 탐색하는 것이다.

이번에 발간하는 개정판은 보다 실천적인 사례와 구체적인 방법론

낭비 '0'를 실현하는 도요타 개선력
TOYOTA

을 보강해 실질적인 개선행위에 자극을 주도록 노력했다. 특히 현장의 부가가치 과정에서 발생하는 불량을 극복하는 개선요령과 전사적으로 활동할 수 있는 원가개선 방법, 업무 완성도를 높이는 행동요령 등을 추가하였다. 또 필자가 출간한 도요타의 시리즈 책들과 내용이 연계되도록 하여 독자들이 보다 깊게 연구할 수 있도록 주력했다.

  아무쪼록 이 책이 도요타의 정신과 행동을 깊이 접할 수 있는 유익한 길잡이가 되길 바라며, 국내 실정에 적합한 개선사고와 개선방식의 내용을 추가한 개정판이 나올 수 있도록 격려와 자극을 준 독자들에게 감사를 드린다.

지은이 | 정 일 구

CONTENTS

머리말 '무궁한 발전'을 위해 '개선'을 숭상한다 · 4
개정판을 내면서 개선사고와 개선방식 도입으로 난관을 극복해간다 · 9
프롤로그 도요타의 '개선'이 위대한 이유 · 17

제 1 부
도요타 개선활동, 그 본질의 이해

1장-도요타가 보유한 개선의식

01 개선활동은 도요타 전 사원의 기본 업무다 · 26
기본 방향은 인간존중이다/당연한 일을 당연하게 하는 것이 개선/개선은 WIN-WIN전략의 수단/도요타 현장의 개선관/개선은 당연하므로 습관화하라

02 개선은 현상을 부정하는 사고로부터 출발한다 · 40
현재의 방법은 최선이 아니다/경영층에서부터 실천하라/5WHY 질문법-현상부정을 전개시키는 사고법/과거의 굴레에서 벗어나라

03 개선에는 끝이 없다 · 50
도요타의 생산성을 따라잡는 방법/생산성 추구 활동의 기본사고/지속력과 집중력은 개선의 엔진/개선활동의 3원칙/표준은 개선의 출발점이다/다양한 지혜로 경쟁력을 확보하는 실험

04 제약 조건은 개선활동의 장해가 아니다 · 66
제약 조건의 극복 습관은 도요타의 DNA/장해 극복의 방법들/다품종소량 환경의 극복/작은 장해 요소들의 극복/정면 돌파의 적극성/복합적 장해 요인들 극복하기

2장-도요타가 추구하는 개선의 방향성

05 개선의 방향을 구체적으로 부여한다 · 80
기업 비전은 개선의 방향성과 같다/상상을 초월하는 목표 설정/개선의 귀재 스즈무라의 출현/경영자가 직접 개선의 방향성과 목표 제시/생산성 측정에 따른 개선 목표 설정/단순화와 간소화도 개선의 방향/흐름화 전략은 개선의 극치/JIT 활동의 기준이 개선활동의 평가 기준/개선의 방향성 제시는 절대적으로 중요/리더십에 따른 개선 방향 제시

06 합리화 활동으로 개선을 누적시킨다 · 103
합리와 개선의 관계 정립/TPS는 합리화의 결정체/합리화의 결과는 벤치마킹이 불가능하다/합리화의 목적과 목표의식/근면성과 화합력이 합리화의 촉진제

3장-도요타 개선활동의 기본 능력

07 훌륭한 제품과 훌륭한 사고의 관계를 정립한다 · 114
지혜를 만드는 방법/현지 · 현물을 통한 제조기술의 개선/철저한 원인 추구 발상법/광범위한 사실을 확인하는 법/철저한 5WHY 원인추구로 업무를 합리화/오류의 방지는 사전 예방 사고방식으로 해결

08 고정관념을 혁신적으로 타파한다 · 137
흐름생산의 구축을 거부하는 이유/생산 집행자들의 고정관념/SCM이 아니라 DCM을 하라/생산 실적에 대한 고정관념/설비 가동 평가는 부가가치 발생 능력 기준/준비교체 능력 향상은 경쟁력의 원천/고정관념 타파 대상 영역

09 발상을 전환한다 · 151
도요타는 역발상의 전문가 집단/남다른 발상의 상시常時 적용 조직/수익성 관리를 생산에서 실행/발상의 전환으로 난국 돌파

10 관리감독자의 역할을 발휘한다 · 161
오노 다이이치의 리더십/현장을 중시하는 리더십/범골凡骨을 강골强骨로 만들어라/도요타 현장 리더십의 원천/개선의 진두지휘는 상사의 솔선수범으로

제 2 부
도요타 개선활동의 전개 방식

4장-도요타의 철저한 낭비배제 철학

11 낭비와 비효율의 원천을 제거한다 · 176
7대 낭비는 개선활동 대상의 모든 것/능률 향상보다 우선하여 낭비를 제거하라

12 비효율의 원흉을 찾는 능력을 키운다 · 186
문제 발견 능력이 최우선이다/낭비 인식 수준이 기업 수준을 결정한다/작은 낭비 인식과 해결 방법/낭비 발견 도구를 개발하라

13 낭비제거와 원가개선의 역학 관계를 규명한다 · 195
공격과 방어를 동시에 하라/낭비와 원가의 관계를 구체적으로 연결시켜라/고객을 위해서 원가를 내려라/TPS의 최종목표는 원가 내리기/원가의 안정화도 원가개선이다/원가저감의 활동부문과 접근법

5장-도요타 초일류의 근원은 현장 개선 능력

14 도요타가 보유한 위력의 근원 · 216
도요타의 경영관은 자주정신으로부터 출발/TPS는 경영 시스템이다/도요타의 내면 경쟁력은 초일류/심층적인 제조능력이 경쟁력을 결정

낭비 '0'를 실현하는 도요타 개선력　TOYOTA

15 도요타의 조직적인 개선능력 · 224

개선능력의 평가로 위계 질서를 잡는다/TPS는 제조기술 중심의 비즈니스 모델/단순한 비즈니스 모델이 효과 만점/수직·수평의 전개로 완성시켜라/과학적인 개선 사고로 개선을 습관화한다

16 제조 과정에서의 품질삽입 능력 · 236

공정품질을 잡아라/품질 완성을 위한 혹독한 훈련/TPS는 공정품질의 보호자/제조 과정에서 불량을 발견하라/워크헤드를 불량 해결책의 KEY로 설정/MWTPP 원리를 응용한 품질확보 방법/공정수의 축소는 불량의 자동 감소/품질 개념을 재정립한 도요타

17 자신감 넘치는 실천력 · 255

평소의 실력 연마가 대응력을 결정한다/개선의 실천력에 중점을 둔 인재양성법/최고가 되려면 개선활동을 하라

6장-개선을 영원히 지속시키는 도요타의 방법론

18 의식 개혁 형성을 위한 노력 · 262

성장에는 의식 무장이 필요/리더의 추진력이 의식을 바꾼다/TOP의 의지를 전 사원에게 전달한다/리더는 카리스마적 개혁 의지가 필요/부서간의 벽을 허물어라

19 개선사상을 공유화하는 능력 · 270

개선활동 확대의 3원칙/조직적으로 추구할 수 있는 동기를 찾아라/벌어진 사실을 있는 그대로 볼 수 있는 환경

20 계획적인 인재육성을 통한 활동 전개 · 276

처음부터 체계적으로 하라/진급하고 싶은 욕망을 갖게 하라/키우려면 최고로 키워라/제도를 만들었다면 활성화시켜라/도요타 사원들의 놀라운 기획력/단기업무의 목표달성 방법

제 3 부
도요타식 낭비 발견 학습

7장-연속생산(가공조립 및 장치산업) 형태에서 낭비 발견

21 실제 상황에서 낭비를 발견하는 연습 · 298
   낭비 발견 TEST Ⅰ

22 낭비 발견 포인트 해석과 개선 논리 · 308
   과잉 제조와 재고 낭비/운반 · 대기 · 동작 낭비/재공 감축은 L/T 단축/불량 · 가공 · 폐기 낭비

8장-수주설계생산(프로젝트 산업) 형태에서 낭비 발견

23 실제 상황에서 낭비를 발견하는 연습 · 322
   낭비 발견 TEST Ⅱ

24 낭비 발견 포인트 해석과 개선 논리 · 331
   비반복성 업무에도 7대 낭비는 있다/L/T 단축에 따른 경쟁력 만들기/패턴이 없는 7대 낭비 출현

에필로그 · 338

부록

01 TEST Ⅰ 모범해답 · 342
02 TEST Ⅱ 모범해답 · 353
참고문헌 · 363
찾아보기 · 367

프 | 롤 | 로 | 그

낭비 '0'를 실현하는 도요타 개선력
TOYOTA

도요타의 '개선'이 위대한 이유

도요타는 세계적인 신용평가기관 무디스 사로부터 기업 능력 및 가치 평가에서 최고 수준인 트리플 에이(Aaa)를 받은 반면, 경쟁사들은 훨씬 낮은 신용등급을 받고 있다. 도요타는 단일 품종의 제조 기업으로서는 사상 초유의 실적(2007년 기준으로 260조 원이 넘는 매출과 수십 조 원이 넘는 경상이익 그리고 50조 원에 가까운 현금보유 능력)을 내고 있을 뿐 아니라 지속적인 성장 가능 기업으로 평가받고 있으니 그럴 만도 하다.

브레이크 없는 성장 엔진을 가동하고 있는 도요타는 2010년에 총

프 | 롤 | 로 | 그

1000만 대가 넘는 생산력을 돌파하면서 세계 제1의 자동차 메이커로 군림할 것이다(이익 규모에서는 이미 세계 최고 기업이다). 도요타가 내뿜는 이런 위력의 밑바탕에는 세계 표준 모델이 되어가고 있는 TPS(도요타 생산방식)와 전 임직원의 탁월한 개선 능력이 깔려 있다.

20세기를 풍미했던 미국의 자동차 선도 기업들은 이제 그 왕좌를 도요타에 넘겨주어야 하는 처지에 놓여 있다. 그야말로 가랑비에 옷 젖은 꼴이다. 묵묵히 자기 길을 걸어온 도요타의 황소걸음에 대책 없이 당하고 만 것이다. 이제 도요타의 생산성은 미국의 빅3보다 10년은 앞서가고 있다. 누구도 당분간 도요타를 따라잡기는 어려울 것이다. 마침내 선두 그룹에서 도요타의 독주가 시작되었다.

특히 도요타는 최근 수년에 걸쳐 총체적인 경쟁력과 재무 안정성 면에서 뛰어난 능력을 발휘하고 있다. 이러한 배경에는 도요타만의 독특한 경영 성과가 있다. 많은 기업들이 규모를 키우기 위해 사업의 다각화를 추구해온 반면 도요타는 단일 품목을 통한 규모의 확대를 추구하여 경영의 다각화라는 수단으로 경영의 질적 향상을 이룩해 가고 있다.

사업을 다각화할 경우 사업 기회를 넓힌다는 의미는 있지만 규모의 경제나 집중력을 발휘하여 경쟁력을 높이는 데는 불리하다. 따라서

낭비 '0'를 실현하는 도요타 개선력
TOYOTA

도요타는 자동차 업종 하나에만 집중하여 세계시장을 석권한다는 확대전략을 선택했고, 규모의 확대를 성공시키기 위해 경영 수단의 질을 높이는 전략에 승부를 걸고 있다.

다양한 경영 수단을 구사하여 주목받기 시작한 1970년대 후반 이후 한때 도요타 방식은 '비인간적'이라는 비난을 받기도 했으나 결국 '존경받는 기업'으로 일본의 '자존심'이 되었다.

도요타가 추구하는 경영다각화의 각 방면에서 모두 뛰어난 방법을 구사하려면 반드시 필요한 요소가 있다. 바로 '개선력'이다. 추구하는 경영방식을 성공시키려면 끊임없는 개선이 필요하다. 도요타는 한 번 해보고 아니면 말고 식의 경영은 하지 않는다. 선택에 심혈을 기울이고, 일단 선택했다면 끝까지 노력하여 결국 성공시키는 기질이 강하다.

도요타의 개선력은 이미 세계적으로도 유명하지만 "도요타에서는 어떻게 모든 임직원이 개선활동에 전념할 수 있도록 만드는가?"를 제대로 이해하고 있는 사람은 드물다. 타의 추종을 불허하는 도요타의 성과는 독특한 경영방식과 관리방식에서 비롯한다.

도요타는 창업자를 비롯하여 역대 모든 경영자가 개선 전문가다. 창업자 도요다 기이치로豊田 喜一郎, 재건 전문가 이시다 다이조石田 退三, 발전 세대의 도요다 에이지豊田 英二, 혁신 세대의 오쿠다 히로시奧

田 碩, 그리고 조 후지오張 富士夫 사장과 와타나베 가쯔아키渡辺 捷昭 사장에 이르기까지 모두 '개선도사'다. 대주주의 측근이나 파벌 중심의 인사는 있을 수가 없다. 오히려 도요타의 경영 원리는 간명하다. 개선에 열성적인 사람을 승진시키면 그 아래 직원들은 자연히 개선에 게으를 수 없다는 것이다. 따라서 개선활동이 몸에 배지 않은 사람은 도요타에서는 절대로 승진할 수 없으며, 개선 전도사가 되지 않고서는 최고경영자에 오를 수도 없다.

  조 후지오는 도요타 사장 시절에 이렇게 말한 적이 있다. "도요타가 다른 회사와 다른 점을 한 가지만 들라면, 개선에는 끝이 없다는 것을 직원 모두가 이해하고 있다는 것이다. 기술이나 사회가 진화하면 낭비 또한 진화하기 때문에 사람의 힘으로 그것을 없애가는 것이 재미있는 일이라고 생각한다." 도요타에서는 개선활동이 '이벤트'가 아니라 '생활'이라는 사실을 보여주는 말이다.

  도요타는, 많은 기업들이 인건비를 핑계 삼아 후진국으로 공장을 옮기는 현상을 못마땅하게 바라본다. 해외 공장 건설은 수요에 따른 것이어야지 도피성이 되어서는 바람직하지 않다는 생각이다. 효과가 바로 나타나고 써먹기가 쉽다는 이유로 '마지막 비상수단'을 너무 쉽게 남용해서는 위대한 기업은커녕 좋은 기업도 될 수 없다는 것이다.

낭비 '0'를 실현하는 도요타 개선력
TOYOTA

    도요타 은퇴자들 가운데 개선 전문가들은 은퇴 후에도 활발한 활동으로 고수입을 올리고 있다. 도요타와 리쿠르트가 공동으로 설립한 컨설팅 회사가 많은 기업들에게 개선활동을 전파하는 데 도요타 출신 은퇴자를 100퍼센트 활용하고 있기 때문이다. 도요타의 '개선'이 은퇴 후에도 밥을 벌어주고 있는 셈이다. 이렇듯 '개선'은 위대하다.

    도요타의 '개선'이 위대한 것은 지속적인 실천에 따른 개선의 자가 발전이 있기 때문이다. 도요타 방식은 제조기업은 물론이고 모든 산업에서 배워서 활용할 가치가 무궁무진하다. 산업을 넘어서 우리의 일상에서도 배워서 몸에 익힐 만한 요소가 넘친다.

    21세기, 도요타 방식은 생존과 번영의 새로운 아이콘으로 뜨고 있다. 누구나 도요타를 배우고자 하지만, 대부분 용두사미龍頭蛇尾로 끝나는 마당에 과연 누가 청출어람靑出於藍을 이룰 것인가.

TOYOTA

기업 활동 가운데에서 개선의 힘은 조직경쟁력의 근원이 된다. 어느 누군가가 현재보다 나은 방법을 선택하여 수행함으로써 그 결과가 다른 사람의 편리와 기쁨으로 이어지면 그 행복감이 또 다른 개선의 원동력이 되어 새로운 개선을 유발한다. 개선은 이러한 환원적 고리를 갖는 특징 때문에 매우 중요한 의미를 갖는다. 또한 개선은 지혜를 동원하여 현상을 변화시킨다는 의미를 갖고 있어서 반드시 현상을 부정한 이후에야 가능하다.

PART 01

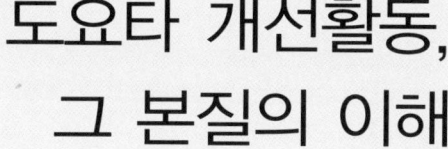

도요타 개선활동,
그 본질의 이해

CHAPTER 01

도요타가 보유한 개선의식

개선활동은 도요타 전 사원의 기본 업무다
개선은 현상을 부정하는 사고로부터 출발한다
개선에는 끝이 없다
제약 조건은 개선활동의 장해가 아니다

TOYOTA

01 개선활동은 도요타 전 사원의 기본 업무다

기본 방향은 인간존중이다

자유경쟁 시장에는 경쟁이 심하지 않아서 독과점의 형태로 군림하는 단순한 상품이 있는 반면, 소비자의 다양한 요구로 인해 대량으로 쉽게 접근할 수 없으며 독점할 수도 없는 상품이 있다. 그러한 다양성 아래에서도 제조업에 종사하거나 서비스업에 관계하는 모든 이들에게 부여된 과제가 있다. 그것은 다름 아닌 품질Quality 개선, 납기Delivery 준수, 원가Cost 저감低減이라는 3대 과제를 말한다.

특히 자동차라는 상품은 상품설계 면에서 소비자가 많은 대안을 요구할 수 있으면서도 폭넓은 선택권을 갖고 있는 특성을 지닌다. 따라서 제작하는 입장에서는 경쟁이 심한 업종이라고 판단할 수밖에 없다. 자동차의 기능 자체가 이동이라는 생활의 기본 기능을 수행하기 때문에 독과점의 혜택을 보기 어려운데다가 범세계적으로 심한 경쟁을 뚫고 나가야 하는 분야여서 만드는 주체는 각고의 노력을 해야 한다. 또한 시대가 발전할수록 고객의 취향은 다양해지고 자동차 경쟁자들이 앞 다투어 고객 선점을 위해 노력하기 때문에 상품의 스피디한 출시가 보편화되어 결국 상품의 생명 주기가 짧아지는 현상으로 나타난다. 그만큼 일이 더 어려워지는 것이다.

자동차의 특정 모델을 부분적으로 바꾸어 출시하는 작업을 Face Lift라 하는데 그 간격을 예전에 비해 반으로 줄이는 활동 때문에 자동차 회사들은 많은 고민을 떠안아야 하고 수많은 개선 과제를 수행해야 하는 부담이 늘어만 간다.

과연 누가 지혜롭게 그리고 신속하게 높은 성과를 내면서 이런 환경을 극복하느냐가 경쟁에서 살아남는 생존의 열쇠가 된다. 자동차의 수요 패턴 변화를 표현한 것이 〈그림 1-1〉이다.

대중적인 차량의 전 차종 Full Line-Up을 만드는 기업 중에 초일류의 기업 가치를 인정받는 도요타는 두 가지의 효율화 대상을 복합적인

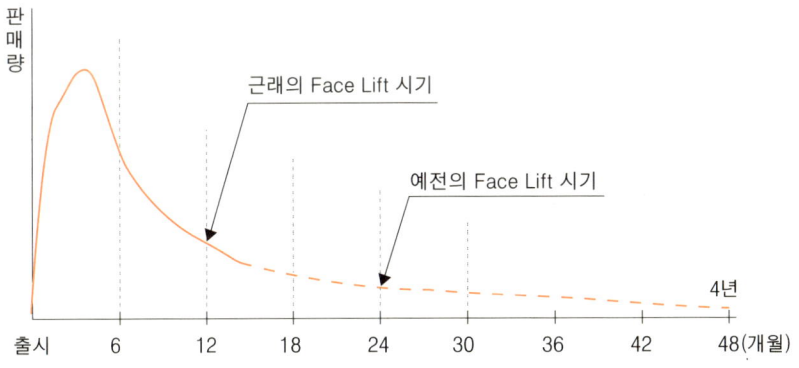

〈그림 1-1〉 자동차의 수요 패턴

개념으로 실천함으로써 위와 같은 경쟁 환경을 극복하고 있다.

즉, 물건物만들기와 사람人만들기라는 슬로건으로서 물건은 훌륭한 상품(소비자가 요구하는 품질이 우수한 상품)을 의미하고 사람은 해당 상품을 가장 신속하고 안전하게 만드는 관련자 집단을 뜻한다. 특히 도요타는 좋은 상품을 만드는 주체는 결국 사람이기 때문에 종업원들 육성에 가장 힘을 기울여야 한다는 당연함을 앞세우고 있다.

가령 품질이 좋은 상품을 만들기 위해 훌륭한 설비와 기계를 도입하거나 공법이 훌륭하더라도 그것을 활용하는 인간의 의식이 걸맞는 수준으로 동반되지 못하면 제조(서비스) 현장의 유지와 개선은 불가능하다. 결국 초점이 자연스럽게 사람(작업자)에게 모이게 되어있다. 이런 관점이 도요타 개선의식의 출발점이라 할 수 있다.

인간의 지혜는 무한하다는 도요타생산방식(이하 TPS라 함)의 숨은 메시지를 인식해 가면서 문제점을 하나씩 해결해 가는 동안 도요타의 경영자들은 장애물인 허들의 높이를 점차 높여가며 전진하는 자화상을 자주 강조한다. 건전한 위기의식으로 무장한 종업원을 요구하는 것이다. 이것이 도요타의 사람만들기의 기본방향이다.

이러한 중심사고를 확고히 하기 위해 21세기 초에 '2001 도요타 웨이Way'의 두 기둥을 '지혜와 개선' 그리고 '인간성 존중'으로 명시했다. 기업의 질적 개선은 자본력도 아니고 시설도 아니고 오로지 사람에게 달려있다는 신조의 표시이다.

당연한 일을 당연하게 하는 것이 개선

기업 활동에 있어서 시대적인 환경이 급속하게 변하면 그 시점을 하나의 전환기로 받아들여야 한다. 소비자 측의 변화 혹은 경쟁자 측의 변화에 대응해야 하는 기업의 키워드로는 3가지를 들 수 있다.

> ●●● 첫째는 '버리는 용기'가 필요한데 이는 곧 현상을 부정하는 감각을 말한다.
> ●●● 둘째는 '위기감을 공유'하는 감각인데 이 감각은 활동 전환의 계기를 함께 마련한다.
> ●●● 셋째는 '변하려는 노력'이 요구된다. 변하려는 노력의 가장 큰 분야가 개선활동이다.

즉, 기업이 전환기의 환경을 극복하려면 현상의 모든 것을 부정할 줄 아는 의지가 필요하고 그것을 개인이 아닌 조직 전체의 분위기로 만들어 새로운 극복점을 찾아 나서는 개선활동으로 연결하면 그 행동 체계를 바로 혁신활동이라 부를 수 있는 것이다. 이러한 연결 구조의 의식과 행동을 통해 새로운 비즈니스 모델이 탄생하기도 하는데 도요타는 바로 이 과정을 습관처럼 구사하고 있다는 점에서 타기업과 큰 차별화를 이룬다.

변화하는 기업 환경에서 스스로 끌어안고 있는 문제가 많다고 느끼는 기업은 반드시 경쟁 업계 평균 이하의 실적이나 방법론으로 업무를 진행하고 있음에 틀림없다. 반면에 뒤처진 징후를 일찍 알아챈 기업은 경쟁 업계의 평균 수준이나 혹은 더 높은 수준까지 모든 것을 끌어 올리려고 노력할 것이다. 이런 활동을 일컬어 남에게 뒤처지지 않으려는 개선활동Improvement이라 한다. 그리고 업계 평균을 초월하는 수준으로 뛰어 오르는 행동을 하게 되면 그것을 혁신활동Innovation이라 부른다.

도요타가 갖는 개선의식은 바로 혁신활동에 해당하는 의식이며 타 기업이 어떻게 하는지는 별 관심 없이 오로지 도요타를 어떻게 개선할 것인가에만 초점을 맞추어 수단들을 전개한다. 따라서 종업원들 모두는 창조적 지혜를 동원하는 수밖에 없다. 수단에 의한 경영방식 Management By Means, MBM의 전형적인 형태가 도요타의 개선활동을 떠받치고 있다는 증거다.

TPS의 완성자인 오노 다이이치는 '당연한 일(것)을 당연하게 하는 것'을 개선활동이라고 정의하는 동시에 TPS의 본질은 '당연한 일(것)을 끈기 있게 계속하는 업무 체계'라고 정의한다. 따라서 TPS를 성실히 수행하는 것 자체가 개선활동이며 개선된 방법론을 체계적으로 정착시킨 것이 바로 TPS라는 발상을 갖고 있었다.

개선은 WIN-WIN 전략의 수단

도요타가 '개선'이라는 단어에 모든 긍정적인 의미를 부여하는 근본적 이유는 개선활동 자체가 고객의 감동을 불러일으키고 생산자의 이익을 확대하는 두 가지의 큰 기둥 역할임을 진작 깨닫고 있기 때문이다. 즉, 기업이 고객과의 관계에서 목표로 삼고 있는 윈-윈Win-Win

전략을 달성하는 데에 개선만큼 훌륭한 수단이 없다고 보고 있다.

어느 벽지 도배공의 단순한 개선이 어떠한 영향력을 발휘하는지 살펴보기로 한다. 주택 한 채의 벽지 도배를 완성하는 데 하루 8시간이 걸려 10만 원의 일당을 받는 숙련공이 있다고 하자. 이 숙련공은 혼자서 일하는 습관이 붙어서 스스로 도구들을 준비한다. 그런데 어느 주택의 공사 주문을 받아 일을 하던 중 중요한 도구 하나를 깜빡하고 가져오지 않았고 할수없이 중간에 가게로 돌아가서 도구를 가져오느라 1시간 이상을 지체했다고 가정해보자.

이런 상황에서 집주인은 저녁을 먹기 전까지 도배가 완료될 줄 알았으나 여의치 않자 하는 수 없이 도배공의 몫까지 더 주문하여 저녁을 마쳤다. 결국 도배하는 데 걸린 총시간은 계획된 8시간에, 도구를 가져오는 1시간 반과 잠시 저녁을 해결하는 시간 30분까지 합쳐 총 10시간이 넘게 걸린 셈이다. 게다가 도배공의 저녁값을 따로 계산하기가 멋쩍어 하는 수 없이 도배 비용은 계획된 10만 원을 넘어서고 말았다.

이런 미안한 상황과 마주쳤던 숙련공은 8시간 동안 그것도 혼자서 처리하는 방식으로는 예상하지 못했던 문제가 발생할 수 있다는 것을 느끼고 어떻게 하면 고객에게 폐를 끼치지 않게 작업할 수 있을까를 궁리해 보았다. 그리고 도배작업을 순서대로 분석한 결과 숙련이 필요한 작업과 비숙련으로도 해결할 수 있는 일이 반반씩 차지한다는 것을 알게 되었다. 따라서 인건비가 반밖에 안 되는 비숙련공을 보조요원으로 채용하여 각자 맡은 일을 동시에 해낸다면 도배작업을 4시간 안에 완료할 수 있는 것이다. 그렇게 하면 하루에 주택 두 곳을 할 수 있어 총 20만 원의 수입이 생기고 비숙련공의 하루 평균 임금 5만

원을 지불해도 15만 원의 수입이 되어 50퍼센트의 수입 증가 효과를 볼 수 있었다.

　그런데 고객들은 소요시간이 반으로 줄어들어 시간적인 여유를 버는 결과만 있을 뿐 금전적으로 어떠한 이익을 새로 얻는 것은 아니다. 그래서 이 숙련공은 고객에게도 새로운 금전적 이익을 제공하는 의미로 1만 원 내린 9만 원의 비용만을 받기로 결심했다. 이렇게 되면 자신은 하루 두 번 공사에 총 수입은 18만 원이 되고 거기서 비숙련공 5만 원을 지불하면 13만 원의 순수입이 결정되나 비숙련공의 사기를 고려하여 1만 원을 더 주고 나면 본인은 12만 원의 수입이 결정된다. 그래도 이전보다 20퍼센트의 수입이 증가되고 각종 도구를 비숙련공에게 일임하여 업무 부담도 줄어들어 두 마리 토끼를 한꺼번에 잡는 효과였다. 또한 공사 시간 단축과 10퍼센트의 가격인하 효과가 있어서 고객은 대만족할 수 있는 조건이 된다.

　이렇게 고객과 생산자 모두가 이익을 볼 수 있는 방향으로 상황을 뒤바꿀 수 있는 힘이 바로 개선활동에 있다. 따라서 개선은 고객과 생산자 모두에게 새로운 만족과 이익을 이끌어 내는 원동력으로 작용하게 되며 그것이 곧 개선의 궁극적 목표임을 철저히 깨닫고 있는 사람들이 바로 도요타의 현장 종업원들이라 할 수 있다. 예제를 그림으로 간단히 표현해 보면 〈그림 1-2〉와 같다.

　위와 동일한 실제 사례가 국내 기업에서도 있었다. 국내 제일의 조선소인 H사는 세계적 석유업체 엑손 모빌로부터 석유시추 플랜트를 수주할 때 까다로운 세 가지 계약조건을 준수하면 100억 원의 인센티브를 고객사로부터 별도로 지불받는다는 조건도 통보받았다. 그런데

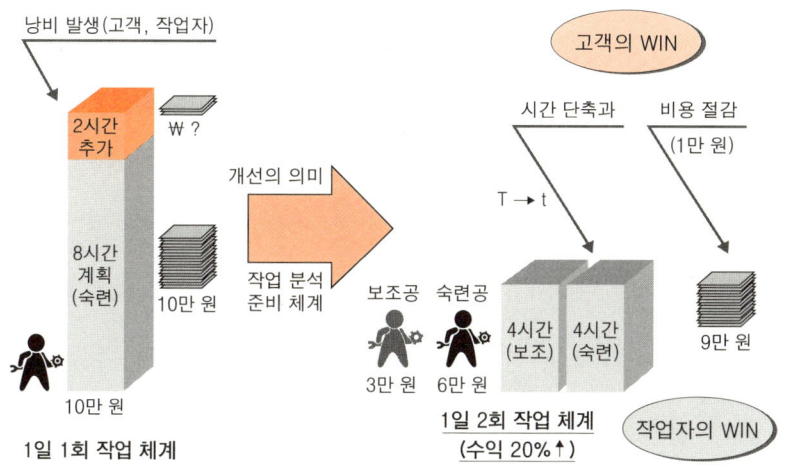

〈그림 1-2〉 개선은 고객과 생산자 이익의 확대 효과

H사는 약속된 3가지(기간 34개월, 하자 없는 품질, 작업장 무재해)를 기본적으로 준수하는 것은 물론, 개선을 거듭하여 기간을 2개월이나 앞당겨 제품을 건네주어 고객으로 하여금 매출을 조속히 일으킬 수 있도록 하는 추가 서비스까지 제공하였다. 그런 결과 고객사는 감사한 마음과 함께 약속된 인센티브를 흔쾌히 지불하게 되었고 동시에 많은 현장 작업자들은 간접 이득을 얻을 수 있었다.

그러나 이런 사례가 얼마나 드문 일인지 세간의 뉴스거리가 되는 것을 봐도 알 수가 있다. 약정된 문서로 되어 있지는 않지만 도요타가 그러한 Win-Win의 완성을 위해 평소에 개선 노력을 게을리하지 않는다는 증거로 도요타의 가치를 높게 평가하는 고객의 증가와 점진적인 구매 고객의 증가 현상을 들 수 있다.

도요타 현장의 개선관

도요타는 현장의 바람직한 모습 또는 되고 싶은 모습을 다음의 세 가지로 압축한다.

●●● 1. 작업 면에서 부가가치 활동 점유율 100퍼센트
●●● 2. 완성품은 100퍼센트 양품이면서 직행률은 100퍼센트
●●● 3. 설비 가동률可動率 100퍼센트

첫 번째 항목은 모든 작업자들의 움직임을 곧 돈이 되는 움직임으로만 구성시켜 쓸데없이 시간만 지체하거나 목적 없는 움직임은 하나도 없게 하는 상태를 말한다. 두 번째 항목은 첫 번째 공정에 투입한 재료가 중간에 순서가 바뀌지 않고 마지막까지 순서대로 완료되는 동시에 모두 양품 판정을 받는 상태를 말한다. 세 번째 항목은 생산하고자 하는 계획된 시간에 어떠한 제조설비나 기계도 정지하지 않고 운용되는 상태를 말한다.

사실 위와 같은 상태는 제조를 담당하는 공장의 입장에서는 당연히 달성해야할 조건이다. 그러나 이 조건들을 달성하는 제조 공장은 세계에 단 한 군데도 존재하지 않는다. 모든 제조 기업들이 위와 같은 상태를 궁극적인 추구 목표로 삼아 개선과 방법상의 혁신을 거듭하고 있는 것이 실상이다. 위와 같은 당연 논리에서 출발한다면 도요타가 개선을 왜 '당연한 일을 당연하게 하는 것'이라고 정의하는지 바로 이해가 갈 것이다.

일반적인 제조 현장이나 서비스 현장에서는 바람직한 절대적 수준을 도달할 수 없는 곳으로 당연하게 간주해서 불량 '0'라는 수치적 목표가 거의 불가능한 것으로 여기고 있다. 일반적인 기업들은 다만 경쟁 업체보다 뒤처지지 않는 선에 서기 위해서 업계 평균보다 낮은 불량률을 추구하는 것이고, 더 나아가 앞선 위치를 확보하기 위해서도 업계에서 가장 낮은 불량률보다 조금 더 낮은 값을 목표로 노력하는 것이 최선의 활동이라고 생각한다. 그러나 도요타는 진정으로 불량 '0'에 도전장을 내밀었다. 특히 고급 차종인 렉서스를 자국 내에 확대 보급하는 시점을 기점으로 완벽한 품질을 보증하기 위해서 불량 '0'를 선언하고 모든 개선활동을 추진하고 있다. 평소에도 도요타는 불량이 '0'에 가깝지만 그것이 경쟁 업체보다 비록 훨씬 낮은 수치라도 만족해 본 적이 없다. 왜냐하면 아직 '0'가 아니기 때문이다.

일반적인 기업의 모든 부문에서는 혁신을 하기 위해서 혁신 개념의 설정과 그 개념에 동참하는 지혜내기 활동이 필요하겠지만, 생산 현장은 혁신 개념을 세울 필요가 없다. 이미 당연한 목표값들이 존재하기 때문에 지속적인 지혜가 필요할 뿐이다. 이것이 도요타의 개선관改善觀이다.

개선은 당연하므로 습관화하라

도요타의 사원들이 일상적으로 수행하는 일에는 항상 개선활동이 삽입되어 있다. 단순한 업무 처리만으로는 일이 될 수가 없고 개선이 가미된 업무 구성이 되어야 인정을 받는다. 그 이유는 개선의 반복이 곧 혁신이라고 믿고 있기 때문이다. 사실 '개선'이라는 단어만 들어도 소름이 끼칠 정도로 제일 싫어하는 계층이 관리자들이다. 개선은 단지 일상적인 업무 이외에 별도로 변화를 위한 '추가적 업무'라고 간주하기가 쉽다. 그리고 수많은 아이디어와의 싸움이 기다리고 있는 관계로 귀찮은 대상이 되기도 한다. 그렇게 기피하는 개선활동을 자연스럽게 일상의 업무와 함께 수행하는 도요타 직원들의 정신을 보통의 의지로는 따라가기가 힘들다.

특히 도요타는 생산 현장 직원들에게 왜 개선해야 하는지를 인식시키는 방법으로 만약 개선하지 않으면 개선행위보다 더 큰 고통이 따를 수 있음을 이해시킨다. 예를 들어 불량제조의 습관을 완전히 개선하지 않으면 고객이 외면하는 결과를 낳아 생산의 일거리가 줄어드는 가장 치명적인 고통을 가져올 수 있음을 깨우쳐준다.

사실 바쁜 가운데, 그것도 발본적인 개선안을 강구하여 제안하는 것은 어려운 일이라고 느끼기 쉽다. 그러나 실제로 파헤쳐 보면 개선안의 도출이 어려운 것이 아니라 어디에 손댈 것인가를 모르는 경우가 허다하다. 따라서 자신의 업무 주위에 만족스럽지 못한 결과가 드러나는 대상부터 집중적으로 분석할 줄 아는 능력이 우선 필요하다. 그래서 문제를 발견하면 새로운 아이디어로 승부하려고 어렵게 접근할 것이 아니라 이미 알고 있는 상식의 재조합이나 각도를 달리한 응용 정도만 강구해도 참신한 개선안이 나올 수 있다.

그런 이유로 도요타의 모든 현장에서는 우선 대상을 깊이 관찰하는 방법부터 가르쳐 개선을 쉽게 유도하는 습관을 길러준다. 사실 문제가 무엇인지 알게 된다면 개선하기는 쉽기 때문이다. 도요타 생산방식 자체가 그러한 철학을 기본으로 하고 있다.

도요타는 사원들에게 개선 과제를 매일 실천할 수 있도록 유도하면서 계획적으로 하루 근무시간 중 한 시간 전후의 시간을 할애하는 습관을 길러준다. 그런 실천 중심의 습관들이기 배경에는 시간투입량에 비례해서 목표의 달성 수준도 높아진다는 인식을 깔고 있다.

TPS의 완성자인 오노 다이이치가 어떻게 부하 직원들의 개선 습관을 길러 주었는가에 대한 사례를 살펴보자. 관서지방에 위치한 다이하츠 공업이 도요타의 계열사로 편입된 후 도요타의 소형차를 위탁받아 생산에 막 착수할 때였다. 다이하츠는 최초로 한 라인에서 두 종의 차를 생산하게 되어 부품의 증가를 막을 수가 없었고 생산 담당자들은 예전의 습관과 사고를 바탕으로 3000평의 부품창고 건설을 요구했다. 그러나 오노 다이이치는 단호히 거절하면서 부품창고 없이 생산 가능한 방안을 찾으라고 명령했다. 실무자들은 하는 수 없이 이제까지 창고 없이는 왜 안 되는가의 이유만을 피력하던 분위기에서 벗어나 창고 없이도 가능한 방법을 거듭 연구한 끝에 결국 목적을 이루어 냈다. 목적을 이룰 때까지 꾸준히 개선을 실행하게 하여 말로 가능한 것은 실제로도 가능하다는 확신을 심어준 것이다.

한편 도요타의 모든 개선활동은 반드시 원가와 연결짓는다. 그 예로써, 가솔린과 전기의 복합연료 방식인 하이브리드 자동차 프리우스는 2004년 이전까지 생산 대수의 한정으로 인해 적자를 보면서 팔 수밖에 없었다. 그런 불리한 처지에 있었던 프리우스를 대상으로 대대적인 원가개선 활동을 전개한 끝에 고정비를 충분히 상쇄시키는 수준으로까지 극복하는 결과를 내기도 했다. 또한 기존의 차종에 대해서는 전錢 단위(1/100엔)까지 적극적으로 원가를 낮추는 발상으로 규모의 경제를 활용한 효과를 도출하는 데에도 고삐를 늦추지 않는다. 실로 세계 최강의 원가개선력을 지니고 있음을 알 수 있다.

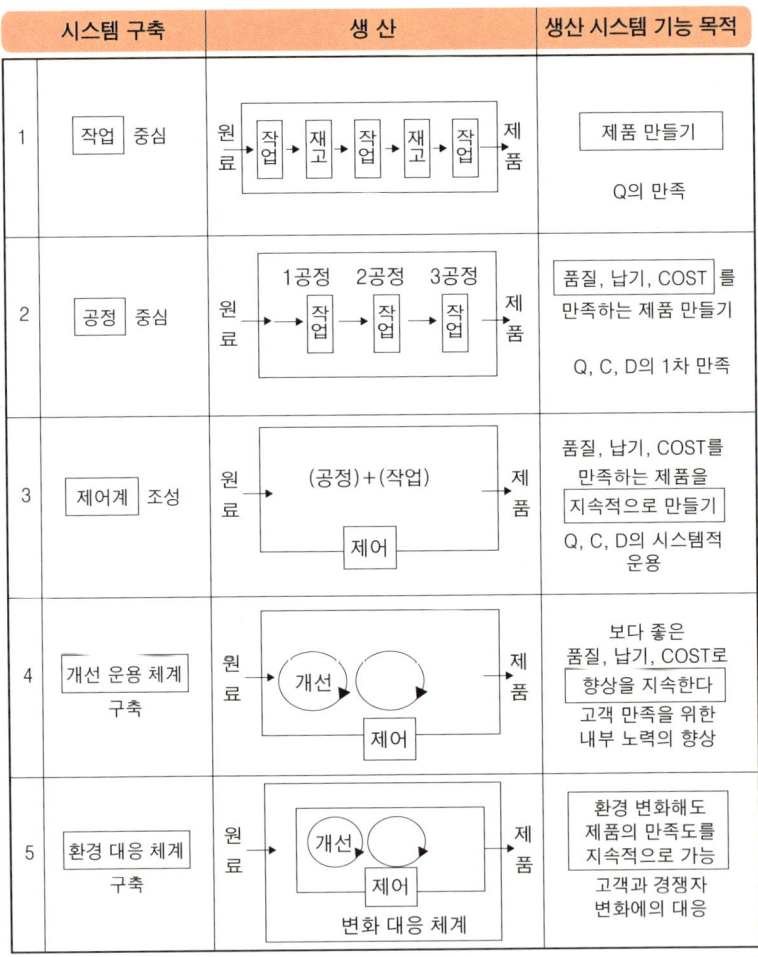

〈그림 1-3〉 기업 성장 5단계

도요타에서 구사하는 개선사고와 미국에서 발생한 개선학문 사이에는 기본개념에서부터 차이가 있다. 전통적인 개선학문인 IE Industrial Engineering에서는 우선 문제 있는 대상을 개선의 대상으로 삼아 분석하고 극복안을 도출하지만, TPS는 문제 있는 대상은 물론이고 문제가 없다고 생각되는 대상에 대해서도 개선한다. 그래야 경쟁자가 감히 모방할 수 없는 방법으로 가치를 지속적으로 창조할 수 있기 때문이다. 참으로 무서운 개선의식이 아닐 수 없다.

그리고 그 개선력은 고객과 경쟁자들의 어떠한 변화에도 대응할 수 있는 힘을 말하는데, 관리 능력의 3요소인 품질Quality, 납기Delivery, 원가Cost와 관련시켜 성장하는 단계를 5단계의 수준으로 나타내 보면 〈그림 1-3〉과 같다.

02 개선은 현상을 부정하는 사고로부터 출발한다

현재의 방법은 최선이 아니다

전략이란 남과 어떻게 차별화하여 잘할 것이냐에 대한 방법 구상을 의미한다. 도요타의 전략은 시간의 흐름에 따라 항상 과거보다는 나은 성과를 도출하는 개념을 갖고 있다. 어떻게 보면 매우 간단하고 단순해 보일 수도 있다. 그러나 시간의 흐름에 따라 늘 변화를 일으킨다는 것은 일반인에게는 거의 불가능하다고 생각된다. 하지만 그런 어려움을 그리 힘들이지 않고 지속시킬 수 있는 도요타의 저력은 남다른 사고방식에서 출발한다. 바로 현상부정現狀否定 사고이다. 즉 현재 사용하거나 다루는 모든 방법과 상태가 최선이라고 생각하지 않고 반드시 보다 나은 방법이 있을 것이라고 생각하는 사고법이다.

오노 다이이치는 도요타의 인물 가운데 가장 대표적인 탈상식의 인물이라 할 수 있다. 도요타에 근무하는 동안 현재 하고 있는 것을 한 번도 훌륭하다고 생각한 적 없이 현상을 바꾸고 말겠다는 의식으로 뭉쳐진 사람이다. 그러한 사고를 혁신의식이라 부른다. 만약 현재의 방식이나 방법을 최선이라고 판단한다면 더 이상 방법의 진화는 기대하기 힘들고 시간이 흘러도 변함없이 제자리걸음에 머무를 수밖에 없다.

많은 기업에서 목격할 수 있는 현상인데, 몇 년이 지나도 똑같은 담당 관리자나 작업자가 동일한 방법 또는 조건으로 일하는 것을 보면 현재의 방법을 최상으로 보는 매너리즘이 지배하고 있는 것을 발견할 수 있다. 초일류와 삼류는 이렇듯 현상에 대한 인식 차이(긍정적인가 아니면 부정적인가)에 따라 차별화된다. 종이 한 장 차이다.

도요타 생산방식은 현상부정을 통한 문제 해결의 수법이라 볼 수 있다. 이 수법은 응용의 여지가 많아 그 어느 단편적인 기법보다도 낭비의 제거나 원가를 혁신적으로 내리는 데 영향력이 크다고 할 수 있다. 오노 다이이치는 심지어 '변화하지 않는 것은 악'이라는 극한적인 말까지 사용하며 현장 사람들의 변화를 유도해서 TPS를 완성시켰다. 그 과정에는 경영층TOP의 '이대로는 안 된다'는 강한 생각이 현상부정 사고라는 구체적인 방향으로 사원들을 이끌어 결국 모두가 진정으로 위기감을 공유하고 그 위기감을 변혁의 에너지로 전환시켰던 노력이 녹아들어가 있다. 이러한 현상부정 습관을 통해 기업의 기본 체질을 변화시켜 환경의 변화를 앞서 가면서 최소의 자원으로 최대의 부가가치를 창출시킨다는 점에 TPS의 진정한 가치가 있다.

도요타를 경영했던 조 후지오 사장도 도요타를 움직이게 하는 기본 이념이나 인간존중의 정신, 현장주의와 같은 개선정신을 제외하고는 경쟁 원리에 해당되는 모든 전략이나 전술 및 수행 방식들은 반드시 그리고 늘 변화해야 할 것으로 강조하곤 했다. 그런 사고가 도요타 경영진의 경영 신념이라 할 수 있다.

변화도 없고 개선도 활성화되지 않은 기업들을 보면 경영진과 사원들 모두 해결해야 할 당면 문제를 안고 있다는 점을 발견할 수 있다. 사실 개선할 여지가 많은 공장들은 사원 자신들이 왜 변하지 않으면 안 되는가를 이해하지 못하고 있는 경우가 태반이다. 특히 그러한 이해가 부족한 상태에서 간혹 상부로부터의 돌발적인 강제적 개선활동 추진 기미가 조금이라도 보이면 대부분의 종업원들은 개선 의욕의 싹을 잘라버리는 반발의 행동을 하기 쉽다. 현재의 자기방식을 부정해야 하는 부담과 개선활동이라고 하는 부가적 일이 귀찮기도 하고 개선을 하면 오히려 노동 강화상태로 변해버릴 것 같은 선입감을 갖고 있기 때문이다.

그런 이유로 결국 개선활동 기피 현상은 종업원들이 몰라서 못하는 것이 아니라 개선활동에 대한 이기적인 해석, 즉 치밀한 주관적 이해타산의 결과인 것이다. 따라서 경영진은 왜 개선을 반드시 해야만 하는지, 개선을 하려면 어떠한 사고를 연습해야 하는지를 종업원에게 늘 인식시키는 동시에 도요타처럼 경영신부터 솔신수범의 변화를 일으켜야 한다.

경영층에서부터 실천하라

도요타의 사원들은 매일 업무와 마주할 때 항상 의문을 갖고 현상 부정에서 시작하는 습관들을 지니고 있다. 의심이 가는 대상은 자신이 직접 확인하고 비록 어려운 과제일지라도 피하지 않고 도전하는 자세를 갖는 것이 특징이다. 이런 일련의 과정에서 반드시 지혜를 도출해야만 도전 과제를 해결하기 때문에 현상부정 사고가 곧 지혜의 씨앗이라 볼 수 있다.

그러한 행동들은 경영층에서부터 행동으로 보여준다. 도요타의 임원들은 예고 없이 현장을 들리는 것이 다반사다. 제조업에서는 부가가치 활동의 중심지가 역시 생산 현장임을 잘 알기 때문이다. 마치 누가 더 현장의 현실을 알고 있는가 하는 시합을 하듯이 틈만 나면 앞 다투어 현장을 관찰한다.

관찰하던 현장 라인 복도에 볼트 나사 하나가 굴러다니는 것을 발견하면 주머니에 집어넣어 사무실로 돌아가 확인한 후 담당 책임자에게 전화를 걸어 다시금 현장의 관리 태세를 점검하게끔 일침을 가한다. 아랫사람을 꾸짖기 위한 빌미로 값싼 허드레 자재의 방치 사실을 물고 늘어지는 것이 아니라 부품이 어떻게 현장의 복도에 굴러다니는 상태까지 되었는지의 진짜 원인을 찾아 혹시 다른 부품에도 있을 수 있는 우려를 말끔히 해소하라는 전면적인 예방 차원의 재점검을 위해서다. 이런 뜻을 부하 직원들은 십분 이해하기 때문에 임원들의 예고 없는 현장 방문에 대해 도요타의 현장 간부들은 항상 긴장감으로 대응한다.

일의 대상에 의문을 갖는 습관을 흔히 '문제의식'이라 정의한다. '문제'란 일의 결과나 현 상태의 수준이 애초에 목표했던 일정 수준에서 어긋난 현상을 말한다. 즉, 설정한 요구 수준에 못 미치는 결과가 됐을 때 발견된다. 문제가 발생되면 반드시 '해결'을 요구받는다. 그 해결의 답이 제시되어야만 문제가 비로소 소멸되는 것이다. 이런 것을 일반적으로 '문제의 해결'이라고 부른다.

그러나 도요타는 당장 문제가 없어 보이는 대상도 스스로 기대 수준을 높여서 재설정한다. 그렇게 되면 현재의 방식과 결과 수준은 당연히 문제가 있는 것으로 변해 버린다. 높아진 수준과 현재와의 차이를 문제로 놓고 지혜를 찾아 나서는 것이 곧 도요타식 개선이라 할 수 있다. 따라서 일반적인 목표 미달의 문제를 해결하려는 활동은 개선이 아니라 단지 애초의 기대 수준으로 올리는 것에 불과하고 도요타가 정의하는 개선과도 다르다. 그림으로 나타내면 〈그림 1-4〉와 같이 표현할 수 있다.

가끔 도요타와 거래하는 규모가 큰 부품 메이커에서 자동화 장치를 들여와 배열해 놓고 그것을 자랑하기 위해 관련 업계 사람들을 초청하는 일이 있다. 대부분 자기 회사의 새로운 위용과 선진기술력을 자랑하기 위한 자리다. 그런 설비들을 본 도요타의 모든 관련 협력사들은 훌륭하다고 부러워해도 도요타 간부는 샅샅이 살피고 난 후 라인

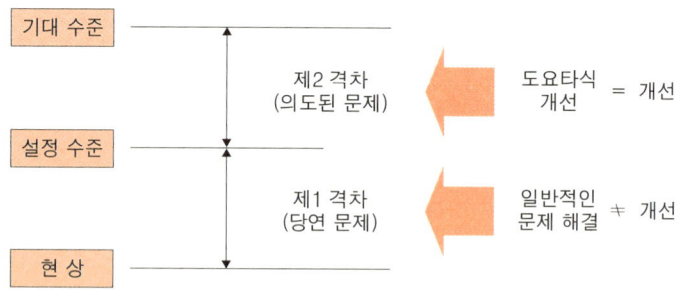

〈그림 1-4〉 개선의 정의

이 너무 길어 비효율적이니 길이를 반으로 줄이기 위해 사내 전문가를 보내주겠다는 결론을 내곤 한다. 보통의 사고를 가진 기업과 도요타 사원들의 관점은 아주 다르다는 것을 느낄 수 있는 사례다.

5WHY 질문법―현상부정을 전개시키는 사고법

도요타의 대표적인 현상부정 사고 훈련에 5WHY 질문법이 있다. 잘못된 결과를 우연의 결과로 연결짓는 것이 아니라 필연적으로 발생한다는 가정 하에 결과에서부터 하나씩 역방향으로 거슬러 올라가면서 거듭 '왜?'를 물어 진짜 원인을 찾아내는 기법이다. 원인과 해결의 동시해법을 내는 습관으로서 오노 다이이치가 가르침을 행하는 중에 개발하게 되었다.

현재 진행하는 방법이나 현상이 옳다고 보는 대상마저도 현실을 한 번 더 부정함으로써 현상에 의문을 품게 된다. 바로 그 순간 이 5WHY를 적용하면 개선된 안이 도출된다. 특히 5WHY를 적용할 때는 반드시 5W2H(Why(왜), What(무엇을), Where(어디서), When(언제), Who(누가), How(어떻게), How much(얼마만큼))의 세부 항목을 기준으로 분석해야 효과적이다. 보통 생산 과정에서 문제가 발생했을 때나 사고 재발 방지 보고서를 작성할 때에 주로 활용하지만, 도요타에서는 특히 설계 사양을 변경하거나 개선할 때도 많이 활용한다. 이때의 기법을 DRBFM Design Review Based on Failure Mode(실패 모드를 근거로 한 설계 검토 가능성 분야)이라고 부른다.

그런데 이 5WHY법을 잘못 습득한 국내 일부 기업의 간부들은 심지어 품의서류를 들고 온 부하 직원에게도 본인이 결정해서 지시한 내용에 대해 '왜 이런 결정을 했는가?'라는 질문을 하기 시작해서 부하 직원이 뒤통수를 긁게 만들 정도로 궁지에 몰아넣는 웃지 못 할 진풍경이 벌어지곤 한다. 이 5WHY 의문법은 현재의 수단으로 사용되는 방법상의 개선이나 목표를 향한 과감한 행동을 주저하는 사원들에게 안 된다는 핑계를 피하게 하고 지혜를 낼 수 있는 자신감을 주기 위해 하는 것이므로 아무 곳에서나 '왜?'를 외쳐대면 곤란하다. 그래서 TPS를 제대로 배우는 것이 중요하고 동시에 정확하게 아는 전문가의 가르침도 있어야 한다.

도요타의 현상부정 사고가 한층 더 빛을 발하는 분야가 원가저감 활동분야다. 도요타가 가격경쟁력을 갖추어야 할 품목이나 차종을 선택하면 그때부터 관련된 모든 생산 활동의 현상은 부정되기 시작한다. 현재의 공법과 자재 사용은 물론 관련된 자원의 활용 방법 모두가 일시에 정상이 아닌 것으로 간주하고 시작한다.

2001년도에 시작된 도요타의 대대적 원가저감 운동인 CCC-21보다 몇 해 앞서서, 유로 화의 절하와 엔 화의 절상 현상이 예상되어 수출 물량이 큰 코롤라Corolla 차종을 대상으로 최저원가World Price 추구를 실행한 적이 있다. 이때는 생산부문 책임자인 전무가 리더가 되어 자동차 생산의 간접비 일괄배부방식은 혼류생산방식과 일치하지 않는다는 이유로 거부하고 제품별로 소요되는 자원을 철저하게 실질 조사를 하여 확인한 다음, 발본적인 과잉투입 원인을 제거하는 활동을 벌여 길지 않은 활동 기간 동안에 생산비용을 무려 30퍼센트 가까이 낮추었다. 게다가 절감액 중의 1/3(10퍼센트)은 제품의 고급화와 주요 부위의 품질개선 비용으로 재투입해서 상품력 향상을 이루었다. 이런 결과로 2000년 8월에 전면 개정된 신 모델 코롤라가 탄생됐다.

이때 충분한 가능성을 검증한 도요타 경영진이 전사全社 차원의 중장기 원가저감 활동으로 지속시키려 계획한 것이 바로 전체 자재비의 30퍼센트 원가저감 활동을 목표로 한 CCC-21 활동이다. 이 활동 역시 현상의 모든 것을 전면적으로 부정하는 의식으로 출발한 점에 대해서는 의심할 여지가 없다. CCC-21 활동을 통해 3년간 약 12조 원의 원가저감 효과를 진두지휘한 구매 총괄책임자인 와타나베 부사장이 공적을 인정받아 결국 최고경영자에 오르게 되었다.

주변에 있는 우리 기업들의 원가개선 목표는 거의 한 자리 숫자에 머물러 있는 것을 발견할 수 있다. 그 정도의 원가개선은 대개의 직원들이 현재 방식의 연장선상에서 충분히 할 수 있다고 보기 때문에 방법 변화를 가져오지 못한다. 그러나 20퍼센트 정도 이상의 목표를 잡으면 현재의 방식으로는 불가능해져서 새로운 방식으로의 모색을 검토한다. 이 과정이 바로 지혜의 분출 과정이다. 따라서 도요타의 현상 부정의 사고를 이해하지 못한 경영자는 10퍼센트 이하의 원가개선 목표를 잡을 것이고 완전히 이해하는 경영자는 적어도 20퍼센트 이상을 목표로 잡을 것이다.

높은 목표에 대해 사원들도 두 부류로 분리된다. 하나는 어이없다는 표정으로 목표가 너무 높으니까 활동하다가 안 되면 그만인 것으로 인식하는 쪽과 현상을 완전히 부정하는 의식으로 도전하여 목표를 달성하는 그룹으로 갈라진다. 독자는 어느 그룹에 속하는 경영자이며 사원들인지 스스로 가늠해볼 일이다.

과거의 굴레에서 벗어나라

현상부정 인식을 경험하려면 개선에 착수하기 전에 반드시 거쳐야 할 전제가 있다. 새로운 해법을 얻는 데에는 뼈를 깎는 고통이 따르는데 이 고통을 조금이나마 줄이려면 현재의 업무 방식에 의문을 품고 의도적인 변화를 일으켜야 한다. 즉, 현재의 수단방법이 목표를 해결하기에는 너무 터무니없다는 가정을 해야 한다. 현재의 방법은 오로지 과거의 경험을 통해 배운 기억이나 습관에만 의존해서 행동한 결과라고 단정 짓고 낡은 체험의 굴레를 벗어버려야 한다는 전향적 의식으로 바꾸어야 한다. 이것이 도요타의 도전정신이고 현상부정 사고의 기본 의식이다.

도요타는 자기들이 수행하는 현상부정 방식을 자기들과 거래하는 협력사에게도 전파시키는 힘을 갖고 있다. 예를 들어보자. 도요타의 인터넷 자동차판매 시스템으로써 GAZOO.COM이 있다. 이 시스템을 개발할 때 견적서를 낸 소프트웨어 개발회사는 도요타로부터 화상畵像 개발 작업공수를 160시간에서 50시간으로 완수하라는 요청 아닌 명령을 받았다. 불가능하다고 생각하는 이 개발회사에 도요타는 선문 요원을 파견해 1인 다대多對 컴퓨터 사용체계(도요타의 다기계 보유와 흡사함)라는 지혜를 내어 지도한 끝에 목적을 달성시킨 예도 있었다. 자신의 목적을 위해서는 일을 수행하는 주체를 가르쳐서라도 결과를 내는 기업이 도요타인 것이다. 그 개발회사는 방법을 터득한 이후로 경쟁력 있는 사업을 벌여 계속 발전하고 있다고 한다.

도요타의 간부들은 외부에서 묻는 TPS의 성공적 도입 방법에 대해서 한결같이 '기성개념이나 과거의 상식에 묶여있는 회사는 TPS를 도입하기 힘들다. 열쇠는 변화 그 자체다'라고 대답한다. 간혹 도요타는 사고의 전개가 너무 앞서간다는 평도 있다. 성공한 사례에 대해서도 항상 '왜 잘된 것일까?'라고 생각하고, 우연히 된 것이 아니라 반드시 이유가 있을 것이라는 가정을 하고 계속 질문을 던진다.

하지만 그들이 그렇게까지 하는 데는 나름대로 이유가 있을 것이다. 늘 새로운 가치를 창조하며 초일류를 유지하기 위해서는 현재 보유하고 있는 좋은 사고 풍토와 선진기술력을 계속 이끌어 갈 정열이 필요했을 것이다. 그 정열은 현실에 타협하지도 않고 세계 2위라는 지위도 만족하지 않는 욕구에서 나왔을 것이라고 생각한다. 그리고 옆도 돌아보지 않고 오로지 고객지향과 시장이 바라는 바를 추구하는 동기에서 나온 정열의 부분적 표출현상일 것이다. 우리도 현재의 방법이 절대로 최선의 방법이라고 생각하지 말아야 하고 지금의 실행 방법이 당연하다는 생각도 버려야 도요타를 극복할 수 있다.

03 개선에는 끝이 없다

도요타의 생산성을 따라잡는 방법

국내의 경제전문 국가연구기관에서 선진 OECD 국가들의 노동생산성을 제조업과 서비스업 분야에서 비교 분석한 결과 한국은 선진국에 비해 절반 이하의 생산성을 보유하고 있는 것으로 나타났다. 특히 생산성이 가장 높은 일본에 비해서는 1/3 정도에 머무를 정도로 큰 격차를 보였다. 현재 세계에서 차지하는 한국의 경제 규모의 위상을 떠올리는 많은 사람들은 믿기지 않는 수치라고 의심을 품을 수 있지만 현실 속에서 기업의 생산성 향상을 위해 지도하는 전문가의 입장에서는 올바른 분석이라고 본다. 그 비교 수준은 〈그림 1-5〉와 같다.

각 나라의 생산성 지수는 평균값을 의미하므로 생산성이 우수한 기업은 해당 지수보다 훨씬 높은 값을 갖게 되므로 실제로 도요타와 같은 초일류기업의 생산성은 일반적인 기업의 생산성보다 훨씬 앞서 있

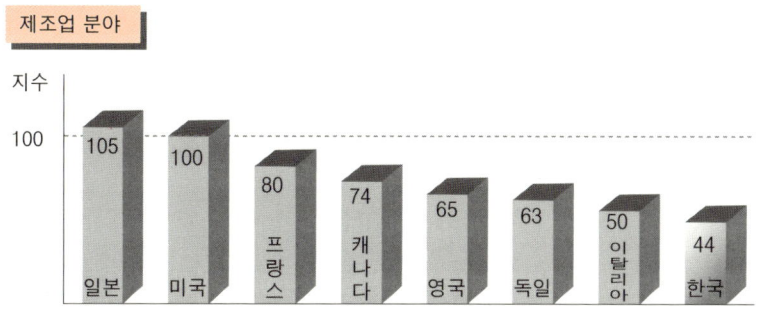

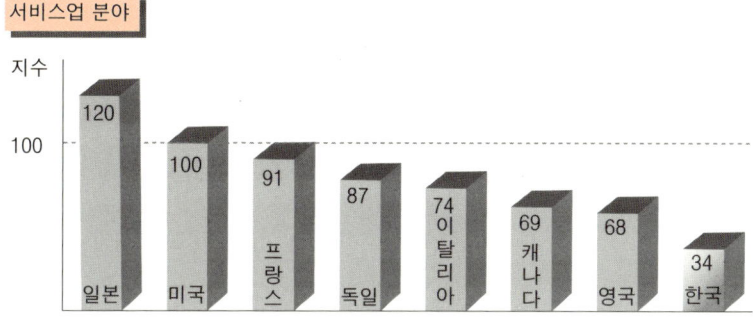

〈그림 1-5〉 국제 노동생산성 비교 평가

(출전: 2005년 3월 KDI - '한국의 산업경쟁력 종합연구')

음을 알 수 있다.

특히 제조업의 노동생산성에 있어 아직도 일본의 절반 이하 수준에 머무르고 있는 현실을 그냥 묵과하기에는 너무나 참담하다. 우리 근로자가 동일한 목적 달성을 위해 10분 걸려 일할 때, 그들은 5분 이하의 시간으로 목적을 이룬다. 그 차이의 근본적인 요인은 일의 과정 속에 내포된 낭비 요소를 어쩔 수 없는 필요악이라고 보는 자세와 그 반대로 낭비는 무조건 없애야 할 대상으로 보고 제거하는 사고의 차이다.

　세계에서 가장 뛰어난 것으로 알려진 도요타의 노동생산성 경쟁력은 일에 내포된 낭비를 철저히 제거하고 사전에 배제하는 행동으로 만들어진다. 도요타에서 말하는 부가가치 활동이라는 것은 목적 달성에 있어 꼭 필요한 투입 자원만을 소비했을 때 정당화되고, 계획된 자원 이상을 소비하는 현상이나 행위는 낭비로 정의하고 있으며 이것이 도요타의 활동 원리다.

　만약 낭비를 방치한다면 낭비가 갖는 고유의 두 특성, 즉 낭비가 포함된 행동은 상대적으로 편안함을 안겨주기 때문에 점점 더 낭비 점유율이 높은 행동을 하게 된다는 확대 성향과 또 그런 것을 본 따서 많은 작업자들이 무의식적으로 동참하게 되는 무서운 전염성을 막지 못할 것이라는 깨달음이 있기 때문이다.

　가치창조의 활동 가운데 불필요한 낭비 요소를 적극 찾아내서 제거해 가면 가장 경제적인 생산행위가 된다는 발상이다. 그 같은 활동을 전 조직에 그것도 수십 년 세월에 걸쳐 전력을 다해 실천한 결과가 오늘날 초일류 생산성으로 발휘되고 있는 것이다.

　그렇다고 자원의 과잉투입 현상인 낭비의 '제거활동'만으로 생산성이 향상되는 것은 아니다. 계획된 자원 투입량 자체를 줄여서 목적을 달성할 수 있는 '개선활동'이 추가돼야 한다. 그래서 도요타의 기본정신 자체가 '낭비의 철저한 제거와 개선'인 것이다.

　이러한 '낭비'와 '개선'의 개념을 하나의 가치기준에서 살펴본 것이 〈그림 1-6〉이다.

　우리의 경우 많은 경영자들은 낭비제거 중심의 생산성 향상 실천

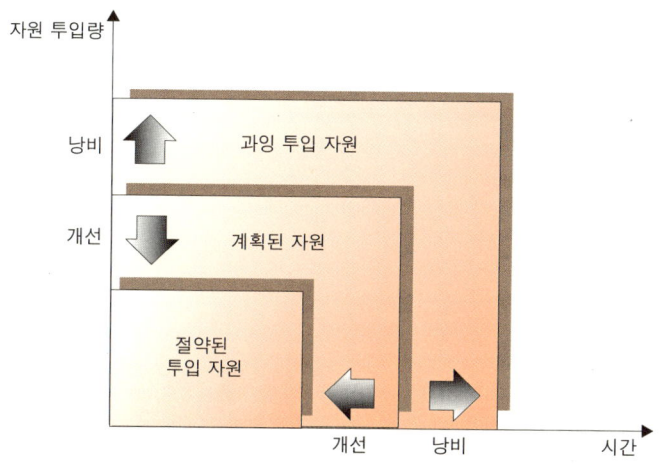

〈그림 1-6〉 낭비와 개선의 위치

활동에는 거의 관심을 기울이지 않고, 고성능 설비 투자에 의존하거나 단기간의 효과만을 보기 위해 단편적인 방법을 구사함으로써 오히려 낭비를 더 유발하고 있는 실정이다. 이렇듯 하루아침에 생산성을 극복하려는 '망상'을 갖고 있어 일본을 따라잡기가 어렵다.

생산성이란 소수 인력의 요령과 머리로 승부하는 대상이 아니라 참여자 전체의 동참과 그들의 능력을 최대로 발휘할 때에만 달성할 수 있다. 도요타는 '제품의 수준'이 곧 생산 활동의 주체인 '종업원의 수준'이라고 보고, 종업원의 자질 향상에 온 힘을 쏟고 있다. 생산 활동에 참여하는 종업원에 대한 철저한 육성 노력과 존중에 소홀하다 보면 생산성은 떨어질 수밖에 없다는 사실을 경영자들이 깊이 깨달아야만 일본의 생산성을 따라 잡을 수 있다.

생산성 추구 활동의 기본 사고

도요타는 만드는 방법이 변하면 원가는 저절로 변한다는 기본적 논리를 편다. 특히 도요타는 인간(작업자) 중심의 경영 활동과 생산성에 주력하기 때문에 산업계에서 측정하는 여러 생산성 중에서도 노동생산성 면에서 아주 뛰어나다.

도요타의 오노 다이이치가 TPS를 완성시키는 활동을 하면서 세웠던 나름대로의 목표는 종업원들의 개인별 능력을 최고 능력까지 끌어올리는 것이었다. 그렇게 하면 생산성 향상과 원가저감은 당연히 달성된다는 논리였다. 그리고 개선에는 끝이 없다는 발상으로 활동하면서, 혹시 저스트 인 타임Just In Time이나 '낭비 배제'가 개선 방향의 최종 답안인 것으로 착각하는 우를 범하지 않도록 지속적으로 변화를 유도했다. 즉, 본인 스스로 경쟁력의 메커니즘을 정확히 깨달은 후에 구체적인 행동을 보여준 것이다.

그 결과로 현재의 도요타는 조립생산성이 업계 평균보다 약 20퍼센트가 높으며 개발 기간도 경쟁사들에 비해 2/3 정도에 불과하다. 1990년대 이전의 일본 조립 평균 공수가 대당 16시간인 것에 비해 미국은 23시간, 유럽은 26시간이었다. 그러나 일본 최고 수준인 도요타의 경우는 이 수치보다 훨씬 적은 값으로 해결한다는 사실을 추정할 수 있다.

도요타는 개선의 또 다른 정의로서 '당연한 일(것)을 당연(한 상태로) 하게 한다(만든다)'라고 말한다. 과거의 습관으로 일관하여 매너리즘과 타성에 젖어있는 사람들은 변화를 거부하는 특성을 갖고 있다. 이를 무너뜨리기 위해 목표를 뚜렷이 그리고 높게 세우는 관리방식을 내세

웠다. 그리고 그 목표를 달성했을 때의 흡족함에 만족하지 않고 인간의 능력에 도전장을 내밀어 새로운 목표를 제시하는 틀을 갖추었다. 도요타의 직원들은 새로운 목표가 설정될 때마다 그 목표 수준을 당연한 도달점으로 인식한다. 따라서 목표 수준에 도달하기 위해 새로운 수단의 선택과 방법에서의 변경은 당연한 행동으로 간주한다. 그래서 도요타는 항상 진화할 수밖에 없는 조직이 되어버린 것이다.

도요타의 개선활동 내용을 살펴보면 다양한 결과가 도출됨을 알 수 있다. CCC-21 활동과 같이 큰 성과를 내는 대대적인 전사적 활동도 있고 자그마한 현장 작업의 독립적 개선까지 천차만별의 규모로 실행된다. 특히 현장의 종업원들은 크게 생각하지 않고 좁은 범위의 작업 조건에서나마 아주 작은 개선을 조금씩 해나간다. 뭔가 큰 결과를 내어야만 개선이라고 생각되는 통상의 개념은 갖고 있지 않다. 다만 자신에게 주어진 권한과 업무의 범위 내에서 제약 조건을 뛰어넘지 않는 작은 개선을 계속 누적시킬 뿐이다. 그 개선이 무서운 결과를 내는 것은 거의 모든 부문에서 모든 관계자들이 꾸준히 시행하기 때문이다. 그런 결과로 도요타 공장은 연간 100만 건의 제안이 도출되는 세계 최고의 아이디어 뱅크다.

미국의 포드자동차로부터 도입한 제안제도가 원조元祖격인 포드사에서는 사라진 반면에 도요타에서는 지속되어 초일류 경쟁력의 발판이 되었다. 도요타에서 제안제도가 꽃피운 이유를 굳이 들자면 경영방식의 차이와 종업원 개개인의 인식 차이라고 볼 수 있다. 미국식의 개선사고에 의하면, 특정 작업자가 비록 자신의 작업상에 공수절감의 개선 아이디어를 냈다고 해도 그것이 곧 자신의 해고에까지 이를 수 있다는 염려도 하기 때문에 제안제도 자체가 정착하기 어렵다. 경영자인 포드 2세가 선친과 차별화된 경영방식으로 제안제도를 정착시키려 애를 썼지만 결국 종업원의 참여가 없어 무산되고 말았다.

도요타는 주로 양산하는 자동차를 대상으로 원가개선을 실시하지만 한 번 설치하면 몇 년 간 사용하는 시설물의 원가개선도 주저하지 않는다. 새로운 모델의 라인 설비를 준비할 때 경영층에 예산을 올리면 보통 원가의 20퍼센트 정도 내리라는 지시를 받는다. 실무자들은 이 지시를 거부할 수 없다. 도전 가능한 목표를 경영자가 내린 것으로 인식하고 바로 실천에 들어간다.

특히 한 번에 불과한 제작 대상에 대해 원가를 과감하게 내리는 건 여간 힘든 일이 아니다. 그러나 설비 제작 협력사들을 모아 놓고 같이 원가저감 기법을 모색해서 추진하기도 하고 협력사 경영자들에게 스스로 저감 목표를 결정하게 하는 일련의 절차를 밟음으로써 어느 협력사가 앞으로 동반자가 될 수 있는가의 신뢰성을 확인하기도 한다.

지속력과 집중력은 개선의 엔진

도요타 사원들은 개선행동에 대한 지속력과 함께 집중력 또한 대단하다. 예를 들어 생산 중에 혹은 설계상에 불량이 발견됐을 때 그 개선 행동을 일상적인 업무 형식처럼 취급하는 것이 아니라 짧은 목표 일정을 반드시 설정하고 그 기일 내에 모든 개선 조치를 실행하여 목표점에 도달한다. 이런 업무 패턴이 직원들의 집중력을 습관적으로 유도하는 효과를 발휘한다. 개선 아이디어의 도출은 집중력에 비례하는 특성을 지닌다. 이때의 집중력은 주로 3가지 분야의 행동으로 표출된다.

●●● 첫째, 해결 수단을 찾아내어 준비하는 단계에서 한 가지 이상의 대비책을 갖고 임한다. 즉, 최선책이라고 생각했던 수단이 통하지 않을 때를 대비한 차선책을 준비하는 개념이다.

●●● 둘째, 개선 목표를 달성하기 위한 수단을 여러 각도에서 살펴본다. 하나의 고정화된 분야로 승부하는 것이 아니라 세상에 존재하는 모든 것을 동원할 정도로 시야를 넓게 가져가 수단을 강구한다. 심지어 해결책이 예전의 구식 방법으로 돌아가야만 달성할 수 있다면 과감히 과거로 회귀하는 행동을 한다. 쓸데없는 명분은 생각하지 않는다.

●●● 셋째, 수단으로서의 안案 자체가 완전하지 못한 상태라고 판명될지라도 일부분을 착수해 보아 그 결과가 긍정적이면 후속 활동을 가속시키는 행동을 한다.

집중력을 보인 대표적 사실을 들어보기로 하자. 도요타 선진기술의 상징인 하이브리드 자동차 프리우스를 출시할 때 사장이었던 오꾸다 히로시奧田 碩는 원래 2000년쯤에 21세기를 대비한 프리우스를 출시할 계획이었다. 그런데 개발되어가는 상황을 살펴보고 나름대로 가능성을 판단한 후 돌연 1997년 여름, 그 해에 프리우스를 출시한다는 발표를 공개적으로 해버렸고 결과적으로 후속 개발활동을 집중시켜 가을에 출시시키는 저력을 보인 적이 있다.

이 과감한 결심과 집중력이 결국 차세대 자동차의 기술을 선도하는 도요타의 새로운 위력을 발휘하는 결과를 낳았다. 이 행동 하나가 도요타는 전통적으로 돌다리를 두들겨 안심이 될 때 수행한다는 일반인의 인식을 파괴해 버리는 결정적 계기가 되었다.

개선활동의 3원칙

도요타 사원들은 낭비제거의 개선을 시도할 때 개선에 요구되는 가장 기본적인 3단계 필수사고를 적극적으로 활용한다. 특히 낭비는 완전히 제거하는 것이 당연하므로 낭비대상을 없애는 행동을 제1의 원칙으로 하고, 그 대상을 없애는 것이 힘들다면 줄이기라도 하는 행동의 수행을 제2의 원칙으로 한다. 마지막으로 줄이지도 못한다면 낭비가 포함된 그 일의 방법을 바꾸어 진행해 봄으로써 목표했던 낭비제거의 기회를 다시 찾아보는 행동의 수행을 제3의 원칙으로 삼는다.

이와 같은 원칙으로 개선에 임할 때는 현재의 수행 방식에 의심을 품는 현상부정 사고가 필수적이다. 왜 현재의 방식을 고수하는지, 그리고 그 이유가 무엇인지, 또 누가 그것을 정했는지에 대해 자세히 밝히고 나면 자연스레 개선안이 도출될 수 있다.

개선사고의 제1원칙인 '없애는 사고'의 적용 예를 들어 본다. 〈그림 1-7〉과 같이 9대의 부품 자동가공설비를 3명의 작업자가 각각 3대씩 관여하고, 오른쪽의 좀 떨어진 곳에는 가공되어 이송시킨 부품들을 포장하는 작업장이 별도로 있고 2명이 작업한다고 가정해보자.

이런 환경에서 인건비의 상승을 염려한 관리자는 포장이라는 비교적 부가가치가 낮은 작업에 자동화 포장장치를 도입해 원가 절감을

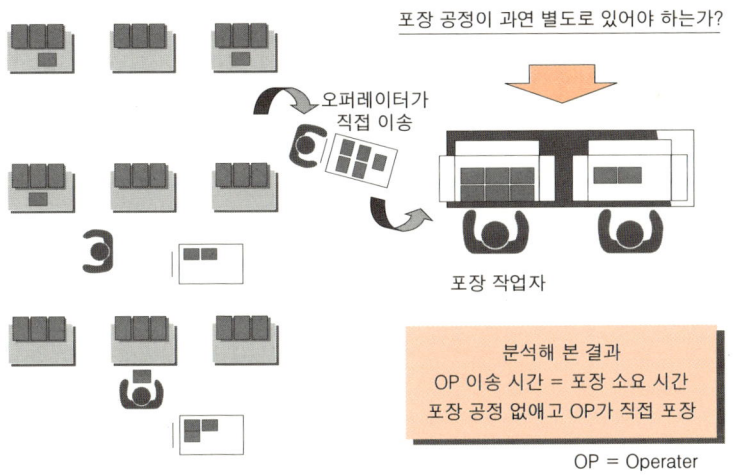

〈그림 1-7〉 제거하는 개선 방향의 사례

시도하려 할 것이다. 그러나 그런 자동화설비의 도입이 과연 합리화 활동이라 할 수 있겠는가 하는 의심을 가져야 한다. 그리고 현재의 수행방식을 전면 부정해봐야 한다. 그런 의심을 갖기 시작하면 포장 공정이 왜 독립적으로 존재해야 하는지까지 생각을 전개해 볼 수 있다.

상세히 조건을 분석한 결과 가공 작업자가 가공 완료된 부품을 포장까지 이송시키는 데 소요되는 시간이 박스 하나의 포장 작업시간과 동일했다. 따라서 설비가동 작업자가 마지막 설비 바로 앞에서 직접 포장하더라도 부품을 이송시키는 시간을 대신한 것에 불과하므로 별도의 포장 작업장과 작업자를 없애는 개선을 수행할 수 있다.

과감한 제거 행동의 개선을 실행할 때 낭비 대상의 제거로 곤란한

PART 1 도요타 개선활동, 그 본질의 이해 | 59

점이 새로 발생하거나 곤란해지는 다른 피해자가 생기는 것을 특히 주의해야 한다. 그렇다고 제거 개선을 포기하라는 얘기가 아니다. 제거를 하는 장점과 제거하면 곤란해지는 단점을 저울질해서 장점이 더 크다고 확신이 가면 제거하는 동시에 곤란한 단점들을 줄이는 개선을 실행하는 것이 바람직하다.

이렇듯 '제거 개선'이 부각되는 이유는 대부분의 개선들이 제거보다는 소극적으로 줄이는 결과를 내는 개선으로 실천되기 때문이다. 개선활동의 80퍼센트 정도는 달성하기 쉬운 '줄이기 개선'이고 20퍼센트 정도가 '제거 개선'에 해당된다. 따라서 제거하는 개선의 경우가 까다롭고 어려운 과제로 인식되지만 그 개선이 경쟁사를 앞서갈 수 있는 수준의 유일한 개선이라고 한다면 제거 개선의 활성화는 가능할 것이다.

표준은 개선의 출발점이다

무한의 개선을 유도하려면 우선 개선 행동의 출발점을 제시해야만 한다. 그 출발선이 바로 '현재의 표준'이 된다. 도요타는 표준을 설정할 때 그 의미를 개선의 출발점으로 삼을 뿐이지 개선의 종착점으로 삼지는 않는다.

오노 다이이치는 '내가 말하는 대로 하지 않는 사람은 바보다'라고 했다. 그 의미는 표준을 따르지 않는 사람을 말한다. 또 '내가 하라는 대로만 하는 사람도 바보다'라고 했는데 그 뜻은 한 번 정해진 표준에 따라 주야장천 생각 없이 일하는 사람을 지칭하는 말이다. 결국 가장 좋은 방법은 현재의 결정된 표준을 스스로 연구하여 새로운 개선안을 계속 도출하는 것이라고 일깨워 주는 말이다.

도요타의 표준작업에는 사실 작업자가 절망을 느낄 정도로 단 1초의 여유도 없다. 조립작업 중에 볼트 하나를 떨어뜨리기만 해도 동작의 흐름에 지장을 줄 정도다. 그리고 원칙적으로 정규 휴식시간 이외에는 용변을 해결하러 자리를 이탈할 수 없게끔 되어 있다. 시도 때도 없이 임의로 자리를 이탈하는 우리네 작업장과는 대조적이다.

만약 사정이 급해서 갈 수밖에 없다면 경광등을 황색으로 전환해서 반장이나 조장을 불러 작업을 대신하게 한 후 허락을 받고 가야만 한다. 그래서 라인 근처에 간이 화장실이 등장하는 특이한 현상도 있었다. 다시 말해서 도요타의 현장 작업표준은 시간적으로나 물리적으로 그리고 육체적으로 한계의 작업임에는 틀림없다. 그럼에도 불구하고 개선은 계속된다.

도요타의 표준은 표준이 되는 순간 개선의 대상이 된다. 개선의 포인트는 작업자의 발동작, 손동작, 눈의 움직임을 파악하고 개선한다. 발이 자주 움직인다는 것은 작업의 안정성이 떨어지므로 불량이나 동작의 낭비를 유발할 수 있다고 판단되는 대상이고, 손의 움직임에서 수직 방향의 움직임이 포착되면 역시 동작의 낭비를 점칠 수 있고, 눈이 고정되지 않고 각도가 큰 머리의 회전이나 눈동자의 이동이 발생하면 주의력이 떨어지는 현상이거나 낭비 동작이 스며들었다는 증거로 포착하여 개선하기도 한다.

현장작업의 개선은 고객의 수요 요건(증가 혹은 감소의 반복)으로 인해 지속적으로 수행할 수밖에 없고 많은 성인화省人化 작업으로 현장 라인은 갈수록 적은 인원으로 여러 공정을 작업하는 조건으로 형성된다. 따라서 표준은 항상 변하고 있다. 간혹 특정 작업자가 갑작스런 신체의 병으로 결근할 경우가 생기면 작업자를 충원하지 않고 그 작업자가 빠진 시간만큼 Tact Time(제품의 개당 생산 간격)을 늘려준다. 그러나 곧 반장이나 조장이 대신해서 작업하게 하여 시간을 원래의 조건으로 바꾼다. 예기치 못한 사정을 마주쳤을 때 현장 감독자의 작업 릴리프 기능을 정당화하기 위해 조장과 반장의 사무 업무를 50퍼센트 정도 줄이는 합리화 개선을 하기도 한다.

도요타 현장 개선의 궁극적 목표는 표준화가 아닌 것이 확실하다. 표준화에 의한 작업 결과보다 상회하는 방법을 누군가 구사하고 있다면 통일된 방법을 강요하기 보다는 효율적인 방식의 개성을 살려주기도 한다. 예를 들어 도장작업에는 작업자가 직접 분사작업을 하는 공정도 있는데 작업자마다 작업 대상에 대한 처리 결과는 같아도 동작 방법은 각기 다를 수가 있다. 오히려 다양하다고 표현하는 것이 옳을 것이다. 그 이유는 작업자들이 각기 다른 공장 혹은 선배나 감독자에게 배운 탓이고, 더 근본적인 이유는 공장 간 그리고 부문 간의 원가경쟁 체제에서 나온 지혜의 산물이라고 볼 수 있다.

다양한 지혜로 경쟁력을 확보하는 실험

똑같은 설비와 재료 및 고객의 수요 조건을 설정한 상태에서 개인의 사고와 방법에 따라 생산성 및 고객 대응 경쟁력의 결과는 어떻게 달라질 수 있는지를 실험한 내용을 설명해 보겠다.

〈그림 1-8〉에 정의되어 있는 제품을 적색, 황색, 백색의 세 종류(도요타의 초창기 도장 공정 완료품의 조립공수 기준 분류방식 근거)로 나눈다. 제품은 양면이 동일한 색으로 겹쳐져야 정품이 된다. 1회 주문에 세 가지 색이 혼합된 상품 수량을 주문하면 주어진 시간 내에 모두 납품해야 하는 방식의 실험이다. 만약 주어진 시간 내에 요구 상품의 조합을 다 구성시키지 못한다면 납품은 '0'가 되는 방식이다. 이런 실험을 다섯 팀(한 팀은 네 명으로 구성 – 도면설계 작업, 절단작업, 스테이플러 조립, 납품 및 자재조달 담당)으로 10회에 걸쳐 연속적으로 실험한 후 어느 팀이 자재 및 제품 재고의 최소화를 이룩하면서 가장 많은 납품을 달성했는가(도요타의 목표)를 경쟁하는 실험이다.

〈그림 1-9〉의 1번 사진은 금형 샘플을 원자재에 옮겨 드로잉하기 직전의 상태를 나타내고, 2번 사진은 원자재에 상품을 드로잉 하는 동작이며, 3번은 드로잉 된 선을 따라 절단하는 순간이고, 마지막 사진은 절단된 두 장의 상품을 앞뒤 모두 동일한 색이 되도록 스테이플러로 조립하는 모습을 나타낸다.

위의 과정은 정규 기본 공정을 나타낸 것뿐이고 실제의 생산에서는

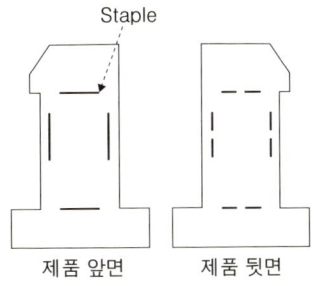

〈그림 1-8〉 제품의 형태

① 금형과 재료 준비

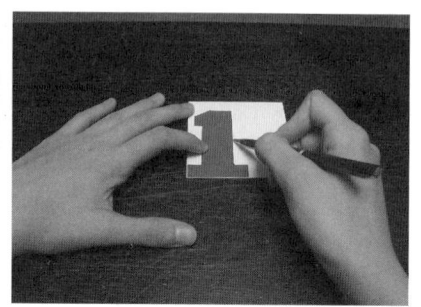
② 금형대로 드로잉

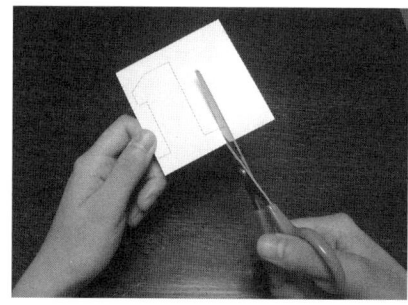
③ 절단

④ 조립

〈그림 1-9〉 제조 공정 단계

대부분 스피드와 생산성을 올리기 위해 절단하기 이전에 원자재를 미리 겹쳐 놓는 등, 각자 나름의 방식들을 구상하여 선행 조립한 후 절단하는 경우가 많았다. 그리고 하나의 정사각형 원자재로 한 개의 상품을 만들 수 있는데 뒷면은 희망하는 색이 아니라서 금형을 잘 활용해야만 앞뒤로 같은 색의 제품을 하나의 원재료에서 만들 수 있다. 만약 대칭의 오류가 생기면 동일 방향의 형태만 나와 결국 하나의 제품도 조립할 수 없게 된다. 자동차의 왼쪽 문짝만 계속 만드는 것과 같다.

〈그림 1-10〉은 경쟁력이 우수한 팀과 그렇지 못한 팀들의 작업 형

태를 각각 표시한 그림이다. 이 중에 경쟁력이 우수한 팀은 1번 그림과 같이 가장 짧은 가공을 유도하는 동시에 간섭현상 없이 작업에 집중할 수 있는 방법으로 드로잉 되어 있고 생산에 소비되는 간접 부자재인 스테이플 역시 경제적으로 적게 소비하는 경향을 보였다.

이 실험을 통해 동일한 설비와 동일한 원자재 및 금형을 사용하더라도 참여팀 모두 다른 방법을 구사했다는 사실(모든 기업은 동일 업종이라도 다른 제조방식으로 실행하는 현실)과 구성원들의 작업 방법에 대한 지혜 도출의 수준 및 팀플레이(두 부분 공히 도요타의 전략 키워드)에 의해 차별화된 결과를 가져올 수 있다는 사실을 증명할 수 있었다. 이는 도요타가 끝없는 개선이라는 철학과 행동으로 차별화하여 얼마든지 타 자동차 회사들을 물리칠 수 있다는 것이 증명되는 순간이다.

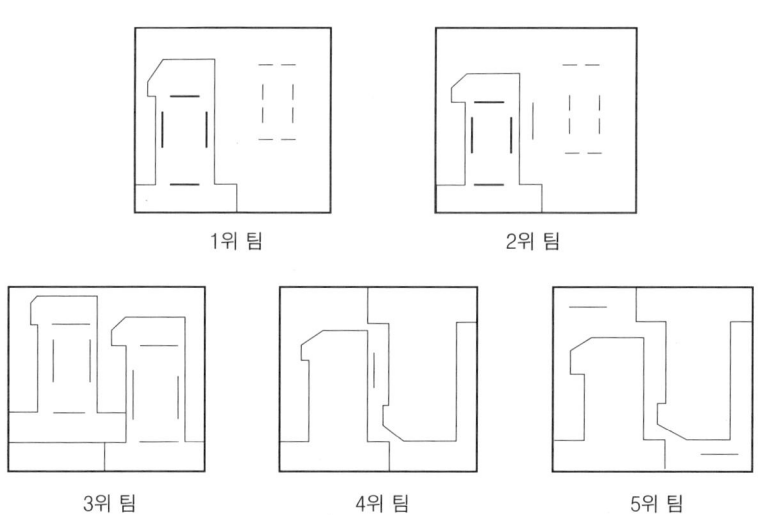

〈그림 1-10〉 팀별 절단 직전 재료 모습(2장 겹침 방식)

04 제약 조건은 개선활동의 장해가 아니다

제약 조건의 극복 습관은 도요타의 DNA

도요타의 역사 가운데 가장 어려웠던 시기는 역시 2차 대전이 끝나 일본이 패망했을 때라고 할 수 있다. 시장 여건, 즉 수요와 공급이 전혀 이루어질 수 없을 때 회사의 종업원들을 이끌고 어떻게 살아남느냐 하는 과제로 고민할 때다. 전쟁이 끝난 후 도요타의 모기업인 도요타방직이 많은 직원들을 감당할 수가 없자 책임을 맡고 있던 이시다 다이조石田 退三는 직원 각자에게 살아남을 길을 스스로 택하게 했다. 이때 전체 직원 7000명 중에 약 5000명이 명예퇴직을 하고 2000명 정도가 남는 선택을 했다. 도요타는 할 수 없이 잔류한 나머지 식구들을 이끌기 위해, 군수물자를 생산하다가 파괴된 공장을 복원시키고 영업 거리를 찾아야만 했다.

이 시기는 연합군 사령부GHQ가 군수산업 동참기업에게는 수출 길을 전부 막고 활동을 금지시켰던 시절이었다. 이시다는 매일 통산성을 출근하다시피 드나들며 담당 미군장교에게 수출금지령을 해제시켜 주거나 밥을 달라고 통사정을 했다. 결국 담당 미군장교는 이시다의 끈질긴 요청에 시달리다 못해 수출 허가를 해주었고, 이는 도요타가 시대적인 고난을 극복하는 계기가 되었다.

이러한 이시다의 의욕과 용기는 5년 뒤에 발생한 동일한 상황의 도요타자동차를 살려내는 힘으로 작용하게 된다. 만약 주어진 환경을 그대로 수긍하여 자연스런 해체의 수순을 밟았다면 오늘날의 도요타는 존재하지 않았을 것이다. 주어진 조건을 장해 요인으로 보지 않고 극복할 대상으로 삼는 도요타 3대 사장 이시다의 철학은 그 후로 도요타 극복정신의 초석이 되었다.

종전 후에 연합국 사령부의 극심한 통제로 일본의 자동차 기업들은 국가 재건을 위한 트럭 중심의 생산에만 전념할 수밖에 없었고 그 통제는 한국전쟁이 끝나갈 시점인 1950년대 초반까지 이어졌다. 따라서 모든 회사들이 승용차의 개발은 엄두를 못내는 형편이었다. 그러나 이러한 시기에도 도요타의 창업자 기이치로 사장은 뛰어난 협상력과 폭넓은 대인관계를 이용해 사령부로부터 승용차 개발 정도의 활동은 허가 받아 지속적으로 연구와 실험을 계속할 수 있었다.

한국전쟁이 끝나고 일반 대중차의 생산 시대로 바뀌자 일본의 자동차 회사들은 승용차 기술이 부족함을 느꼈고 구미 자동차 회사들의 선진기술들을 대거 받아들이기 시작했다. 특히 도요타의 어느 경쟁회사는 승용차 생산을 하다 부도난 구미 기업의 설비와 설계도면을 통째로 사들이기도 했다. 그러나 유독 도요타만은 해외기술의 도입을 거부하고 자체 기술로 승용차를 개발한다는 정책을 고수했고 1950년대 중반 크라운을 개발하기에 이르렀다. 이러한 독자 개발의 행동과 정신은 장해 요인을 뚫고 어떻게 해서라도 살길을 찾아보려는 도요타의 기질을 십분 보여주는 대목이다.

장해 극복의 방법들

주어진 환경을 극복하는 도요타의 전격적인 활동들은 3대 사장인 이시다로부터 본격적으로 시작되었다. 기업 파산 직전의 최대 위기를 맞이해 고비를 어렵게 넘겼던 이시다는 한국전쟁이란 기회를 활용하여 원기 회복을 이룬 다음에, 새로 맞닥뜨릴 환경에 맞서기 위해 사원들의 근본적인 정신 개조에 돌입했다. 이시다는 사원들에게 환경에 지배받기 보다는 지배하는 역량을 발휘할 것을 제일 먼저 요구했다.

이를 위해 외국에서 부분적으로 도입하는 생산용 설비나 기술에 대해 일체의 블랙박스Black Box(내용을 알 수 없는 부분)를 두면 안 된다고 강조했다. 들여온 설비는 무조건 해체하여 완전히 자기 것으로 만들기 전에는 가동하지 말도록 했다. 블랙박스의 규모에 따라 개선할 영역과 규모가 결정된다는 논리였다. 모르는 부분이 많으면 개선의 여지가 없지만, 많이 알면 알수록 아는 만큼 기술과 관리 분야는 개선될 수 있다는 신조가 있었기 때문이다. 이것이 현재의 도요타 사원들이 기본적으로 보유하고 있는 개선기질 형성 과정의 초기에 있었던 동기부여인 동시에 이시다가 주장하는 '근성根性론'의 시초다. 이 근성은 TPS의 완성자인 오노 다이이치에게도 전가되어 현실에 적용되었다.

1959년도에 완성한 승용차 전용공장인 모토마치元町 공장에는 프레스 라인 뒤에 가공된 판넬(자동차의 외판조각)을 보관하는 창고가 있었는데 오노 다이이치는 이 창고의 사용을 전면적으로 금지시켰다. 1960년대 초반이 지나갈 무렵 오노 다이이치는 프레스 가공물에 대해 최대 4일분의 재고량만 허용하고 그 이상의 재고는 일체 허용하지 않았다. 이 시기에 '작업지시 간판'을 사용하기 시작했는데 이 간판을 이용하여 프레스를 가공할 때 대량으로 연속생산하는 대LOT(설비의 조건이나 사용 공구의 변화 없이 연속으로 처리하는 1회 작업 대상의 규모)의 물량이라도 1회의 작업량을 전체 수량의 1/4로 축소시켜 가공하도록 간판을 운용했다. 이렇게 하면 중간에 적은 수량의 모델에 사용되는 판넬의 가공 지시를 내리더라도 전혀 당황하거나 기피하려는 마음이 들지 않기 때문에 자연스럽게 작업 지시 순서대로 결과가 이루어져 결국 소량 주문 모델의 차량도 고객의 요구 시기에 맞출 수 있게 되었다.

다품종소량 환경의 극복

그 후 1966년도에 완성한 다카오까高岡 공장도 역시 처음부터 동일한 방법으로 가동하기 시작했다. 그런 작업 풍토가 이루어진 이후 점차 자동차 모델수가 기하급수적으로 늘어나 프레스의 1회 작업 모델 수량이 점차 감소하자 작업자는 더 빈번하게 품종교체 작업을 하지 않을 수가 없었다. 따라서 프레스 작업시간보다 준비교체 시간이 더 많아지는 생산성 하락 현상이 일어났고 이번에는 준비교체 시간의 극한 단축이라는 과제에 근성을 끈질기게 발휘한 결과 몇 시간에 걸쳐서 하던 준비 작업을 3분 이내로 끝어내려 수많은 프레스 증설의 위험을 사전에 차단할 수 있었다.

이런 끈기 있는 활동들이 구미의 자동차 기업들과 생산방법 측면에서의 차별화를 만들어 결국 도요타는 1970년대 후반부터 경쟁에서 이길 수 있었던 것이다. 그러나 우리 국내의 기업들은 대LOT 작업의 편안함에서 벗어나지 못한 채 재고를 잔뜩 끌어안고 작업하는 광경을 곳곳에서 목격할 수 있다. 도요타를 극복하려면 도요타의 근성 이상이 필요하다.

도요타의 핵심무기인 TPS에 대해 타기업들이 오해를 하거나 적용 상의 오류를 쉽게 범한다. 동일 대상물을 대LOT로 작업하던 습관에서 소LOT로 편성하여 작업하는 방식 상의 전환은 누구나 할 수 있다. 그러나 상대적으로 필요한 준비교체 시간의 극한적 단축에 대한 근성은 전혀 발휘하지 않은 채로 생산성이 떨어진다는 푸념을 하거나 기계 대수를 더 늘려야 한다는 불만을 가지다가 TPS 활동을 이해하기도 전에 활동을 접어버리고 만다.

도요타가 준비교체 시간을 단축시키는 데 근성을 발휘한 동기로는 당연히 소량의 모델을 순서대로 생산하기 위함이며 대량의 재고를 유발하지 않으려는 것이 주목적이지만, 좀더 멀리 내다 본다면 최종 고객의 다양성을 흡수하려는 보다 원천적인 능력을 확보하고 준비교체 시간의 단축 활동을 통해 설비 자체를 계속 진화시킬 수 있다는 점을 노렸다는 것을 안다면 준비교체 시간의 단축 자체가 조금 어려운 장해 요인이라 여겨질지라도 우리가 중도에 포기할 대상은 아닌 것 같다.

작은 장해 요소들의 극복

장해 요인은 어려운 과제의 수행 과정에서만 존재하는 것은 아니다. 도요타가 제정하는 현장작업의 작업표준서에 특정 작업을 왼손으로 작업하라고 명시되어 있다면 반드시 왼손으로 작업해야 한다. 사람에 따라 주로 사용하는 손이 달라도 작업표준에 지정된 손을 사용하지 않을 경우를 허용하지 않는다. 다른 쪽의 손을 사용하면 품질의 이상異常이나 동작의 낭비가 발생할 수 있기 때문에 작업자가 다소 불편을 느끼더라도 원칙을 고수하게 한다.

보통의 기업에서는 자동으로 작동되는 설비나 기계에 이상이 발견되면 정지신호를 분명하게 보이게끔 하지만 다른 일반적인 수작업 공정은 이상 발생에 무딘 면을 보인다. 그러나 도요타는 수작업 공정에서도 이상이 발견되면 정지시킨다. 기계 배치의 정렬 상태가 좋아서 모든 기계가 잘 보이는 곳에서는 이상 발생 공정(설비)의 표시방법으로 주로 빛을 사용하고, 복잡하여 잘 보이지 않을 때는 소리를 활용한다. 따라서 현재의 조건을 핑계 삼아 개선활동을 원천적으로 봉쇄하는 우매한 행동은 하지 않는다.

많은 사람들은 TPS의 주요 방법론의 하나인 현장 인력의 다기능多技能화 정착이 사전에 목적을 둔 의도적인 추진 활동이라고 착각하고 있다. 사실은, 2차 대전 직후 도요타에서 근무하던 강제동원 근로자들이 떠나고 자연 감소까지 생겨 갑자기 축소된 인원으로 생산량을 늘리기에는 인력이 턱없이 부족했던 경험, 또한 1950년도에 경제 위기로 많은 직원을 강제해고한 후 곧이어 불어 닥친 한국전쟁의 특수를 맞이하면서 생산 급증에 따른 노동력 부족이라는 장해 요인, 그리고 1960년대에 들어서면서 사회의 전반적인 고속성장으로 인한 만성적인 노동력 부족현상 등을 겪으면서 어떻게 해서라도 내부에서 소화하려고 노력한 끝에 발전시킨 개선 대상이 곧 다기능화가 된 것이다. 따라서 '다기능화'라는 도요타의 차별화된 생산방식은 결국 장해물을 극복하기 위한 개선활동의 산물이라 볼 수 있다.

이와 같이 장해 요인의 돌파를 위한 적극적인 개선활동을 통해서 도요타가 자신들의 목적을 달성하는 광경을 볼 때, 제조능력Capacity이란 제한되어 있는 것이 아니라 항상 새롭게 만들어 가는(창조하는) 것이라 여겨진다. 무조건적인 투자가 아니라 최소의 비용으로 극복하는 창조가 주를 이루는 도요타의 개선활동은 바로 새로운 능력의 창조 습관이라 비유해도 지나치지 않다. 심지어 돈이 궁했던 시기에는 기존에 사용하는 설비의 재배치와 자재의 흐름 개선이라는 단순한 물류 개선만으로 생산성 향상이라는 목적을 달성함으로써 자칫 방심하면 빚을 내어 처리했을 설비의 신규 투자를 피할 수 있었다.

정면 돌파의 적극성

전장電裝품을 만드는 도요타의 계열사 니혼덴소日本電裝에서는 새로 설계한 자동차의 연료분사기를 가장 효율적으로 생산하는 동시에 상세한 검사도 진행할 수 있는 요건을 파악했다. 그 결과 1미터 높이의 작업대에서 작업할 수 있는 조건과 시력 2.0을 보유한 작업자가 필요했다. 스피드와 정밀함이 요구되는 검사 작업은 기계보다 사람의 눈에 의한 검사가 더 효율적이라는 판단에서 높은 시력이 요구되었다. 그래서 공장 직원을 새로 채용할 때는 전부 150센티미터 전후의 신장을 지닌 동시에 2.0의 시력을 가진 여성들을 채용하는 특이한 발상을 하기도 했다. 이러한 사례는 마주친 장해를 그대로 인정하면서 회피하는 방법을 택하거나 적당히 굴복하는 자세로 임하는 보통의 기업 활동과는 달리 장해를 정면 돌파하는 적극적 발상의 실천을 보여주고 있다.

다른 사례를 보자. 차체의 도장塗裝 공정에 손으로 하는 작업이 있었다. 그런데 도장 공정 이후의 조립 공정, 그것도 거의 최종 공정에 해당하는 타이어 조립시에 외판 하부의 도장 불량이 발견되는 것이었다. 그 이유는 타이어 조립 시에는 차체가 조금 상승하기 때문에 작업자가 빛에 반사된 외판의 하부를 쉽게 볼 수 있기 때문이었다.

그래서 도장 공정의 작업을 살펴본 결과 작업자마다 스프레이 방식이 다르고 시간당 도포하는 양도 다르다는 것을 발견했다. 따라서 모두가 같은 작업 품질을 내기 위해서는 단위면적당 도포하는 양의 균일함이 우선해야 하므로 모든 작업자가 시간이 있을 때마다 폐차에서 뜯어낸 차문이나 외판Fender을 상대로 페인팅 연습을 열심히 했고 그 결과 거의 균일한 품질을 얻을 수가 있었다. 또한 만약의 경우를 대비해서, 작업할 때 하부의 작업 상태가 잘 보이도록 반사거울을 부착하는 개선도 실시했다.

복합적 장해 요인들 극복하기

자동차 회사라면 제조 공정 중에 골치 아파하는 단계가 한 군데 있다. 도장 공정을 완료한 후 조립 순서의 사양대로 보내기 위해 임시로 대기하는 장소가 있는데 이곳에서 어느 정도의 도장 완료 대기수량이 조립 투입에 대응하느냐에 따라 관리 수준과 기술 수준의 등급이 생긴다.

조립을 1분에 한 대씩 완료시키는 계획을 잡았을 때에도 조립 공정에는 다양한 차량의 사양이 조립되고 있다. 가령 추운 지방에 수출되는 차량은 에어컨이 장착되지 않는 차량, 더운 지방에 수출하는 차는 에어컨에 지붕의 선루프Sun Roof까지 장착하는 차량, 그리고 에어컨을 장착한 보통의 차량을 각각 A, B, C라 할 때, 이 조립순서를 C → B → C → A와 같이 평준화시켜 생산해야 조립공수가 평준화되어 목적하는 1분의 간격이 될 수 있다. 그렇지 않고 평균값을 넘는 차량을 연속해서 투입하면 작업자가 평균 이동속도를 맞추지 못한 채로 무리한 작업이 연속적으로 이루어져 정지하는 사태가 발생하기 쉽다.

이 현상을 간단하게 표현하면 〈그림 1-11〉이 된다. 그리고 이러한

	A	C	B	C
공수비율	1.0	0.9	1.2	0.9

평균 공수비율 1.0

〈그림 1-11〉 생산 라인 차종별 공수 평준화 형태

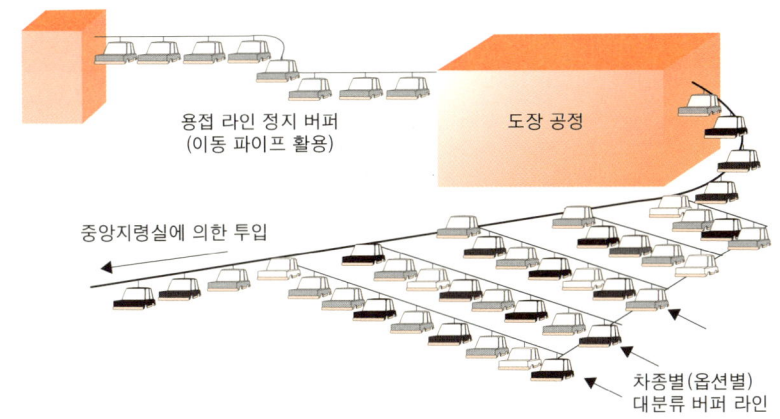

〈그림 1-12〉 용접과 도장의 목적 재공의 운용 형태

조립 공정 투입을 위해 도장 공정이 완료된 재공량 중에서 중앙사령실의 투입 지시를 받아 공급하는 도장 공정의 상태를 표시해 보면 〈그림 1-12〉와 같다.

    자동차 바디 생산의 초기 공정인 용접 공정이 모든 공정 가운데 설비(로봇 및 반송설비)가 많고 가공 부위(용접 부위)도 많기 때문에 설비고장률이 제일 높은 편이다. 게다가 큰 규모의 고장보다는 부분적인 순간 고장이 많이 일어나 후속의 연속 조립에 지장을 줄 수 있다. 따라서 약 30분 정도의 용접작업 완료품을 보유하면서 후공정에 보내주는 안전재고 개념의 관리를 하기도 했다. 그러나 용접의 후속 공정인 도장 공정도 불량이 발생하기 쉬운, 어려운 공정이기 때문에 도장 공정 역시 작업 완료품을 일정량 보유하면서 후속 공정에 보내주는 안전재고가 필요하게 되었다. 또한 도장 공정에서는 단 한 번의 작업에 완료되지 않고 2회 이상 재투입되는 경우(수정)도 있기 때문에 용접에서 도장, 조립 투입까지 일관 흐름이 되기가 어렵다. 이러한 불완전 요건들을 보완하기 위해 공식적인 재공 관리는 도장 공정 완료 후에 일정량의 조립 투입 재공량Buffer을 두는 관리로 통합하였다. 따라서 도장 라인의 버퍼 재공을 두는 근본적인 목적은 두 가지다.

첫째, 특정 공정(용접 및 도장)에서 설비가 고장 났을 때 후속 공정이 정지하는 것을 방지하기 위함이고 둘째, 조립이 요구하는 순서대로 용접과 도장 작업을 완료하기란 거의 불가능하기 때문에 일정량의 재공으로 조립 투입의 요구를 해결하기 위함이다.

이러한 버퍼 수량 관리는 설비 고장이나 품질 불량, 평준화 생산에 대처하는 충격흡수Decoupling 기능을 수행한다고 볼 수 있다.

도요타의 오노 다이이치는 특히 이 도장－조립 공정 간 안전재고를 줄이기 위해 최대의 노력을 경주한 사람이다. 1970년대 초반 수출 차종이 늘어나고 조립하는 차종이 많아짐에 따라 조립의 흐름생산을 위한 차종의 평준화 생산 순서가 복잡해지기 시작했다. 따라서 도장 완료 공정에서 대, 중, 소의 조립 공수 규모별 차종으로 구분(3열－적색, 백색, 황색 구분 표시)해서 각 15대 정도(총 45분)로 대기시켜 놓는 방식으로 진행했던 것을 10대씩(총 30분)의 수준까지 감축하고 난 후, 종류별 대수는 줄이되 종류(5~7열에서 10열까지)는 늘리는 방법으로 다시 개선하여 다품종소량을 총재고량의 증가 없이 해결하고 있었다.

도요타는 이에 만족하지 않고 도장 공정 재공은 '필요악'이라고 간주하던 습관을 불식시키기 위해 1970년대 말에 계열사인 도요타차체車體에서 버퍼 재공의 폐지를 시도해 보았다. 그러나 도장 공정 작업자가 자신이 작업하기 편리한 것을 선택하는 행동 때문에 조립 라인의 공수 불균형이 발생해 라인이 자주 정지하는 사태가 벌어져 결국 실패하고 말았다. 그리고 해외 공장들은 설비보전 부서의 복구 능력이 본사보다 떨어졌기 때문에 버퍼 재공량도 더 많이 설정하여 운용하고 있는 실정이다.

그래도 도요타는 이에 굴하지 않고 재공 재고가 없는 흐름생산의 실현을 위해 바디(용접) 공정과 도장 공정 사이의 이동 궤도 파이프 길이를 늘려 버퍼 재공량 중에 바디 공정의 정지 요인에 해당되는 대비 수량만큼을 그 자리를 차지하는 수량이 대신하게 하고, 단지 도장 공정 후의 재공량만 관리하도록 노력하고 있다. 차종은 점점 늘어가는 추세인데도 불구하고 30분 정도의 재공량을 15분 이내로 줄이는 목표를 달성하기 위해 모든 지혜를 동원하고 있다.

많은 기업들이 높은 수준의 혁신을 위한 개선활동을 착수하려 할 때 가장 많은 저항에 부딪히는 경우는 사원들이 개선할 수 없는 이유나 핑계를 대며 한 걸음도 나아가지 못하는 경우다. 시간이 없다거나 설비가 없다거나 지원이 없다는 핑계로 개선할 여유가 없다고 한다. 머리가 상당히 좋은 사람들이라고 볼 수 있다. 그러나 그 좋은 머리를 개선하는 쪽으로 방향을 돌려 가능한 쪽으로 지혜를 낸다면 모든 상황은 바뀔 것이다. 그래서 도요타의 오노 다이이치는 핑계를 대는 관리자는 상대하지 않았다. 그리고 도요타는 지금도 핑계를 대는 관리자는 승진시키지 않고 있다. 핑계를 대는 관리자를 허용할 때 그 조직은 이미 개선하기 어렵다고 봐야 옳다.

CHAPTER 02

도요타가 추구하는 개선의 방향성

개선의 방향을 구체적으로 부여한다

합리화 활동으로 개선을 누적시킨다

TOYOTA

05 개선의 방향을 구체적으로 부여한다

기업 비전은 개선의 방향성과 같다

21세기에 들어서면서 도요타가 제정한 기본 이념에는 아래와 같은 6가지가 포함되어 있다.

> ●●● 1. 신뢰받는 기업시민(해외 특히 미국 현지 법인을 겨냥한 목표)
> ●●● 2. 경제와 사회 발전에 공헌
> ●●● 3. 살기 좋은 지구환경 만들기
> ●●● 4. 첨단 기술의 개발로 매력 있는 상품과 서비스를 제공
> ●●● 5. 개인의 창의력과 팀워크의 힘을 배양
> ●●● 6. 개방된 거래 관계로 장기적인 안정 성장과 공존공영의 실현

위와 같은 각 목표를 현재 착실히 실천하고 있다. 미국 현지에서의

도요타 위상은 상당히 높은 편이다. 자동차의 판매 점유율과 성장세를 봐도 알 수 있다. 그리고 쇠락하는 미국 3사의 반사적인 공론을 막기 위해서 신기술 공유의 제안도 서슴없이 할 정도로 대미관계에 있어 친화에 주력하고 있다.

도요타가 차지하는 범세계적 영향력과 일본 내에서의 절대적인 경제적 영향력은 이미 무시하지 못할 수준이다. 도요타의 대외 정책은 곧 다른 기업들의 지침과 같은 역할을 하고 대외적 경제 정보 역시 도요타가 가장 먼저 그리고 많이 확보하고 있는 추세다.

도요타는 자동차가 갖는 원초적 과오인 매연의 발생(지구 온난화의 주범)이나 사고의 증가로 인한 인간생활 환경의 파괴를 어떻게 해서든 줄일 수 있는 방안에 가장 많은 투자를 하는 기업으로 평가된다. 가장 먼저 개발한 하이브리드 자동차, 폐차시 가장 높은 리사이클 비율, 주행 성능과 사고방지 기술의 첨단화 등이 그 증거이다. 그리고 교통신호 체계와 맞물린 주행 안내와 자동차 충돌사고를 미연에 방지하는 주행 성능의 개발을 강화하고 있다. 위성통신 기술과 첨단 반도체 기술을 이용하여 점점 콤팩트하고 편리한 자동차를 개발함으로써 생활의 편리함을 제공하고 기존 연료를 대체하는 혁신적인 자동차를 통해 인류의 걱정거리를 없애는 역할에 주력하고 있다.

개인의 창의력에 있어서는 도요타가 지금까지 추구해 온 끝없는 개선을 통해 지속적으로 실천해 가고, 높아지는 고객의 요구는 개발 설계 단계 혹은 생산 과정에서 조직적인 움직임을 통해 해결해 간다는 경영 모토를 구현하고 있다.

마지막으로 도요타의 관계 협력사들을 도요타와의 거래에만 매달리지 않고 범세계적으로 거래하는 기업으로 승격시켜 각 부품사들의 개방된 거래를 촉진하는 동시에 차후에는 거꾸로 부품 생산 기업들이 자동차 산업을 이끌어 갈 수 있다는 개념의 재정립을 통해 도요타와 협력사의 공동 발전과 생존이라는 목표를 착실히 진행시키고 있다.

예를 들어 부품 조달 계열별로 회사를 통폐합시키기도 하고, 아이싱정기精機는 비도요타 매출을 30퍼센트 정도 확대한 예도 있고, 니혼덴소는 도요타 거래점유율이 50퍼센트 정도에 불과하다.

도요타는 많은 경우 100퍼센트, 적게는 단 단위 퍼센트까지 투자한 관계사가 500개를 넘는다. 이런 관계사의 거래 확대와 발전이 곧 도요타의 안전 성장을 도울 수 있다. 이런 역학적인 발전 관계를 조 후지오

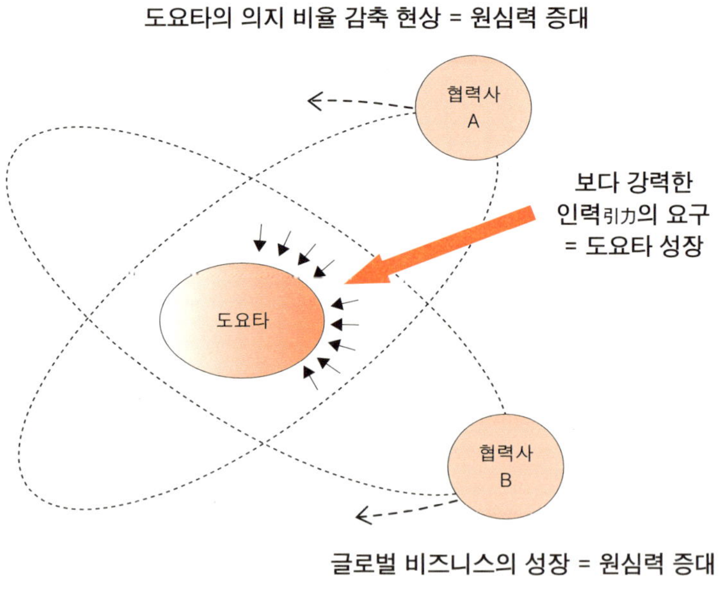
도요타의 의지 비율 감축 현상 = 원심력 증대
협력사
A
보다 강력한
인력引力의 요구
= 도요타 성장
도요타
협력사
B
글로벌 비즈니스의 성장 = 원심력 증대

〈그림 1-13〉 21세기 도요타의 협력사 육성 정책

사장은 이미 1990년대 중반에 예언했었다. 계열사라는 혹성군惑星群이 보다 큰 궤도를 그리며 회전할 때 도요타의 힘과 영향력은 자연스레 커질 것이라고 비유했던 것이다. 그런 현상을 그림으로 표현하면 〈그림 1-13〉과 같다.

상상을 초월하는 목표 설정

도요타의 경영진은 기회가 있을 때마다 사원들에게 호소한다. 지금 달성하려는 도요타의 높은 도전 목표는 이제까지 생각해 온 시책이나 수단으로는 달성할 수 없다고 알려준다. 보통 기업의 샐러리맨들은 스스로 세운 목표를 달성하기만 하면 어느 정도의 평가는 받을 수 있다는 생각으로 어떻게든 목표를 낮게 잡으려고 애를 쓴다. 그리고 미리 생각해 둔 방법을 기준으로 목표를 잡으려 하기 때문에 활동에서 창의적 지혜와 개선 노력은 발휘하지 않는 경우가 많다.

도요타의 계열사인 관동關東자동차는 1970년대 중반 오일쇼크로 인해 생산량이 10퍼센트 정도 하락하는 위기를 맞이했을 때 때마침 도요타가 수출의 증대로 카롤라 일부 모델을 위탁생산할 것이라는 소식을 접했다. 이때 생산기술팀은 위탁생산을 확고히 하기 위해 재빨리 생산 시설의 준비 상황을 제안하기에 이르렀다. 시설 준비에 투입될 비용을 계산하고 이 비용의 50퍼센트를 삭감시키는 경제적인 활동 제안서를 준비했다.

그러나 도요타 생산조사실에서 활동하는 오노 다이이치의 수석 제자인 스즈무라 기쿠오鈴村 喜久雄 주사主査(현장 지휘자로서는 최고의 위치)로부터 갑작스럽게 1/10 금액에 해보라는 요구를 받았다. 지시를 받은 관동자동차의 실무 책임자는 불가능하다고 생각하며 이제는 위탁생산을 놓친 것이 아닌가 하고 생각했다. 하지만 그래도 방법은 있을 거라고 생각해서 제출 기한까지 밤을 새서 이제까지 생각하지 않았던 모든 지혜를 동원해서 궁리에 궁리를 거듭한 끝에 겨우 요구에 응하는 수치가 나와 결국 허락을 받아냈다.

누가 감히 예상 비용의 1/10 비용으로 요구할 수 있으며 또 그것을 포기하지 않고 해내는 사람은 과연 몇이나 될까 의심스럽다. 하지만 이런 정도의 개선 목표 제시와 해결의 행동은 도요타 역사에서는 다반사로 일어난다. 계열사라고 해서 적당히 하면 되겠지 하는 기대감을 갖지 않게 만든다. 우리 같으면 안면과 뇌물 그리고 계열사라는 연줄을 믿고 억지를 부렸을 것이다.

개선의 귀재 스즈무라의 출현

여기서 스즈무라에 대한 인물평을 해볼 필요가 있다. 지금까지 나온 도요타 생산시스템의 역사 속에서 1999년도에 타계한 스즈무라의 역할이 지대했음에도 불구하고 그의 흔적은 잘 나타나 있지 않다. 스즈무라는 도요타 사장을 지낸 조 후지오와 함께 오노 다이이치의 수석제자에 속한다. 많은 도요타 관련 서적의 저자들이 오노의 가르침을 배웠다고 너도나도 표시하고 있지만 실제 그런 정도는 아닌 것으로 보인다. 단지 몇 개의 활동과 관련해서 지시를 받을 기회가 있었을 뿐 오노의 의지에 따라 수족같이 수행한 것은 두 명으로 확인된다.

스즈무라에 관한 유명한 일화를 소개한다. 여러 공장들을 돌아다니며 TPS의 정착을 수행하던 중 어느 공장에서의 일이다. 낭비가 보이는 공정 작업 앞에 이르자 스즈무라는 안내하던 관리감독자에게 그 공정 작업의 낭비를 발견해보라고 말을 건넸다. 잠시 쳐다본 담당자가 낭비가 보이지 않는다고 하자 스즈무라는 그 감독자가 서 있는 자리를 중심으로 바닥에 반지름이 1미터인 원을 백묵으로 바로 그려주면서 낭비를 발견할 때까지 용변을 이유로 자리를 뜰 때를 제외하고는 절대 떠나지 말라는 명령을 내렸다. 결국 몇 시간이 걸려서라도 그 관리감독자는 낭비를 발견할 수밖에 없었다. 개선을 하기 위해서는 반드시 낭비를 먼저 발견할 수 있는 능력이 갖추어져 있어야 하는데 그렇지 못한 감독자를 야단치는 대신 스스로 찾게끔 무서운 방법으로 도와주었던 것이다.

스즈무라의 이러한 행동들은 초기에 현장 작업자들에게 공포를 동반한 개선활동을 하게끔 유도하였다. 그래서 스즈무라가 여러 공장을 돌아다닐 때는 비서가 그날 방문 공장에 미리 방문 통보를 해주었다. 그러면 그 공장에서는, 가령 오후에 들릴 계획이 통보됐다면, 오전 중 휴식 시간에 방송을 통해 '오늘 오후 날씨는 천둥번개가 칠 것으로 예상되니 각별한 주의를 요합니다' 라는 식으로 간접적으로 현장에 알려주어 오후를 부지런히 대비하라는 경고 메시지를 전달하는 해프닝도 있었다. 물론 스즈무라의 외모는 거구였고 인상도 만만치 않았으며 목소리도 우렁찬 것은 당연하였다.

10년 이상의 이러한 공포를 동반한 반강제 혁신활동이 없었다면 지금의 TPS 정착은 어려웠을 것으로 보인다. 즉, 우리가 막연히 알고 있는 현재의 TPS 정착 결과는 열매에 불과하다. 도요타의 현실적인 지적知的 재산이 되기까지는 생산 현장 작업자들이 이렇게 어려운 공포의 순간들을 피하거나 거부하지 않고 지혜롭게 잘 인내한 덕분이기도 한 것이다. 그런 스즈무라를 욕하는 직원은 거의 없었고 오히려 존경하는 사람들이 늘어가기만 했다.

도요타 공장 내부, 특히 가공 공장들의 간판시스템 적용은 거의 스즈무라가 정착시켰다고 해도 과언이 아니다. 물론 지침이나 후원을 오노 다이이치가 한 것은 물론이다. 그리고 그 오노의 추진 행동들을 윗선에서 말없이 허용한 인물들로서 이시다 사장과 도요다 에이지 사장을 들 수 있다. 사실 TPS 정착의 의미를 깨닫지 못한 많은 현장 작업자들이 거부의 심리를 가지거나 행동했음에도 불구하고 경영자들이 오노의 강력한 드라이브에 아무런 비판 없이 묵묵히 무언의 승인을 해 준 결과 TPS 적용도 성공할 수 있었다. 결국 TPS의 정착은 도요타 모든 직원들의 작품인 동시에 승리로 봐야 한다.

경영자가 직접 개선의 방향성과 목표 제시

현재 도요타가 기술을 선도하는 기업이 될 수 있었던 것은 창업 이래의 방침에 의한 결과로 볼 수 있다. 창업자인 기이치로가 1930년대 초반에 처음 자동차를 스스로 제작하려 했을 때의 자주적인 행동과 방침이 그랬고, 바통을 이어받은 이시다 사장은 1950년대 초반부터 불어 닥친 일본 자동차 경쟁사들의 해외기술 도입과 제휴에 반하여 '일본인의 머리와 실력으로 승용차 산업의 확립'이라는 가시밭길을 선택했었다. 즉 '자주독립의 경영'을 선포한 것이다.

그런 어려움 때문에 도요타 직원들은 그 당시 타사의 현장을 허가 받아 견학할 때면 안내자들로부터 '도요타는 사막에 나무를 심으려고 하는가?'라는 비아냥거림을 들어야만 했다. 그러나 뼈아픈 고통을 겪었지만 그러한 철두철미한 활동의 방향성과 목표를 가졌고 그대로 지켰기에 오늘날의 도요타가 있다고 볼 수 있다.

어느 활동에 있어서나 목적과 목표가 있듯이 개선도 확실한 방향성을 지녀야 한다. 주위에서 벌어지는 가장 간단한 활동에서 방향성의 중요성을 발견할 수 있다. 우리 기업들이 가장 활발하게 한 활동은 5청정(5S-정리, 정돈, 청소, 청결, 마음가짐) 운동이라 할 수 있다. 또 가장 빈번히 하고 있는 활동이기도 하다. 하지만 왜 5청정 활동이 그토록 정착되지 못하는 것일까라는 의문을 갖는 이들도 많을 것이다. 그 이유들은 간단하다.

첫째, 목적이 없다. 혹은 불명확하다. 현장의 실제 활동을 하는 이들에게 왜 이런 활동을 하느냐고 물어보면 십중팔구는 '공장이 깨끗하고 깔끔하면 좋잖아요?'라고 대답한다. 하지만 그 활동의 진정한 목적은 그런 것이 아니다. 도요타는 작업장을 깨끗이 하려고 한 것이 아니라 낭비가 무엇인지 발견하려고 서둘러 5청정 활동을 했을 뿐이다.

그런 진정한 목적을 인식하지 못하면 매번 반복되는 활동이 지겨워질 것이다. 그 활동으로 인해 무엇인가 후속 개선이 이루어져야 의미를 느끼기도 하고 보람도 찾을 터인데, 마치 깨끗하게 작성된 보고서를 아무도 활용하지 않고 처박아 놓고선 괜히 애썼다고 느껴지듯이 5

청정 활동도 의미 없는 활동으로 여겨지는 것이다. 5청정 활동은 개선 활동의 대전제가 된다. 즉, 낭비 발견의 수단이 된다는 의미다.

둘째, 목표가 없다. 목표는 목적과는 달리 활동의 종착점을 표시하는 것으로서 방향성이 아니라 달성 수준을 말한다. 가령 특정 작업장과 작업장 사이에 쌓인 물품들을 정돈한다고 할 때 '시간순서대로의 정렬과 작업지시량대로의 수량 파악 및 적재'라는 목표를 명확하게 제시해야 한다. 그렇지 않고 단순하게 박스에 잘 담아서 잘 정돈해 놓는 것이 정돈의 지시 사항이라면 아무런 의미가 없는 활동이 된다. 작업을 하고 잔량이 남은 박스는 또 뒤에다 처박고 다시 사용할 때까지 무관심으로 일관해 나중에 정돈을 다시 해야 하는 일이 계속 벌어진다.

설비 청소를 하는 경우에 있어서도 막연히 깨끗하게 닦아야 한다는 말 대신에 '기름 유출은 전혀 없고 가공 부위의 작업대에는 손가락으로 문질렀을 때 먼지가 묻지 않아야 한다'는 식으로 구체적이어야 한다. 이러한 상세 목표가 없기 때문에 대충 해버리는 습성에 젖어 있다.

그리고 왜 그런 목표를 가져야 하는지 구체적으로 이유를 연결해주어야 한다. 가령 '먼지가 발견되면 가공부위 오염불량의 주원인(50퍼센트)이 된다'는 개선의 방향성을 제시해주어야 한다. 그래야만 하나하나의 활동에 주의를 기울이고 유지하려 할 것이다.

셋째, 자주적 형태가 아니라 명령형으로 진행되기 때문이다. 5청정 활동은 개인의 노력이 주축으로 작용하지만 소수의 팀플레이도 필요하다. 작업 공정은 독립되어 있는 경우보다는 연결되어 있는 경우가 많기 때문에 물리적인 위치 구분이나 기능의 구분으로 연결해 주어서로 협조하여 목표를 달성하도록 환경을 만들어 주어야 한다.

특히 상사가 현장을 순회하다가 발견한 모순점을 작업자에게 직접 지적하여 시정을 명령할 것이 아니라 책임자를 불러 확인시키는 것이 바람직하다. 그렇게 하면 스스로 같은 영역 내에서 동일한 현상을 바로 잡으려 할 것이고 작업자들에게 전달하려 불러 모으기도 할 것이다. 이런 과정이 바로 팀플레이의 시초가 된다.

넷째, 활동 결과에 대한 평가가 없다. 대부분의 활동 방법이 과거의 상태 사진을 놓고 그 옆에 활동 후의 사진을 배치해 놓는 것이 고작이다. 그런 사무적인 처리로는 더 이상 활동하지 않는다. 그 활동에 의한 변화가 회사의 이익에 어떤 영향을 미쳤는지를 명확하게 해야 한다.

예를 들어 어느 공정의 청소 활동이 이물異物 불량의 몇 퍼센트 감축 효과에 기여했다든지 아니면 정확한 정돈 습관이 현장 재고의 수준을 어떤 수준으로 낮춰 감축 효과에 기여했는지 등과 같이 원가와 직결되는 항목에 연관시켜 평가하여 합당한 보답을 고려해 주는 것이 진정한 평가라 할 수 있다. 이런 평가가 제대로 정착되면 스스로 하는 활동의 유지 발전은 의심하지 않아도 된다.

사실 5청정 활동은 원가저감 활동의 가장 기본적 단계이면서 가장 큰 영향력을 발휘한다. 이를 잘 모르는 많은 기업들은 5청정 활동은 대충 마무리한 채로 다른 엉뚱한 곳에서 원가를 내리고자 안간힘을 쏟는다. 잘못된 방향의 길로 들어섰을 뿐이다. 오랜 지도경험을 통하여 얻은 결론은 '원가를 많이 내리고 싶으면 5청정 활동 하나라도 확실하게 하면 된다'는 것이다. 별난 요령을 발휘해서 얻는 이득보다 기본을 무시하고 등한시해서 버려지는 낭비가 더 크다는 진리를 알아야 한다.

생산성 측정에 따른 개선 목표 설정

개선의 방향성은 생산성 평가 방식의 전환으로 제시할 수도 있다. 생산성의 기준을 잡는 이유는 생산성 측정 관리를 통해 현장 작업자들의 긴장감을 조성할 수 있기 때문이다. 생산성을 새롭게 정의해 본다면 '특정 기업의 생산력을 표현하는 척도로써, 고객이 요구하는 질 좋은 품질을, 보다 저렴한 비용으로, 요구하는 시기에, 좋은 환경 속에서 만들어 내는 힘'이라고 할 수 있겠다.

다시 말해 얼마만큼의 노동과 설비(자본) 및 재료(3M-Man, Machine, Material)를 갖고 얼마만큼의 품질Quality, 납기Delivery, 가격Cost, 요구수량Scale을 충족시켰는가를 표시하는 지수인 것이다. 따라서 통념상으로 알고 있는 노동생산성 중심의 부분생산성 분석이나 투입물Input의 규모 변화에 관심을 가질 것이 아니라 모든 투입 요소를 고려한 종합생산성 중심으로, 또 산출물Output 중심 위주로 시간의 변화에 따라 민감하게 추적하는 분석력으로 개념을 옮겨가야 한다.

과거에 흔히 행하던 노동생산성의 분석은 산출물을 만드는 데 투입해야 할 표준(설계)공수를 해당 수량을 만드는 데 들어간 총 투입공수로 나누어 값(표준공수/투입 실적공수)을 구했다. 또 종합적인 능력 평가를 할 때 매출액이나 생산액을 총 투입비용으로 나누어(매출액/투입액) 구하기도 했다. 그러나 아무리 노동생산성을 올려도 종합적인 능력 평가에서 판매 단가가 계속 하락하면 소용이 없다. 가격경쟁력을 고려해 주는 분석이 뒤따라야만 한다. 또한 평소에 중요하지 않게 생각했던 재고량의 규모(재고일수)나 수주에서 출하까지 걸리는 시간(L/T: Lead

Time) 등을 분석해서 기업 대응력의 잣대로 평가해 주어야한다. 그렇게 하면 당장의 상품에서 가격경쟁력은 없다 할지라도 내부의 제조 능력은 과연 경쟁력을 갖추고 있는지를 별도로 가늠할 수 있다.

따라서 부분적인 평가 방식을 지양하고 기업 나름대로 종합적인 능력을 평가할 수 있는 수식을 세워서 활동하는 조직원들이 개선의 방향성을 제대로 잡을 수 있도록 유도해 주어야 한다.

단순화와 간소화도 개선의 방향

도요타의 21세기 4대 실천적 전략(*이 책 뒤의 「참고문헌」 중 1)의 1장 참조) 중에 단순화 및 간소화라는 요소가 있다. 이 단순화와 간소화가 도요타 실무진 특히 기술 분야 업무에 있어서 개선 방향을 대표한다 할 수 있다. 도요타는 규모의 경제 Economy of Scale를 구현하는 자동차 산업에 속해 있기 때문에 질적인 면도 중요하지만 역시 수량적인 면도 무시할 수가 없다. 이런 이유로 생산기술 부문에서는 금형의 크기를 변화시키거나 금형을 단순화시켜 공정의 단순화를 유도하는 움직임이 하나의 커다란 개선 방향이 되기도 한다.

또한 글로벌 기업으로의 변신 이후에는 생산 거점이 세계에 많이 포진해 있는 관계로 모든 공장에서 누구라도 쉽게 사용할 수 있는 설비의 재구성이나 단순화가 큰 역할을 한다. 많은 설비 가운데 특히 가공 M/C Machining Center와 같은 기계는 메이커의 표준을 무시하고 간소화된 도요타 나름의 표준을 다시 만들어 전 세계 공장에 적용토록 하는 등 대부분 공통의 개선 방향에 주력한다. 이러한 단순화를 소화해 내려면 몇 가지의 원칙이나 기본사고가 요구된다.

●●● 첫째, 작업 대상의 성질을 잘 이해하면 작업 대상물 스스로가 좋은 방법론을 제시한다.
●●● 둘째, 현재 사용하는 수단을 잊어버리고 대상물을 허공에 띄워서 볼 때 다른 수단을 발견할 수 있다.
●●● 셋째, 원점 지향을 하여 필요 이상의 자원이나 수단으로 결과를 유도하려 했는지를 파악해 본다.
●●● 넷째, 진행 방향과는 거꾸로 종료 포인트에서 시작 포인트로 옮겨가는 역방향 사고를 해보면 의외로 단순한 길Route이 보인다.
●●● 다섯째, 도요타의 5WHY를 적극 적용하여 복잡성의 근본 원인을 파헤치고 그 원인 유발 현상의 반대의 조건을 만들어 본다.

흐름화 전략은 개선의 극치

도요타의 내부에서 선택하는 개선 순위를 보면 사람Man, 물품Material, 설비Machine 순이다. 사람에 의해 물품이나 설비는 좌우될 수 있는 대상이라고 여기기 때문에 사람이 우선한다고 본다. 왜 이익Money이 우선하지 않는가 하는 물음이 있을 수 있으나 도요타는 수단 경영을 하기 때문에 이익을 우선하지 않고 기업 체질을 강화하여 이익이 저절로 나오는 방식을 선택한다.

생산 과정 중 라인 작업에 있어서 정미正味(순수 부가가치 작업 설계 시간) 작업 시간을 철저히 추구하기 위해 내포된 낭비 시간을 빠짐없이

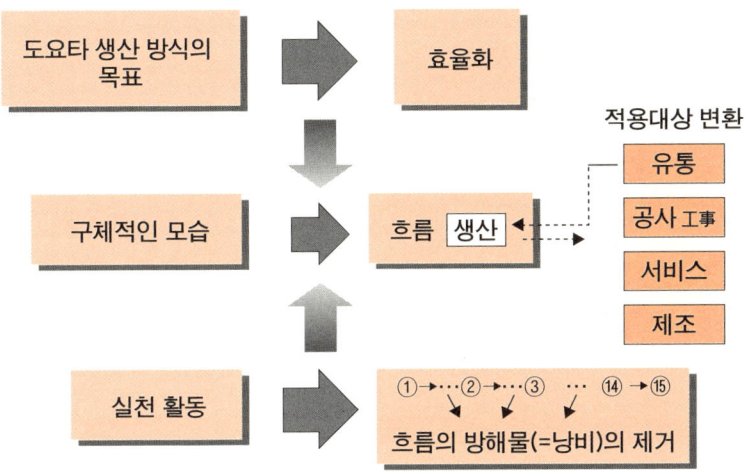

〈그림 1-14〉 도요타 개선활동의 방향

제거하여 흐름화로 연결시키는 기본적 개선활동을 보면 생산에서 추구하는 개선 방향을 읽을 수 있다. 이 관계를 서로 연관지어 표현해 보면 〈그림 1-14〉와 같다.

즉, 효율화를 개선의 기본 목표로 삼고, 생산의 흐름을 구현시키기 위해 각 흐름의 작업 요소에 포함된 일체의 방해물(비부가가치 요소=낭비)을 제거하는 실천적 활동까지 연계시키는 것이 도요타의 개선 논리라 할 수 있다. 이렇게 간단한 개선의 방향성을 업종에 따라 '생산'이라는 자리에 유통이나 서비스 혹은 프로젝트라는 단어로 대체해 보면 누구나 도요타의 방향성을 쉽게 이해할 수 있다.

도요타에서 말하는 흐름화는 곧 스피드 향상이다. 그 스피드의 향상이 만드는 힘을 결정한다는 논리다. 특히 스피드로 해결되는 것이 모든 기업 최대의 적敵인 재고의 해결이다. 시간의 능력 기준값인 L/T

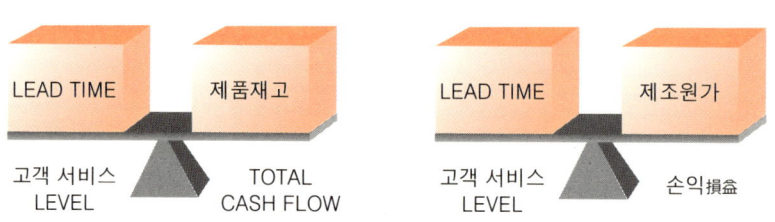

〈그림 1-15〉 LEAD TIME과 수익 요소와의 관계

와 재고량 사이에는 서로 시소 관계가 생겨, L/T가 짧아져 기간적 효율이 높아지면 재고의 부담이 줄어들고, L/T가 길어져 효율이 떨어지면 재고부담이 높아진다. 역시 시간의 변수와 원가는 동일한 현상으로서 L/T가 짧아지면 제조 원가도 낮아지고, L/T가 길면 원가 부담이 높아진다. 이런 현상을 이해하기 쉽게 표현한 그림이 〈그림 1-15〉이다.

JIT 활동의 기준이 개선활동의 평가 기준

도요타의 개선활동을 지지하고 있는 또 하나의 커다란 사상이 있다. 이미 1930년대에 도요타 창업자인 기이치로가 발의한 저스트 인 타임Just In Time 사고가 도요타 전 직원의 개선활동에 있어서 등대 구실을 한다는 것은 주지의 사실이다. JIT 사고가 갖는 7가지의 기본 원칙은 곧 개선활동의 나침반 역할을 한다. 결국 개선활동의 과정이나 결과가 과연 이 7가지 원칙에 어긋나지 않았는가를 평가해 보면 본인의 개선이 옳았는지 아니면 회사에 누가 되었는지를 쉽게 판단할 수 있다. JIT의 기초적인 7원칙을 열거해 보면 아래와 같다.

> ●●● 1. 고객 NEEDS에 대응하는 생산 활동이어야 한다.
> ●●● 2. 낭비의 배제에 기여해야 한다.
> ●●● 3. 1개 흐름생산에 기여해야 한다.
> ●●● 4. 계속되는 개선활동 중의 하나여야 한다.
> ●●● 5. 작업자를 존중하는 결과여야 한다.
> ●●● 6. 사고를 미연에 방지하는 의미가 되어야 한다.
> ●●● 7. 장기에 걸친 중점적 대응으로 연결되어야 한다.

도요타는 사실 초단위로 관리한다고 보아야 한다. 몇 해 전 국내의 작은 중소기업에서 실행하는 초관리 운동을 보고 많은 사람들이 앞다투어 새벽에 기업 견학을 다닌 적이 있다. 그러나 도요타의 입장에서 보면 그러한 광경은 낯익은 사례에 불과하다. 도요타 스스로가 작업자의 동작에 초단위의 시간을 적용하기 때문이다. 동작 하나하나에도 낭비의 발견을 위해 초단위로 표준 작업을 표시한다.

도요타는 개선이라는 행위를 현장 사람들에게 강요하지 않는다. 다만 낭비를 쉽게 발견할 수 있도록 모든 작업을 보이게 하는 수단으로 만들고 있을 뿐이다. 특히 오노 다이이치는 '간판'이라는 눈으로 보이는 도구로 공정 간의 재공량을 삭감하여 현장을 아주 어려운 상태로 만들어 버린 다음 그 상황을 정상 상태로 만들게 하여 간판을 인간의 개선 의지를 이끌어 내는 수단으로 활용했다.

그러나 많은 기업에서 변화를 거부하는 관리자들은 자기들의 생산

L/T가 고객의 요구 L/T보다 길어지자 고객을 위한 개선보다는 자신의 제조 능력에 대한 약점을 숨기기 위해서 그리고 주문 취소를 두려워하여 미리 잔뜩 만들어 놓는 행동을 거리낌 없이 한다. 이런 점을 볼 때 재고의 체류가 의미하는 것은 팔리는 속도보다 만드는 속도가 더 느리다는 점을 말한다. 재고가 많은 기업에서 더 절실히 깨달아야 하는 해석이다.

개선의 방향성 제시는 절대적으로 중요

개선활동의 전개에 있어서 특히 주의할 일은 개선을 하더라도 기업에 이익을 안겨주는 개선과 그렇지 않은 개선이 있다는 점이다. 가령 10명의 작업자가 10개를 생산하던 능력에서 2개를 추가해 12개를 만들 수 있을 때 흔히 20퍼센트의 생산성 향상이라 평가한다. 그러나 이는 자칫 잘못하면 재고가 늘어날 수 있는 방향이 되기 쉽다. 그러나 10명의 작업자가 10개를 생산하던 수준에서 8명이 10개를 만들 수 있게 개선한 것은 곧바로 원가저감으로 이어져 기업에 이득만을 안겨주는 개선이 된다.

언뜻 보면 비슷한 얘기 같으나 두 가지 방법은 전혀 다른 방향성을 갖는다. 즉, 2명을 줄여 동일한 결과를 내는 조건과 인원수를 그대로 하고 결과물의 증진만 가져오게 하는 조건은 동일하지 않다. 이런 현상은 마치 공정의 장해 요소인 NECK(애로) 공정 이외의 작업 시간을 줄여 전체의 누적 사이클 타임만을 줄인 알맹이 없는 개선과 NECK 공정 자체의 작업 시간을 줄여 생산물의 도출 간격을 실제적으로 줄여 생산량을 증가시킨 개선 효과와의 차이와 동일하다고 보면 된다.

도요타도 한국전쟁의 특수 수요가 발생한 1950년부터 오일 쇼크가 발생하기 전인 1973년도까지 사실상 대량생산의 틀을 기본으로 삼고 있었다. 이미 현장에 파고들었던 JIT의 사고방식과 오노의 많은 TPS 방법들은 오일쇼크 이후 급부상한 것으로 보면 무리가 없다. 마치 도요타가 오일쇼크 이전에도 TPS를 철저하게 시행해온 것으로 알면 곤란하다. 왜냐하면 그때만 하더라도 자동차 제조 자체가 대량생산의 이점을 이용해야만 수익이 발생하는 업종이라는 고정관념이 있었기 때문이다. 그 이후로 위에서 살펴본 바와 같이 동일 작업자 수준에서 수량을 더 만드는 방향의 개선에서 작업자 수를 줄여 동일한 생산량을 만드는 개선으로 방향을 수정했던 것이다. 따라서 개선의 방향성을 경영자가 올바르게 제시하는 일은 기업의 수익성 확보에 지대한 영향을 미친다.

도요타 생산방식이 추구하는 모든 개선의 대표적인 방향을 간단히 5가지로 압축해서 서술하면 다음과 같다.

●●● 1. High Volume 및 High Speed의 대량생산이 아니고 필요한 시기에 필요한 물건을 필요한 만큼만 만드는 한량생산의 방향일 것

●●● 2. 앞 공정에서 만든 물품을 후속 공정으로 밀어내는Push 것이 아니라 뒤 공정에서 필요한 것을 전前 공정에서 인출해가는Pull 방식의 방향일 것

●●● 3. 공정 안에서 혹은 공정 간의 재고를 '필요악'이라 여기지 말고 '절대악'이라고 간주하고 축소화를 지속하는 방향일 것

●●● 4. 소품종다량 생산을 하는 고정된 생산 체계가 아닌 다품종소량 생산을 소화할 수 있는 유연성Flexibility이 있는 생산 체계로 향하는 방향일 것

●●● 5. 무조건적인 능력 확대의 수단인 설비 가동稼動率의 사고보다는 필요할 때에 필요한 만큼은 확실히 가동可動시킨다는 설비 관리의 방향일 것

만약 기업에서 TPS의 개선 방향을 적극적으로 도입하려면 기업이 민감하게 반응하는 원가와 품질 그리고 설비 가동 중심의 개선 방향을 각기 정의할 수 있어야 많은 개선활동을 제대로 이끌 수 있다는 전제로 그 예를 들어본 것이 〈그림 1-16〉에 원가저감의 개선 방향, 〈그림 1-17〉에 품질의 개선 방향, 〈그림 1-18〉에 설비 개선의 방향이다.

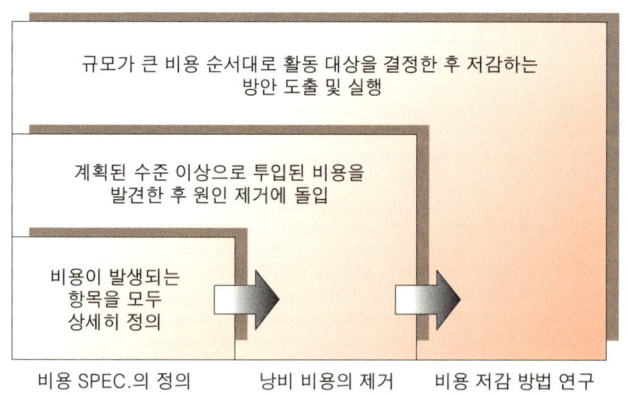

〈그림 1-16〉 원가저감의 개선 방향

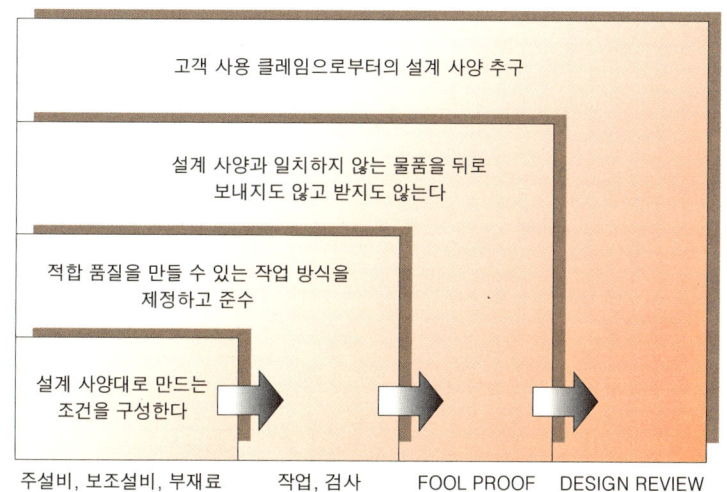

〈그림 1-17〉 품질 보증의 개선 방향

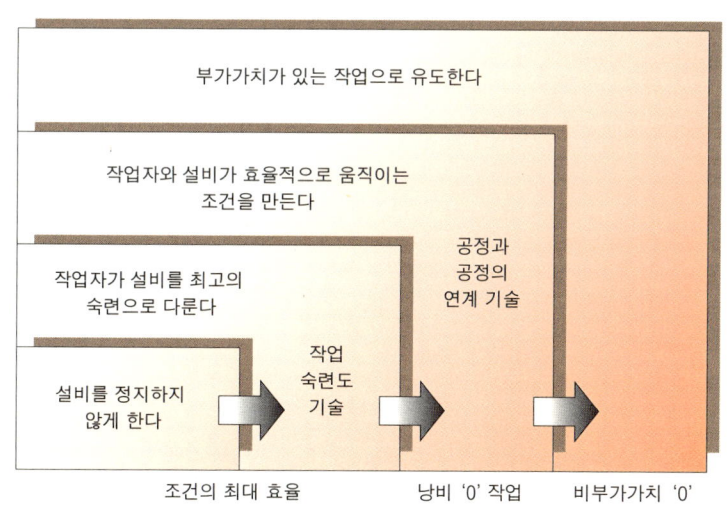

〈그림 1-18〉 설비 효율의 개선 방향

PART 1 도요타 개선활동, 그 본질의 이해 | 99

리더십에 따른 개선 방향 제시

또 다른 개선의 방향성을 유도하는 방법으로는 조직적인 파워에서 유발되는 리더십에 의한 방법이다. 즉 개선활동을 조직적 측면에서 분석하면 단순히 상사의 상식을 따라가는 활동이라 할 수 있다. 도요타가 TPS를 정착시켜 가는 과정이 곧 도요다 기이치로 혹은 오노 다이이치의 상식을 전 종업원이 따라가는 과정이었다고 보는 견해도 있다. 그래서 도요타는 항상 최고의 상식을 설정하고 전 직원이 공동으로 그 상식을 추구하는 기업이라는 정의도 가능하다.

상식常識이란 '사람으로서 으레 가지고 있을 기본적인 지식이나 판단력'이라고 정의한다. 그러나 이 상식 수준이 조직상의 위치에 따라 다르다는 얘기다. 일반적으로 생각하면 경영자의 상식이 가장 높고 넓으며 그 밑으로 내려올수록 낮아지는 계단처럼 상식의 수준이 이루어져 있다고 가정할 수 있다. 그래서 각 해당 계층의 관리자나 작업자가 지니고 있어야 할 상식은 그 아래의 직원들의 부족한 상식을 끌어

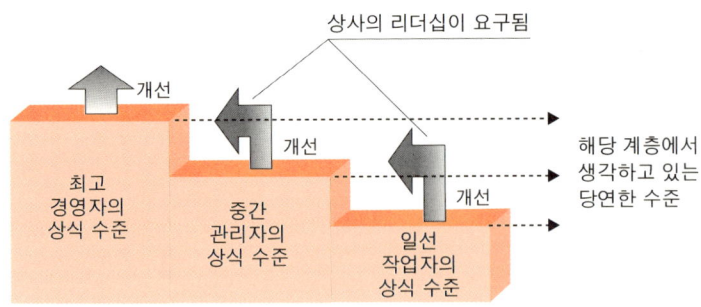

〈그림 1-19〉 개선은 상사의 높은 상식을 따라가는 활동

올리는 데 기여해야 하고 그 상승 작용 자체가 개선이라고 보는 견해다. 그 개념을 표현해 보면 〈그림 1-19〉와 같다.

이제부터 독자의 상황 인식이 필요하다. 만약 상사의 상식이 부하의 상식보다 아래 수준이라면 그 조직은 리더십이 존재하지 않아 엉망일 것이고, 상사의 상식과 부하의 상식이 동일한 수준이라면 개선활동이 멈추어 버릴 것이다. 또 만약 최고경영자의 보유 상식이 낮은 수준이라면 개선이 무엇인지 모르고 하루를 지낼 것이고, 최고경영자의 보유 상식이 너무 높으면 무리한 방향을 설정하기 쉬워서 부하 직원들이 납득하기 힘들어 하기 때문에 단계적인 개선활동의 접근을 유도해야 한다.

작업에 대한 상식

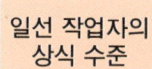
일=움직임

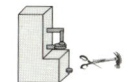
조립 중간에 공구나 자재를 가져오는 운반도 일이라는 기준

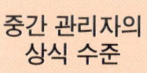
일=조립 작업 밀도

순차적 처리가 아니라도 부가가치 작업을 밀도 있게 했다면 잘했다는 기준

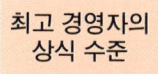
일=조립 작업 밀도 및 순서

상세 순서 계획

〈그림 1-20〉 상식의 수준 차이

상식의 수준은 항상 변화한다. 상식, 즉 상황에 대한 판단 기준의 수준은 흡수된 경험이나 지식 그리고 교양의 폭, 깊이, 넓이에 따라 달라질 수 있다. 따라서 개선을 계속하다 보면 상식 수준이 자연히 높아진다. 도요타는 그런 상식의 수준을 승진의 기준으로 삼는 동시에 개선을 얼마나 잘 이끌어 가는 높은 상식의 보유자인가를 가늠하여 인사에 반영한다. 가장 간단한 계층별 상식 수준을 작업이라는 대상에 대해 가정해 보면 〈그림 1-20〉과 같이 표현할 수 있겠다.

이 그림을 통해 낮은 직급의 작업자가 상사가 갖고 있는 상식의 수준으로 방향을 잡으면 그것이 곧 개선활동이라는 의미를 알 수 있다. 결국 지휘하는 입장에 있는 사람들이 스스로의 상식을 높이려 할 때 전체적인 조직적 개선이 일어난다는 사실을 명심해야 한다. 그것이 곧 도요타의 개선 체제라 할 수 있다.

06 합리화 활동으로 개선을 누적시킨다

합리화와 개선의 관계 정립

오노 다이이치는 기계와 작업자가 항상 낭비 없이 부가가치를 만들어내는 것을 합리화 활동이라고 정의했다. 일반적으로 자동기계가 많고 무언가 바쁘게 돌아가는 것처럼 보이면 합리화라고 보기 쉽다. 그러나 오노는 뛰어다니며 바쁜 척 하는 사람에게 호되게 야단을 쳤다. 급하게 하는 행동일수록 실수를 많이 범하기 때문이다. 일을 보다 즐거운 마음으로 해야지 조급한 마음으로는 오류투성이의 결과를 낸다고 보았다. 결국 합리화란 생산성을 향상시키면서 원가를 내리는 정확한 활동인 것이지 바쁜 일처리가 아닌 것이다. 이는 모든 생산 및 판매업에 관계한 사람들의 영원한 과제라 볼 수 있다.

도요타가 생산 공정 내에 내포된 문제를 찾아낼 때 제일 먼저 시도한 것은 공정 간에 쌓여 있는 재공품의 삭감이었다. 재공을 줄이는 목적은 재공량 자체를 줄이려는 것보다는 문제점을 도출시키기 위해서다. TPS를 정착시키는 과정에서, 특히 생산 중에 결품缺品 현상이 일어나지 않으면 일을 잘 했다기보다 재공이 과다하다는 증거로 보았다. '결품이 없으니 좋다'라는 느낌보다는 가끔 결품이 발생하는 것이 바람직하다고 보는 것이다. 그러나 결품은 역시 문제점이 있다는 표시이기 때문에 혹시 발생할까봐 감독자들은 자연스럽게 긴장할 수밖에 없다.

이와 같이 합리화 과정의 초기에는 문제를 덮는 행동보다는 문제를 드러나게 하는 행동들이 우선해야 한다. 모순점이나 문제점들을 드러내어 그 대상들을 개선시키는 활동이 합리화 과정이다. 따라서 '합리화'라는 활동을 달성하려면 개선활동이라는 전제가 있어야 한다.

수년 전에 어느 전자부품 업체에서 진단을 의뢰해 와 방문한 적이 있었다. IMF 직후에는 환율 덕분으로 오히려 호황기였다고 했다. 그러나 그 이후 매너리즘에 빠진 경영진이나 직원 모두 합리화 활동은 하지 않고 자기만족에 빠져 있다가 중국의 등장으로 인한 전자상품들의 퇴조로 악화일로를 걷게 되었다. 이런 상황에서 과연 어떤 의사결정을 해야 할 것인가를 가늠하기 위해 진단을 받게 되었다.

그래서 구석구석 살펴본 결과 공장 내부 전역에 걸쳐 낭비가 만연한데도 관리자들은 전혀 발견하지 못하고 있었고, 특히 어느 제품 공정의 마지막에는 다품종소량 주문에 대응한다고 자동화 창고를 수십억 원이나 들여 설치한 것을 보고 아연 실색하지 않을 수 없었다. 더욱 어이가 없는 것은 그것이 외부사람들에게 보여주는 그들의 자랑거리라는 것이다. 그 순간 느낀 것은 이 기업이 그동안 합리화를 한답시고 추진한 것이란 고작 재고를 어떻게 하면 많이 쌓는지 그리고 비싼 돈을 들여 마련한 자동화 기계로 차곡차곡 재고 쌓는 방법을 열심히 연구한 것뿐이라는 것이다. 재고를 없애는 활동보다는 재고를 많이 확보하는 보신관리로 대응했던 것 같았다. 그들의 그런 오류에 대한 반성의 기색이 전혀 보이지 않는 터라 더 이상의 진단은 소용없다고 판단했다. 결국 그 회사는 인건비로 원가를 줄여 보려고 중국으로 전부 이전했으나 별로 신통치 않다는 얘기를 그 후에 들은 적이 있다.

TPS는 합리화의 결정체

제조 흐름의 합리화를 위한 기본 사상을 갖추지 않고 상황마다의 얄팍한 아이디어로 합리화라는 이름 하에 부정적인 방향으로 투자나 의사결정을 하면 돌이킬 수 없는 상황과 만나게 되어 있다. 따라서 경영자는 합리화는 무엇이고 그 합리화의 방향성은 기본적으로 어떠해야 하는가를 명확히 알고 일을 추진해야 쓴맛을 보지 않는다.

도요타와 거래하면 망할 수가 없다는 것을 협력사들은 서로 암묵적으로 알고 있다. 간판시스템으로 부품의 입고량을 통제하기 시작했을 때 그때까지 대량생산방식의 습관으로 일관했던 협력사들의 반발이 없었던 것은 아니었다. 그러나 차츰 간판이란 것이 생산지시 기능이나 출고 전표를 대신하는 동시에 라인 변경 능력이 향상되는 등 자기들 스스로 많은 문제가 발견되어 개선되는 것을 경험하고는 적극 따라주게 되었다. 결국 도요타의 TPS 적용 방침에 따르기만 하면 본인들의 경쟁력도 함께 올라간다는 것을 깨달은 것이다. 이와 같이 합리화라는 것은 동참자도 함께 발전시킨다는 무서운 위력을 지니고 있다.

TPS가 합리화의 대명사라 칭할 수 있는 이유는 그 수법이나 개념 자체가 개선의 제안 개념에 해당하고 개선활동과 같은 역할을 하기 때문이다. 도요타의 개선활동 과정에서 머리에서만 교차하던 상식, 즉 암묵지暗默知 형태를 형식지形式知(구체화되어 형체로 존재하는 상식)로 바꾸어 하나씩 체계화시킨 것이 이제까지 드러난 TPS의 정체다. 암묵적 지식은 언어와 문자로는 좀처럼 표현하기 힘든 것인데 이런 것을 체계화시킨 자체가 상상을 뒤엎는 일이라서 개선력의 확고한 결과와 연속성이 없으면 불가능하다. 결국 1990년대 초반부터 이런 훌륭한 점을 구미에서도 인정하게 되어 자기들 나름의 용어로 부르게 된 것이 린Lean 시스템인 것이다.

도요타의 합리화 철학이자 기법인 TPS는 철저하게 학습에 의해 개발된 것이다. 수많은 실험과 시행착오를 거듭해서 나온 결과가 만족스러울 때 비로소 형식화시켜 적용하고 그렇지 않은 부분은 계속 학습에 들어간다. 이 학습에 전 부서가 망라되었기 때문에 결국 TPS는 학습하는 조직Learning Organization으로서의 기능도 함께 갖고 있다.

도요타 역시 TPS가 정착되기까지는 많은 실패가 있었지만 그것을 다 드러낼 수는 없는 일이다. 즉, 실패의 기록이 외부에 드러나 있지 않다는 의미다. 그러나 정사正史에만 나와 있지 않을 뿐 내부적인 기록은 반드시 지니고 있다. 합리화를 위해 학습하는 조직을 구성하려고 애쓸 것이 아니라 합리화를 진행하면서 학습 조직의 필요성을 느껴야 영원한 학습 조직이 존재하게 된다.

합리화의 결과는 벤치마킹이 불가능하다

합리화의 결정체는 누가 함부로 빼앗을 수가 없다. 도요타의 TPS를 많은 기업이 도입해서 쫓아가 보려고 해도 잘 되지 않는 이유가 거기 있다. 합리화는 단기에 성공할 수 있는 활동을 의미하지 않는다. 오랜 세월에 걸쳐 숙성된 개념을 추구하는 것이 합리화의 본질이다. 도요타는 어느 것 하나도 성공이라 하여 머무는 예가 없다. 현재의 것은 반드시 개선될 대상이라고 여길 뿐이다. 심지어 생산의 간단한 작업에도 표준서가 있는데 이도 조만간 바뀔 것을 전제로 작성할 뿐이다.

도요타 그룹의 창업자인 도요다 사키치는 '자신이 고생해서 하지 않으면 기술을 습득하지 못한다'라고 했다. 실제로 해 본 사람만이 실패의 항목도 알고 성공의 이유도 안다. 따라서 합리화 활동은 실패와 성공의 누적물이다. 오래 전에 도요타자동직기에서 제품 도면이 도난당했다. 그러나 도면 관계자는 태연한 얼굴로 도난당한 도면은 완성품이 아니라 끝없이 개량해야 할 제품이므로 복사 제품은 만들 수 있어도 스스로의 개량은 힘들 것이므로 걱정할 것 없다고 말했다. 도요타가 추진해 온 자주 개발의 특성을 말해주는 상징적인 사건이다. 그리고 합리화의 본질과 결과가 어떤 것인지를 깨닫고 있다는 증거다.

도요타가 TPS라는 합리화 수법을 행할 수 있었던 바탕에는 또 다른 합리화 활동이 숨쉬고 있었다. 그것은 바로 TQC Total Quality Control 활동이다. 도요타품질활동의 특징은 자사보다는 협력사에 초점을 두고 있다. 자동차는 부품의 결합물이기 때문에 부품의 원초적 품질에 따라 자동차의 품질이 결정되기 쉽다. 이러한 이유로 도요타가 주력한 품질의 합리화는 후방을 맡는 협력사에 초점을 두었고 전방의 협력사들인 판매 딜러들은 자발적으로 고객의 품질 불만을 피드백시키는 역할을 하는 활동으로 전개했다.

이렇듯 하나의 커다란 합리화를 추진하기 위해서는 또 다른 합리화가 진행되어야 하듯이 합리화의 추구에는 동시다발적인 전개가 요구된다. 따라서 하나를 하고 다른 것을 시도하려는 발상보다는 합리화를 동시에 추구해서 기대 이상의 시너지 효과를 얻는 방법이 더 효과적이다. 많은 기업들이 합리화 활동을 전개하면서 '지금 6시그마를 진행하고 있으니 TPS의 추진은 무리'라고 생각하는데 그것은 잘못된 사고이다. 그 두 가지가 추구하는 바는 전혀 다르다. 추진 방향이 똑같을 때 선택이 필요한 것이지 호완적인 합리화는 반드시 병행해야 성공할 확률이 높다. 이는 도요타의 진정한 초일류의 원동력을 깨닫지 못하는 기업인 것이다.

합리화의 목적과 목표의식

도요타는 TPS라는 합리화 활동을 통해 3가지의 목적을 달성한다. 그 3가지는 바로 일의 짜임새(시스템), 장치시설운용, 행동원칙(개념)에 대한 개선이다. 업무의 방식을 현재의 낭비를 배제하는 방향으로 조여들게 하는 개선이 제일 많고, 제조의 핵심인 크고 작은 기계장치들의 끝없는 개량을 시도하고, 개선된 상태의 후퇴를 용인하지 않는 기본 원칙을 계속 수정해 나간다.

가장 정교한 일의 짜임새라고 말할 수 있는 예로는, 조립 컨베이어

라인에서의 정지관리를 들 수 있다. 이는 정위치定位置 정지방식으로서, 조립 작업자가 이상 발생으로 인해 스위치를 누르면 조반장이 달려와 조치하는데 그것이 여의치 않을 때 할 수 없이 정지 버튼을 누르게 된다. 이때 라인이 즉시 정지하는 것이 아니라 정해 놓은 일정 선까지 간 후에 정지하는 체계다. 그 이유는 정지 버튼을 눌러 바로 세우면 다른 작업자에게 순간적인 방해를 주기가 쉬우므로 잠깐이나마 모든 작업자에게 마음의 준비를 갖게끔 하기 위해서다.

도요타의 가공이나 조립 작업 중에는 일정 시간 내에 여러 기계와 가공 작업을 동시에 담당하는 사이클 작업이 상당히 많다. 이때의 움직임은 표준작업서에 따른다. 초단위의 움직임이라서 간혹 생산량의 변화에 의해 1~2초를 당겨야 할 필요가 있을 때는 사람의 증원 없이 설비나 도구의 개조로 해결하는 수가 많다. 도요타는 수요의 변화를 설비들의 개량과 개선을 할 수 있는 절호의 기회로 삼는 것이 특징이다.

도요타의 표준은 개선하기 위해서 존재한다. 하나의 개선이 이루어지면 그 상태를 바로 표준화한다. 그리고 그 표준화는 개선하기 위한 자료로 다시 사용된다. 이 사이클의 반복이 도요타의 합리화 활동의 대표적인 상징이다.

일반 기업에서 합리화 활동을 해도 효과가 잘 나오지 않는 이유로는 3가지를 들 수 있다. 도요타처럼 경쟁력을 좌우하는 줄기 업무 전면에 걸쳐 활동하지 않고 국부적으로 시행하는 점이 첫째 이유고, 국부적인 합리화를 하더라도 추진 대상을 잘못 선택함으로써 효과가 전혀 없는 것이 둘째 이유다. 세 번째는 활동을 하더라도 그 목적을 달성할 충분한 수단과 기능이 없어서 중도에 포기하는 경우를 들 수 있다.

따라서 국부적인 합리화를 할 때라도 활동 대상의 제품과 생산 공정의 선정에 있어 정확성을 기할 필요가 있고 동시에 목적 달성을 위한 수단도 확보할 수 있어야 한다.

제품의 선정에 있어서는 주력 제품 중에 영향력이 큰 제품이나 미래에 기대되는 제품, 혹은 당장 수지 개선이 필요한 적자 품목을 선택하는 현명함이 필요하다. 그 이유는, 낭비는 매출 신장이 일어나는 품목에서 비약적으로 발생하기 쉽기 때문이다. 신장일로의 제품에 대해 낭비발견의 매서운 눈을 들이대지 않으면 성장의식에 매몰되어 막상 감량 생산에 들어섰을 때 기존의 낭비가 치명적인 영향을 줄 수 있다. 공정의 선정에서는 현재 가장 비용을 많이 소비하는 공정 혹은 NECK 공정을 우선적으로 선정해야 한다.

사전에 목적과 목표의식을 갖추지 않은 합리화 활동은 에너지의 낭비만을 부른다. 활동 중에 각 직급이나 직책에 알맞게 외워두거나 알아두어야 할 관리 계수치를 설정해서 항상 실시간으로 파악해야만 목적하는 개선력과 스피드를 유지할 수 있다. 도요타의 활동 결과가 우수한 것은 현장 종업원에서부터 각자 목적과 목표의식이 높고 그것을 달성할 수 있는 기능도 확실히 구비하고 있기 때문이다.

도요타는 서구에서 들여온 합리화활동 자체도 진화시킨다. 미국에서 출발하여 사용된 경영 용어 중에 관리 사이클을 지칭하는 PDSPlan-Do-See가 있었다. 도요타가 TQC 활동을 할 때에 See라는 단어 대신에 Check, Action이란 단어를 삽입시킴으로써 오늘날의 개선활동 사이클 단어인 PDCA가 생긴 것이다.

이 사이클 내에서 합리화를 가속시키고 성공시키는 데 큰 역할은

PPlan와 CCheck가 담당한다. 목표의 계획과 점검이 중요한 동시에 그 목표를 달성시킬 수단의 계획과 점검도 중요하기 때문이다. 따라서 합리화의 목표 달성은 계획을 세운 후 그 계획에서 일말의 오차도 일어나지 않도록 짧은 주기의 점검과 극복 활동이 따라주어야 하는 전제가 있다. 이 관계를 간략하게 표시하면 〈그림 1-21〉과 같다.

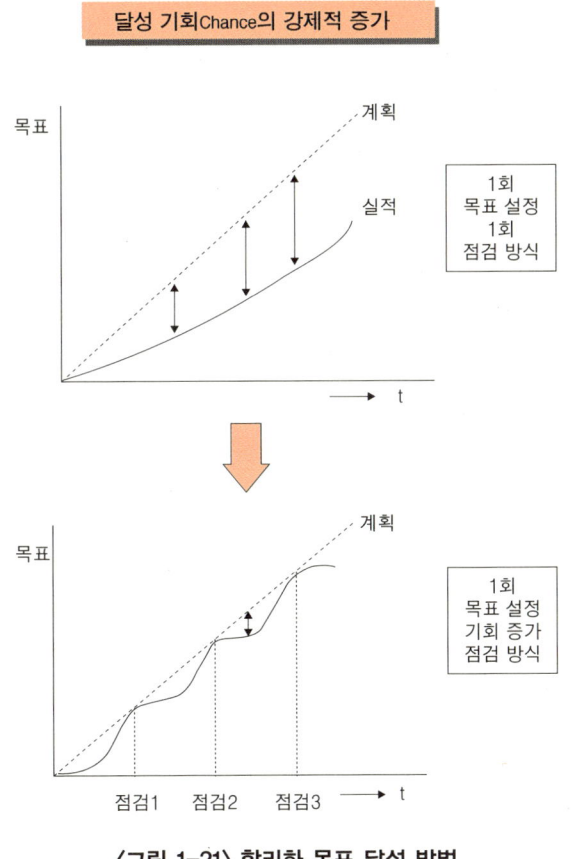

〈그림 1-21〉 합리화 목표 달성 방법

근면성과 화합력이 합리화의 촉진제

합리화 활동의 기본정신으로 근면과 정직함의 필요함을 도요타의 3대 사장 이시다 다이조는 간파했다. 이시다 사장은 도요타가 합리화로 응집할 수 있었던 최대의 장점을 비도시적인 면에서 찾았다. 도시화에 물든 사람들은 요령으로 모든 것을 해결하려 하지 꾸준한 인내와 근면성은 찾기 힘들어서 장기적인 개선은 힘들다고 평가했다. 조금 촌스러워야 합리화도 잘한다는 지론이다. 도요타가 만약 동경과 같은 대도시에서 출발했다면 지금과 같이 성공하지 못했을 거라는 얘기다. 특히 개인주의가 심한 도시적인 분위기에서는 팀플레이가 불가능하다고 보았다.

5대 사장을 지낸 도요다 에이지 사장이 도입한 제안제도는 헨리 포드 2세가 1세 때의 작업자들을 쇄신하기 위해 전략적으로 실시하다가 실패한 것을 일본의 비도시적 풍토에서 성장한 도요타에게는 적당할 것 같아 채택했던 제도다. 결국 개인보다 팀 정신이 앞섰던 도요타 풍토에서 제안제도가 성공해 그 팀플레이로 TQC를 완성시켰고 결국 TPS까지 정착시키는 데 큰 기여를 한 학습 조직의 원천이 되었다. 그 제안제도에 의해 탄생한 도요타의 기초정신 문구가 있다. 바로 '좋은 제품, 좋은 사고よい品, よい考'라는 슬로건이다.

CHAPTER 03

도요타 개선활동의 기본 능력

훌륭한 제품과 훌륭한 사고의 관계를 정립한다

고정관념을 혁신적으로 타파한다

발상을 전환한다

관리감독자의 역할을 발휘한다

TOYOTA

07 훌륭한 제품과 훌륭한 사고의 관계를 정립한다

지혜를 만드는 방법

도요타 현장에서는 개선을 '자기 자신이 직접 보고, 느끼고, 생각하여 지혜를 내는 것'이라고 정의하기도 한다. 문제의 진짜 원인을 발굴하는 기법인 5WHY 철학을 만들어 낸 오노 다이이치는 관리자들의 문제 발견 능력이 떨어지는 3가지의 이유를 들었다.

●●● 첫째, 관찰 태도에 있어서 있는 그대로를 관찰하려 하지 않고 자기가 경험한 범위에서만 국한하여 판단하려는 선입관을 항상 지니고 있다는 것
●●● 둘째, 보이는 대상물의 배후를 캐지 않고 겉면만 살펴보고 마는 습관
●●● 셋째, 관찰 시간이 극히 짧다는 것

위의 3가지 습관을 버리면 문제의 발견 습관은 어렵지 않게 몸에 터득할 수 있다. 그러나 문제의 발견은 개선의 출발점이므로 개선의 완성도를 높이기 위해서는 문제를 극복할 추가적 지혜가 요구된다.

어느 분야에서든 뛰어난 업적의 성과를 내는 인물들은 본인이 담당한 분야에서 남이 넘볼 수 없는 지혜를 총동원해서 문제를 풀어간다. 예를 들어 세일즈의 판매현장 기술의 비밀을 캐보면 3가지의 숨은 요소가 자리 잡고 있음을 알 수 있다.

첫 번째는 작업 효율이 높다. 즉, 작업(일체의 판매 행위) 속에는 부가가치의 움직임이 있는 동시에 단순히 낭비적인 움직임도 포함되어 있음을 깨달아 낭비적인 시간들을 배제하는 지혜가 있다.

두 번째는 독자적인 노하우를 보유한다. 기존에 마련된 영업 지침은 타사에 뒤처지지 않게 하는 최저 수준의 활동 방식에 그친다는 것을 깨닫고 어떻게 판매하면 고객이 잘 사줄까를 연구해서 독자적인 노하우를 갖춘다.

세 번째는 일일개선의 실천이다. 오늘의 작업을 반성하고 내일의 분발 방법을 공부해서 방식이나 방법의 변경을 가져오게 한다.

따라서 뛰어난 현장 기술은 어느 분야에서도 통하게 되어 있다. 여기서의 현장이란 업무 적용의 무대라는 의미로 각 분야의 실천 장소를 말한다. 특히 매일의 반성에 따른 개선책을 지속적으로 바꾸어가기 위해서는 항상 원점原點에 서서 재고하는 습관이 필요하다. 원점에 선다는 것은 목표를 달성하기 위해 고정관념을 버린 상태에서 앞에 놓인 여러 갈래의 가능성과 다양성을 살려 원하는 방향의 최선책을 발굴하는 행위이다. 개선에 있어서 최대의 적은 바로 고정관념이다.

독자적인 노하우를 갖기 위해서는 당연히 남의 것을 본뜨는 수준에 머물러선 곤란하고 스스로의 독창성을 발휘하지 않으면 안 된다. 둔갑술에 도통한 스승으로부터 둔갑술을 배우고 있었던 제자가 어느 날 괴한들에게 둘러싸인 상태에서 스승이 위태로울 때 펴보라면서 건네주었던 비상책의 두루마리를 꺼내어 보았더니 '스스로 생각하라'고 적혀 있었다는 우화도 있다. 결정적인 때일수록 스스로 창조적인 지혜를 끄집어내서 승부해야 함을 비유하고 있다.

도요타 내부에서도 가끔 경력자들에게 도약할 기회를 부여할 때 이 방법을 사용한다. 조금 이룩하기 힘든 목표를 제시하고 방법은 모두 본인에게 맡겨버린다. 스스로 헤쳐 나가야 하는 순간인 것이다.

앞에서 살펴본 바와 같이 업무 현장에서 매일 개선하는 자에게는 지식보다 지혜가 더 필요하다. 지식은 공부하면 누구라도 얻을 수가 있다. 그러나 지혜는 다르다. 높은 목표를 세우고 추구하는 행동을 하지 않으면 결코 지혜는 나올 수 없다. 이것이 도요타의 인재육성법이고 현장기술교육의 방식이다.

지혜는 왕성한 움직임 속에서만 나올 수 있는 것이라고 평가한 도요타는 개선의 반복 활동에서 탄생된 TPS에 쉽게 접근해 보려는 기업에게 '행동하는 가운데 TPS 사상이 존재한다'는 말로 일침을 가한다. 지혜를 동반한 개선활동을 꾸준히 실천하지 않으면서 감히 TPS 도입을 꿈꾸는 기업의 경영자들이야말로 가슴에 새겨두어야 할 말이다.

도요타의 공장 내부 여기저기에 '좋은 제품, 좋은 사고'라는 간판 문구가 천정에 걸려 있다. 이 문구는 1950년에 도요다 에이지가 미국의 포드에서 연수를 마치고 돌아와서 도입했던 제안제도를 활성화시

〈그림 1-22〉 좋은 제품과 좋은 생각

키는 가운데, 1952년 2월 회사의 대표 표어를 특별 모집하는 과정에서 선발된 문구다.

여기서의 '제품'이란 당연히 자동차를 의미하고, '사고'는 어떻게 만들어서 팔며 어떻게 개선해 나갈 것인가를 의미한다. 지금은 '좋은 제품, 좋은 기술'이란 문구로 수정되었지만 이 사상이 50년 이상 도요타의 현장을 지배해 왔다. 좋은 물건은 훌륭한 생각에서 만들어지고, 거꾸로 좋은 물건은 훌륭한 생각을 떠오르게 한다는 의미를 담고 있다.

현지 · 현물을 통한 제조기술의 개선

많은 사람들은 TPS의 용어나 수법에는 관심이 많아도 '인식'이라는 평범한 단어에는 별 관심이 없는 것 같다. 그러나 오노 다이이치가 제일 많이 사용한 단어는 '인식'이라는 단어다. 여기서의 인식이라는 단어는 개선 대상이 되는 현장을 잘 살피라는 뜻과 함께 '문제포착'을 의미한다. 요즈음의 관리자들은 하루 종일 거의 책상에 앉아 컴퓨터 화면을 쳐다보며 데이터를 검색하거나 보고서를 작성하는 데 시간을 보낸다. 그러나 데이터를 갖고 책상 위에서 씨름해 봤자 개선안이 나올 리 없다.

개선안은 현장·현물의 정보로부터 탄생한다. 현장이나 현물의 현재 상황에 대한 정확한 인식이 있기 전에는 문제조차 모를 수 있다는 얘기다. 따라서 개선의 전제가 되는 문제포착의 가장 빠른 길은 현장과 현물의 관찰뿐이다. 그 개념의 중요성은 도요타의 다섯 가지 21세기 WAY 중에 현지現地·현물現物 철학이 하나를 차지하는 것만 봐도 짐작할 수 있다.

도요타가 추구하는 TPS가 제조방식의 세계 표준이 될 수 있는 빼어난 방식으로 인정받기까지는 현장과 현물을 중심으로 제조방식의 효율화를 위해서 꾸준히 개선을 실시한 제조기술 덕분이다. 하지만 일반 기업들 중에서 제조기술의 의미는 얼핏 알고 있어도 실제로 깊이 있게 추구하는 곳은 드물다.

생산기술은 주로 공정 설계를 다루면서 공정의 3요소인 가공대상물, 표준작업, 기계설비의 각 요소를 탁상에서 분리한 후 최신의 기술 원리를 이용해 최대의 능률을 추구하는 분야다. 반면에 제조기술은 가공방법이나 조립방법의 설계를 다루면서 제조 현장에 밀착하여 공정 전체가 기업 경영에 한층 도움이 될 수 있도록 효율의 최대화를 목표로 공정의 3요소를 얼마만큼 훌륭히 사용해서 원가를 내릴 것인가를 집중 연구하는 분야다.

생산기술의 핵심은 제품을 완벽하게 만드는 데 발휘되어야 할 고유

기술을 생산준비 단계에서 정확히 설정하는 데에 있는 반면, 제조기술은 생산기술을 적용하고 난 이후에 발생하는 문제, 즉 낭비가 포함된 작업이 있거나 아니면 공정 사이의 연결성이 떨어지거나 혹은 최적 방법으로서는 부족하다고 보는 부분들을 보완한다. 다시 말해서 생산기술이 갖는 한계성을 극복하기 위해 공정 전체를 낭비 없는 시스템(연결 체제)으로 만들어 경쟁에서 이기는 기술을 발휘하게 만든다.

일반적으로는 설비 중심의 단순한 생산기술보다 흐름의 완성도를 높여야 하는 제조기술의 발휘가 더 어렵고 복잡하기 때문에 거의 모든 기업이 제조기술이 아닌 생산기술 분야에만 치중해서 관리하기 쉽다. 그런 이유로 설비와 물류 흐름을 설정한지 몇 년이 지나도 설비나 공정상의 커다란 변화가 없으면서 모든 것이 처음 그대로인 기업이 대다수를 차지한다.

도요타가 끝없이 개선활동을 추구한 것도 결국엔 제조기술의 완성도를 높이기 위해서다. 제조기술 중심으로 모든 개선활동을 집중시킨 결과 최저원가의 추구가 가능했다. 따라서 도요타를 극복하려면 제조기술 면에서의 비약적인 연구가 진행되어야 한다.

도요타가 한없이 제조기술을 연구하는 바탕에는 'No Time이면 No Cost'라는 사고가 짙게 깔려 있기 때문이다. 시간이 경과할수록 비용이 증가한다는 인식으로, 가능한 부가가치 가공시간을 제외하고는 낭비시간을 전부 제거하려는 의도를 갖고 있다. 다시 말해서 순수한 가공시간들을 합한 시간만으로 제조를 해결하면 군살에 해당하는 비용을 줄일 수 있다는 계산이다. 도요타는 생산하기 이전 단계에서 설정하는 설계 원가를 낭비 없는 수준에서 결정한다. 이러한 기본사고가 훌륭한 제품을 저원가로 만들게 한다.

   도요타의 생산 현장에서 설계 이외의 비용이 투입되는 낭비 현상을 발견하기란 쉽지 않다. 따라서 문제 발견을 위한 관찰에는 한두 시간으로 불가능하고 적어도 하루 정도 이상의 노력이 필요하다. 이렇게 노력과 인내가 요구되는 문제 발견에 현장 관리자들이 익숙해 있다는 점이 도요타의 저력이라 할 수 있다.

철저한 원인 추구 발상법

   일정한 경력의 소유자라면 누구나 실패의 경험을 갖고 있다. 그런 실패 중에는 웃으면서 가볍게 회상할 수 있는 실패도 있고 뼈저리게 기억나는 실패도 있게 마련이다. 중요한 것은 실패했다는 것이 아니라 실패 이후의 행동이다. 두 번 다시 실패하지 않도록 왜 실패했는가의 원인을 밝히는 노력이 뒤따르지 않으면 실패를 반복하는 길 밖에 없다. 이런 반복적인 실패를 되풀이하지 않도록 관리자들이 사고할 수 있는 방법을 제시한 것이 도요타의 '5WHY 원인 추구 사고법'이다.

   낭비는 끝없이 발생하므로 '왜일까?'라는 질문을 자연스럽게 중복시킴으로써 신경을 집중시킨다. 거의 광기狂氣의 상태까지 이르는 집중력은 문제의 핵심에 다가가는 열정이 솟아나기 때문일 것이다. 이는 인간이 품었던 잠재의식이 외부의 자극에 의해 현재顯在화 되는 현상으로 보면 된다고 오노 다이이치는 설명한다.

   도요타가 정의한 낭비 중에 가장 치명적인 낭비로 간주하는 과잉제조와 재고의 낭비 분야에 5WHY 사고법을 적용해 보기로 하자. 후속 공정의 설비 고장으로 인한 정지 때문에 앞 공정에서 생산한 재고품이 쌓였을 때를 가정해서 사고를 펴보자.

> ●●● 1. WHY 1 – 왜 공정 간의 재고가 증가했는가?
> 답변 – 앞 공정은 단지 지시에 의해 만들었을 뿐이다.
> ●●● 2. WHY 2 – 왜 앞 공정은 생산할 필요가 없었는데 생산 지시가 내려졌는가?
> 답변 – 현장의 변화 상황과 생산 지시의 타이밍이 맞지 않았다.
> ●●● 3. WHY 3 – 왜 앞 공정은 지시를 제때에 받지 못하였는가?
> 답변 – 후속 공정이 정지로 인한 가공품 불필요 정보를 제때에 전달하지 않았다.
> ●●● 4. WHY 4 – 왜 전달을 제때에 하지 못했는가?
> 답변 – 생산 활동은 모두 계획에 따라 수행하도록 요구받기 때문이다.
> ●●● 5. WHY 5 – 왜 계획대로만 행동하게 되었는가?
> 답변 – 후속 공정에서 필요한 수량 정보를 앞 공정으로 전달하는 것이 아니라 앞 공정에서 생산 계획대로 수행한 후 후속으로 밀어내는 방식이기 때문이다.

결국 이러한 상황에서는 밀어내기PUSH 생산이 근본원인인 거고 이를 해결하기 위해서는 후속 공정이 주체가 되어 앞 공정을 통제시키는 끌어당기기PULL 생산으로의 전환이 필요하다.

도요타는 5WHY 수법을 이러한 원인 추구 상황에만 국한시키지 않고, 작은 문제를 심각하게 여기지 않는 관리자들에게 문제를 방치하

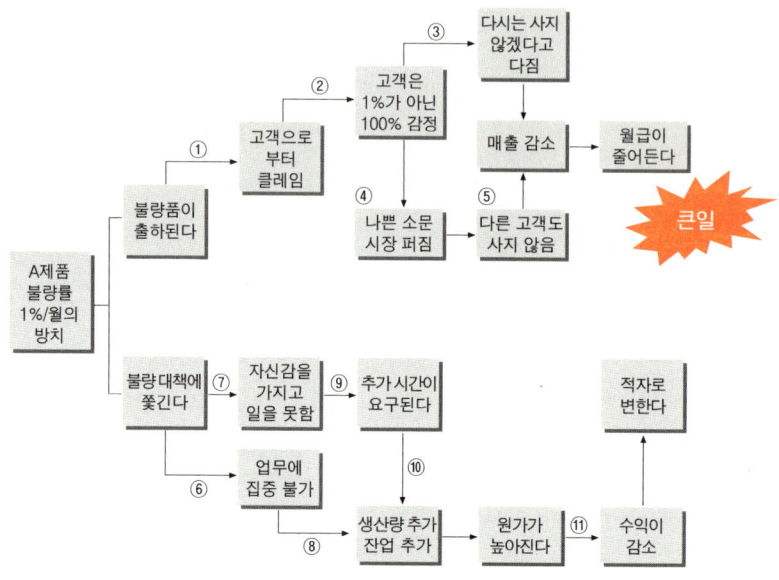

〈그림 1-23〉 5WHY법에 의한 영향도 분석

면 그 영향이 얼마만큼 크게 다가올 것인가를 보여줄 때 5WHY법의 역발상을 활용하기도 한다. 예를 들어 특정 제품의 고객 클레임 비율이 1퍼센트라 할 때 그 수치를 가볍게 여겨 무대책이나 임시요법으로 처리하는 관리자들에게 경종을 울리는 5WHY의 역발상 전개 방식을 살펴본 것이 〈그림 1-23〉이다.

광범위한 사실을 확인하는 법

앞에서 설명한 것처럼 도요타는 원인 추구와 영향도 분석에 체계적인 사고법을 적용한다. 그러나 이러한 문제 중심의 관찰 수단은 원인에 대한 사실 확인 방법에 불과하므로 도요타가 사용하는 보다 넓은 범위의 사실 확인 방법을 살펴볼 필요가 있다. 사실의 확인 방식에는 대표적으로 다음의 5가지를 활용하는데, 예로써 불량을 확인하는 분야를 들어 설명해본다.

> ●●● 1. '문제 대상의 불량 현품을 보았는가?'라는 질문법
> ▶ 여기서 '본다'는 의미는 눈으로 단지 확인했다는 행동을 말하는 것이 아니라 계속 관찰할 수 있도록 영상 매체로 남겨 놓는 행동까지를 포함하며 구체적인 계측은 물론 체크 리스트를 활용하여 이상적인 상태와의 차이까지 발굴하는 것을 말한다.
> ●●● 2. '왜 그 곳에서 불량이 발생했는가?'라는 질문법
> ▶ 불량 발생 현장에서 원인이 되는 사실들을 Man(작업자), Method(방법), Machine(설비), Material(가공물), Measurement(측정도구)라는 5M과 관리정보Information를 대상으로 하나씩 점검해 나가는 행동을 말한다.
> ●●● 3. 5WHY법이나 5W2H로 분석하는 행위
> ●●● 4. 불량이 일어난 대상물과 일어나지 않은 대상물을 비교해서 그 차이를 5W2H 기준으로 분명히 밝히는 행위
> ●●● 5. 발생 메커니즘(연결 구조도)을 논리적으로 해석해서 결과 도출에 관계되는 원인을 누구라도 알 수 있을 정도로 가시화시키는 행위

도요타는 이와 같은 5가지를 주로 구사하여 사실을 확인하는데, 특히 하나의 문제를 하나의 주원인으로 연결한 후 한 가지의 유효 대책

을 우선 설정하여 바로 실천해 보는 행위를 통해서 문제를 차근차근 풀어나가는 원칙을 지키고 있다.

철저한 5WHY 원인추구로 업무를 합리화

도요타의 5WHY 원인추구 기법은 현장에서 일어난 불일치 현상, 특히 불량의 원인을 추구하는 데서 비롯됐다. 기업을 창업할 때 완벽한 관리방식이나 관리지침, 기술적 가이드를 제공하면 다행이지만 현실적으로는 어려운 일이다. 따라서 가치창조 과정을 진행해가면서 드러나는 불일치 현상들을 하나씩 해결해 완벽한 시스템으로 성장시키는 것이 일반적인 방법이다. 하지만 이 과정에서 불일치 현상을 얼마나 올바로 해석하고 개선해 가느냐에 따라 그 기업의 전체적인 경쟁력이 결정된다. 그런 경쟁력 확보 능력에서 단연 두각을 낸 기업이 바로 도요타다.

앞 단원에서 살펴본 5WHY 추구 철학은 쉽게 접근할 수 있어 보이지만 실제로 활용할 때는 그리 간단치 않다. 철저하게 파고드는 문제 발굴 능력과 해결점을 지혜롭게 찾아내는 현명함이 필요하기 때문이다. 그래서 단순한 탁상훈련보다는 5WHY 추구자세를 실제로 끈질기게 경험하는 길이 완벽한 업무 시스템 정착으로 유도하는 가장 빠른 길이라고 볼 수 있다.

국내 기업에서 현물(제품)이나 정보의 불일치가 일어나는 순간에 이 방법을 익숙하게 사용하는 경우는 드물다. 훈련을 안 한 이유도 있겠지만 조금 돌아가더라도 진짜 원인을 찾아서 반복되는 병폐를 뿌리

뽑겠다는 자세가 부족한 것이 더 큰 이유다. 현물의 불량을 일상적으로 접하는 제조업에서는 5WHY 접근자세가 상식이 되어야 경쟁력을 지닐 수 있다.

개선을 하는 데 있어서 우리에게 가장 취약한 능력을 꼽아보라 하면, 불일치가 일어난 현상조차도 제대로 서술하지 못하는 무능력이다. 다시 말해, 일어난 현실도 올바로 해석하지 못해서 개선은커녕 문제인식조차 제대로 할 수 없는 악순환에 놓여 낭비를 유발한다.

예를 들어 설계상의 오류로 현물의 오류가 생겼을 때, 그 이유를 설계자 스스로 밝히라고 하면 '그때 바쁜 일이 있어서' '피로가 누적되어 정신이 맑지 못해'라는 전혀 관계없는 원인계로 몰고 가려는 습성이 있다. 결코 자신들의 업무오류나 직무유기를 인정하지 않으려 한다. 그런 결과 올바른 시스템의 정착은 계속 지연되고 경쟁력도 확보하지 못하게 된다. 따라서 5WHY 추구에서 가장 요구되는 기본자세는 정직함과 자기과오 인정 습관이다. 이것이 부족하면 원인추구의 개선은 불가능하다.

이후에 보여주는 다섯 가지 사례는 모두 기업에서 직접 5WHY 추구를 했던 실제상황이다. 겉으로 드러난 현상은 모두 현물의 가치창조 과정에서 일어난 불일치지만 실제 원인은 설계 혹은 관리단계에서의 다양한 오류였다. 즉 이미 발생한 오류라도 제대로 반성만 하면, 다음에 반복적인 오류가 발생하는 것을 사전에 차단하는, 작업방식과 관리의 개선이 이루어질 수 있음을 깨닫게 해준다.

〈그림 1-24〉는 작업자가 프로그램 수치를 입력할 때 순간적인 실수로 불량이 발생해 폐기해야 했던 손실의 원인추구 과정을 보여준다.

〈그림 1-24〉 가공 불일치 오류 5WHY 분석 1

NO : 00-00-00　　작성일자 : 00.00.00

		SEMI MCT 공정	작성자	홍길동	발생일	00.00.00
발생 공정	대상물 정보	UNI LID GDP				
낭비 현상	현상 정보	φ1.05 면취 부위 길이가 0.425에서 4.025로 과도하게 φ 가공되어 불량발생과 폐기의 낭비				
WHY 1	질문	왜 과도한 길이로 가공했는가?				
	원인	프로그램의 Z값이 잘못 설정되어서				
WHY 2	질문	왜 Z값이 잘못 설정되었는가?				
	원인	Z값 입력 시 작업자의 입력 오류				
WHY 3	질문	왜 작업자의 입력 오류가 발생했는가?				
	원인	1차 입력 후 수치입력 확인을 안 했기 때문에				
WHY 4	질문	왜 수치 입력 확인을 하지 않았는가?				
	원인	순간적인 방심으로 확인 행위 누락				
WHY 5	질문	왜 순간적인 방심이 발생하는가?				
	원인	확인 행동을 강제하는 FOOL PROOF 장치 없음				
근본 대책		수치 값 입력 후 가공 버튼을 누르기 전에 반드시 수치 확인을 할 수 있는 강제 프로세스 설치(확인을 가치지 않으면 가공하수 버튼이 작동되지 않도록 프로그램을 삽입하거나 별도 스위치 부착)				
손실 금액			기대 효과			
활동실행 정보		0월 00일까지 홍길동 설계 완료. 00일까지 설치. 0월 00일까지 시험 작용. 0월 00일까지 전 정비 적용.				

FOOL PROOF 장치

0.425　4.025

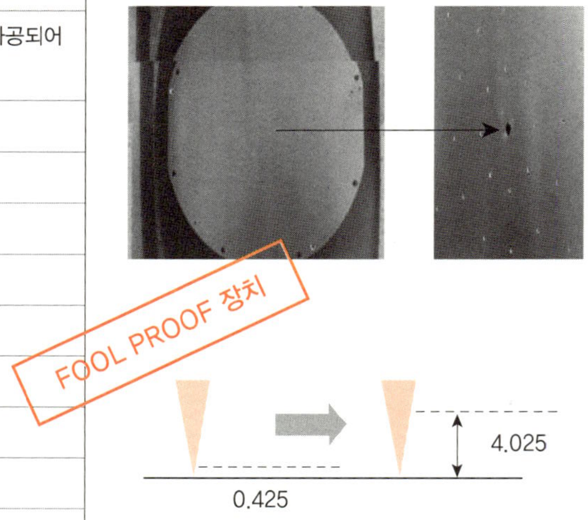

치료방법으로는 반드시 가공수치를 입력해야만 다음 단계로 넘어갈 수 있도록 제도적이고 물리적으로 장치를 개선해야 한다는 결론이 났다. 대부분의 기업에서는 수치입력의 실수를 어쩔 수 없는 순간오류로 인정하고 차후에는 조심하라는 주의로 끝내기 쉽다. 하지만 작업자의 실수는 언제든 재현될 수 있기 때문에 근본적으로는 입력행위 과정에 올바른 수치인지 확인하는 절차를 삽입해야만 한다. 그러한 방식으로는 설비가동 스위치를 한 번만 눌러서는 작동되지 않도록 물리적인 단계를 한 번 더 밟게 하는 수가 있고, 프로그램을 작성하는 전문 담당이 별도로 있으면서 작업자가 가공 전에 프로그램 수치를 한 번 더 확인하는 방식도 있다.

〈그림 1-25〉는 두 번의 가공절차를 거쳐야 하는 신규 품목의 불일치를 나타내는 경우로서 기업이 미처 경험하지 못한 분야에 대해 새로운 지식이 요구되는 사례다. 단순가공이 아닌 대상물은 반드시 가공 과정에서의 변형 여부를 고려해야 한다. 특히 공정에서 열이 동반되는 수단을 사용한다면 금속이나 플라스틱 재료 모두 변형이 발생하게 마련이다. 따라서 특히 다양한 제품을 수주하는 기업에서는 초기 단계에서 상세한 작업 요령을 설계하여 작업지시를 내려주어야 한다.

〈그림 1-26〉은 가공 결과의 불일치 현상으로서 원인은 아주 사소한 조건의 부적합이지만 평소에 관리항목을 소홀히 한 경우다. 따라서 기초적인 작업환경 조성과 작업의 자그마한 표준절차도 관리의 대상임을 일깨워주는 사례다. 작업자들은 작업환경의 오염이 가공작업과는 별 상관이 없는 것으로 착각하기 쉽다. 하지만 정밀한 치수를 요구하는 가공물들은 환경조건의 지배를 받는다.

〈그림 1-25〉 가공 불일치 오류 5WHY 분석 2

NO : 00-00-00 　 작성일자 : 00.00.00

작성자	홍길동	발생일	00.00.00

(Welding 후)
φ230
φ232

설계 기술(열 변형)

발생 공정		정삭 가공
낭비 현상	대상물 정보	Heater
	현상 정보	Body e-beam 용접 후 휨 발생으로 외경이 232mm에서 230mm로 줄어들면서 정삭 여유가 없어 불량 발생 및 폐기 낭비
WHY 1	질문	왜 추가 가공할 치수가 확보되지 못했는가?
	원인	Body 가공예정 치수가 230mm인데 용접 후 Body 외경이 230mm라서
WHY 2	질문	왜 예상 치수보다 작은 치수가 되었는가?
	원인	용접시의 열로 응력이 발생하여 2mm 휨 변형 발생
WHY 3	질문	왜 용접시 응력으로 변형될 치수를 감안해서 황삭을 하지 못했는가?
	원인	용접에 의한 열 변형을 예상하지 못함
WHY 4	질문	왜 변형 발생을 예상하지 못했나?
	원인	열 변형에 대한 기술 축적과 설계 요령이 없음
WHY 5	질문	
	원인	
근본 대책		용접공정이 있는 제품은 용접 후의 열 변형률을 개선하여 공정조건(작업지시서)에 반영
손실 금액		
활동실행 정보		기대 효과
		설계 요령 및 작업지시서 작성 요령에 용접변형 계산 RULE을 삽입 시행(0월 00일–임직정)

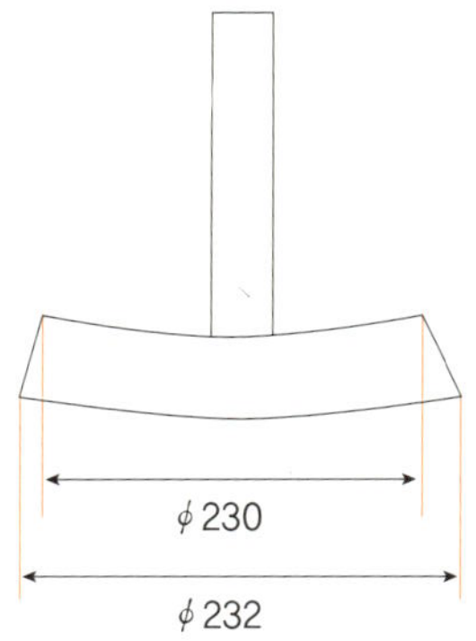

128

〈그림 1-26〉 가공 불일치 오류 5WHY 분석 3

NO : 00-00-00		작성일자 : 00.00.00
작성자	홍길동	발생일 00.00.00

- 허용치수 34.5±0.1 불량치수 34.35~0.05 부족

가공 준비작업 표준

Chip 끼임

목적 절삭위치

발생 공정		NC 가공
낭비 현상	대상물 정보	Block Heater 조립품
	현상 정보	Block Heater 가공할 때 접삭이 안 된 부위가 발생하여 재가공작업 낭비
WHY 1	질문	왜 불록 부문의 34.5 치수가 0.15 부족한가?
	원인	덜 깎아내서
WHY 2	질문	왜 치수만큼 깎지 못했는가?
	원인	클램프와 단면과 가공물의 단면에 틈이 생겨서
WHY 3	질문	왜 치구와 가공물이 완전 밀착되지 못했는가?
	원인	클램프에 침이 끼어 있어서
WHY 4	질문	왜 치구에 침이 묻어 있었는가?
	원인	장착할 때 장갑에 묻어 있던 침이 옮겨가서
WHY 5	질문	왜 침이 장갑에 묻어 있었는가?
	원인	장갑의 결이 거칠어 흡착작용을 해서
근본 대책		작업자가 이용하는 장갑의 소재를 매끄러운 고무로 전환하여 가공물을 끼울 때 클램프 면의 이물을 확인
손실 금액		기대 효과
활동실행 정보		정밀가공 작업자의 장갑 전면 교체(0월 00일 - 임격정)

PART 1 도요타 개선활동, 그 본질의 이해 | 129

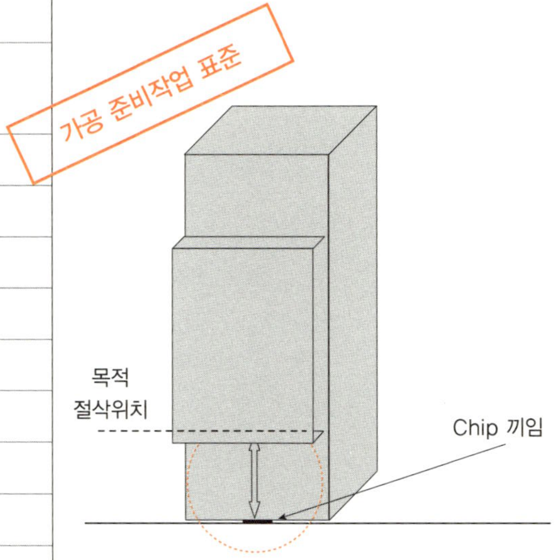

정밀기계공업의 선진국인 독일이나 일본의 현장 작업자는 가공을 하기 전에 가공물이 고정될 위치의 바닥을 깨끗한 천으로 닦거나 에어호스로 완전하게 오염을 제거한다. 그런 후 다시 한 번 전등을 비추어 상태를 확인한 후 가공물을 설치하는 습관이 있다. 이런 일련의 과정이 작업시간을 지연시키는 듯이 보이지만 결국 재가공하는 시간을 없애 더 효율적이다. 엉성한 상태로 '빨리빨리'만 외치는 우리의 문화가 가공기술의 발전을 저해하기도 한다.

〈그림 1-27〉은 고객에게 출하된 제품이 불량으로 판정되어 회수된 사례로서 가공방법이나 검사방식에 변경이 있었지만 이를 잘 준수하지 않아 생긴 오류다. 이는 기업 내에서 다반사로 일어나는 일들인데 규칙이 있으나 실천하지 않기 때문에 벌어진 불일치가 보여주는 전형적인 손실이다. 현장의 많은 작업자들은 오랜 경험을 발전적으로 사용하지 못하고 오히려 신입사원이라면 발생시키지 않을 오류를 범하는 경향이 있다.

고객은 다양화를 요구하는데 작업자 본인들은 양산체계 사고에 머물러 있다. 비록 외형이 동일할지라도 세부적인 내용이 변경될 수 있는데도 수주 정보가 올 때마다 예전의 경험에 너무 자신감을 둔 나머지 아주 사소한 배려 부족으로 회사에 해를 끼치는 실수를 자주 범한다. 게다가 아무런 양심의 가책도 느끼지 못한다. 이런 문화를 없애기 위해서는 작업자들 스스로 겸손한 태도로 고객의 주문품을 상대하는 자세가 꼭 필요하다.

〈그림 1-28〉은 가공조건과는 관계없는 측정검사 혹은 조정도구의 사용 오류 때문에 벌어지는 불일치를 보여준다. 간단한 공구라도 표

〈그림 1-27〉 가공 불일치 오류 5WHY 분석 4

		NO : 00-00-00	작성일자 : 00.00.00
	용접 가공	홍길동	00.00.00
발생 공정		작성자	발생일

공정 RULE 준수교육

M4 TAP 누락

M4 TAP 중 4개 누락

M4 TAP 누락

발생 공정	용접 가공	
낭비 현상	대상물 정보	부품명 : FRONT SIDE PANEL
	현상 정보	M4 TAP 가공이 되지 않은 제품이 납품되어 재가공 낭비 발생
WHY 1	질문	왜 TAP 가공이 되지 않은 채 제품이 납품되었는가?
	원인	도면에 있는 TAP 가공을 누락해서
WHY 2	질문	왜 가공누락품 출하가 가능했는가?
	원인	용접 공정에서 도면대조 없이 검수를 완료했다고 구두로 통보해서
WHY 3	질문	왜 검사 결과를 구두로 전달받았는가?
	원인	과거 방식에 젖어 새로운 검수 체크리스트 여부를 확인하지 않아서
WHY 4	질문	왜 검수 체크리스트를 확인하지 않았는가?
	원인	체크도 만들었으나 실천하지 않아서
WHY 5	질문	
	원인	
근본 대책		도면과의 대조 검수 체크리스트가 없으면 출하를 금지할 것
손실 금액		
활동실행 정보		이미 실행 중인 체크리스트 제도를 기본 과정 제도로 재교육(0월 00일-임직원 담당)
기대 효과		

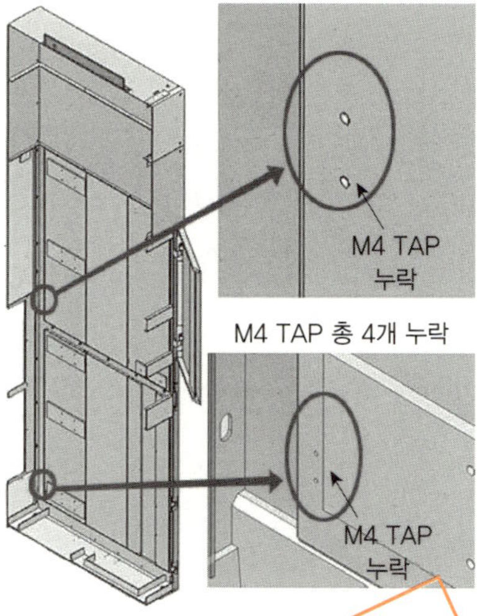

〈그림 1-28〉 가공 불일치 오류 5WHY 분석 5

NO : 00-00-00   작성일자 : 00.00.00

발생 공정		MCT 9호기	작성자		홍길동	발생일	00.00.00
낭비 현상	대상물 정보	300mm Heater					
	현상 정보	상부면 Hole 깊이 4.6을 3.65로 가공하여 0.95mm 재가공 낭비					
WHY 1	질문	왜 드릴 깊이 4.60l 3.65로 덜 가공되었나?					
	원인	공구 길이를 조정할 때 보정값이 0.95 적게 입력되어서					
WHY 2	질문	왜 보정값이 0.95 적게 입력되었는가?					
	원인	공구 길이의 측정이 잘못되어서					
WHY 3	질문	왜 길이가 잘못 측정되었는가?					
	원인	영점 교정용 Tool(H100)의 영점 위치가 측정기 메이커 별로 다른데도 같다고 보고 작업해서					
WHY 4	질문	왜 측정기 별로 영점이 위치가 다른가?					
	원인	Tool 메이커별 조정 위치와 요령이 각기 다름					
WHY 5	질문						
	원인						
근본 대책		Tool에 대한 강제 보정작업을 실시하고 향후 구매할 때 동일 메이커로 통일시켜 구입				기대 효과	
손실 금액							
활동실행 정보		Tool(H100) 영점 교정 실시(0월 00일 즉시-담당 임직장)					

측정 공구 표준관리

준화되지 않은 상태에서는 얼마든지 오류가 발생할 수 있음을 알려주는 사례다. 하나의 가공품이 완성되기 위해서는 작업자와 설비 그리고 각종 치공구들이 동원되어 세부적인 절차를 거친다. 하지만 많은 작업자들은 설비의 상태나 본인의 작업방법에는 힘을 기울여도 사용하는 공구들을 가볍게 여기는 경향이 많다. 특히 측정공구를 함부로 취급하면 정밀도가 떨어져 불량이 발생함에도 불구하고 늘 공구의 말끔한 보존에는 별로 관심이 없다. 그리고 철저히 준비한 후에 가공하기보다는 엉성한 준비태세로 여러 차례 가공하는 낭비도 개의치 않고 그 자체도 별로 부끄럽게 여기지 않는다.

오류의 방지는 사전 예방 사고방식으로 해결

도요타가 훌륭한 품질을 만들어내는 바탕에는 예상되는 낭비를 미연에 방지하는 사고와 기술적 접근법이 있음을 알아야 한다. 훌륭한 사고와 방식이 받쳐주지 못하면 좋은 제품은 나올 수가 없다.

도요타의 설계 기술이나 스피드는 세계에서도 으뜸가는 수준이다. 그 배경에는 훌륭한 품질을 만들어내는 3가지의 설계 행동 및 사고를 갖고 있다. 도요타는 이것을 GD Good Design 큐빅Cubic(세제곱)이라 부른다. 각각의 특징을 살펴보면 다음과 같다.

●●● 1. GD 1(Good Design-훌륭한 설계) 사고

▶ 가장 훌륭한 설계자는 가장 뛰어난 설계를 인정할 줄 아는 사람을 지칭하기도 한다. 비록 본인이 설계하지 않았더라도 훌륭한 설계안이라면 그 설계안을 존중해서 100퍼센트 있는 그대로 활용하는 인격을 말한다. 도요타는 선배들이 과거의 개발 과정에서 만들어 낸 훌륭한 설계안들을 최대로 활용하는 것을 제1의 지침으로 삼고 있다. 그런 행동 습관으로 인해 자연스럽게 제품 간에 공용으로 사용하는 부품이 많고 설계 시간도 상당히 절감하는 결과를 낸다. 특히 각 설계자들의 개인적 기술을 반드시 문서화해서 공유하는 사고가 뛰어나고 실패한 경험을 살리는 체크 기능을 십분 구사하고 있다.

●●● 2. GD 2(Good Discussion-훌륭한 의견 교환) 사고

▶ 개발 설계를 하는 과정에서 보다 높은 고객의 설계 사양을 만족시키기 위해서는 새로운 분야(기술이나 재료 등)를 다루어야 하는 경우가 종종 있다. 이때 새로움과의 접촉에서 조금이라도 경솔한 행동을 하면 전체 결과를 망칠 수 있다. 따라서 새롭게 나타난 항목에 대해서는 그것을 제시하는 측이나 받아들이는 측 모두 신중하게 많은 시간을 들여 의견을 교환하거나 사실을 검증하기 위한 단계를 거친다.

제안자의 서류(형식적 기술記述 혹은 품질보증서)에 의존해서 결과에 대해 책임을 회피하려는 의도된 행동보다는 실제로 신규 대상을 상대로 강한 의문을 품고 사실 확증에 모든 에너지를 쏟는다. 그런 결과로 사고의 발생 확률을 '0'로 하는 한편, 예기치 않던 많은 추가적 정보를 얻어 지식의 자연적 증가와 차기 설계자들에게 기초 정

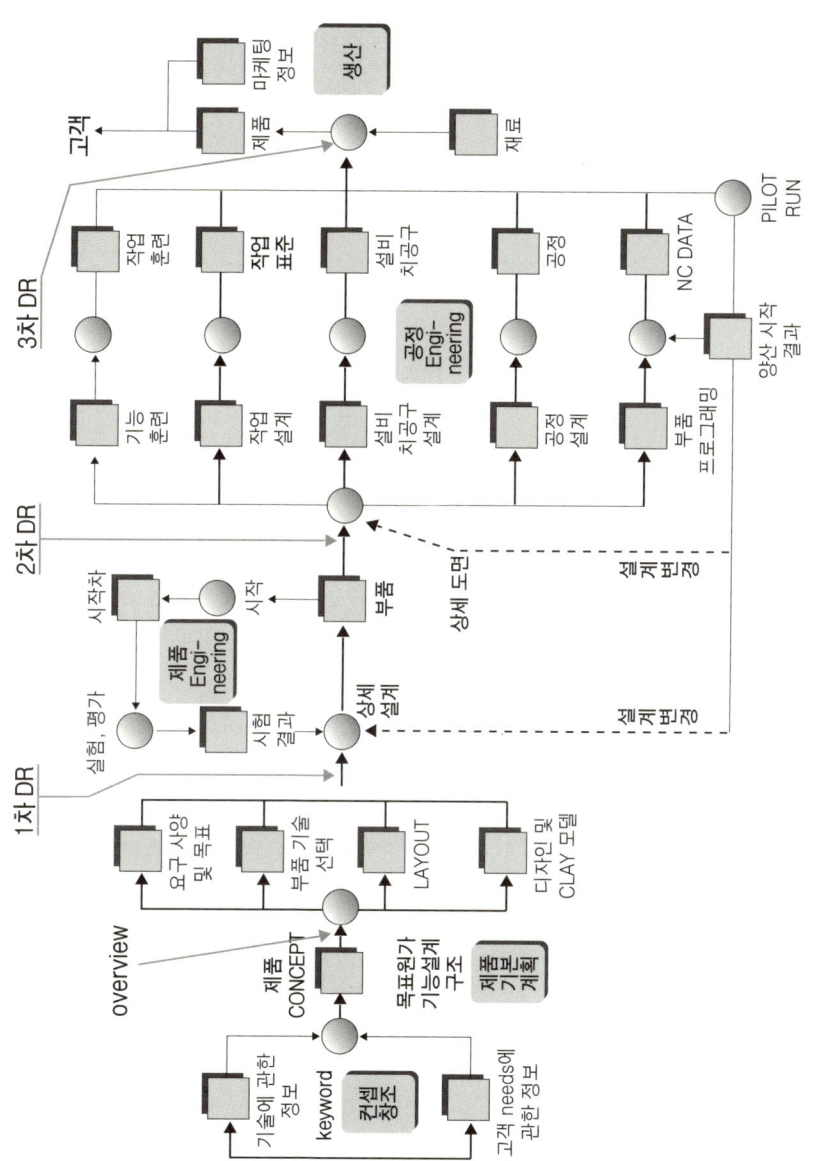

〈그림 1-29〉 제품 개발 활동과 Good Design Review(4STEP)

PART 1 도요타 개선활동, 그 본질의 이해 | 135

보를 제공하는 일석이조의 행동을 실현한다.

●●● 3. GD 3(Good Design Review-훌륭한 설계 검토 과정) 사고

▶ 도요타의 설계 검증 과정은 하나의 실오라기 같은 오류도 사전에 거를 수 있는 행동 체계다. 신규 설계 부분이나 수정 부분을 통틀어서 관계된 영향 분석을 여러 단계에 걸쳐 폭넓게 시행한다. 개념 설계를 한 후에 처음 실시하고 상세 설계에 들어가기 전에 다시 하고, 생산 준비를 하기 전에 또 다시 한 후 최종적으로 양산에 들어가기 전에 한 번 더 실시하여 최소한 네 번 이상의 설계 점검을 한다. 자세한 단계와 절차를 표현하면 〈그림 1-29〉와 같다.

이때 실시하는 점검의 폭은 일반 기업들이 수행하는 형식적 절차와는 다르다. 아주 폭넓은 사고와 지식을 요구하는 점검 방식DRBFM, Design Review Based on Failure Mode으로 수행하기 때문에 설계상의 에러를 극소화시키는 능력이 발휘된다(*「참고문헌」 1)의 13장 참조).

08 고정관념을 혁신적으로 타파한다

흐름생산의 구축을 거부하는 이유

도요타의 생산수법TPS에 관한 정보가 국내에 들어온 지 꽤 오랜 시간이 흘렀음에도 불구하고 많은 기업들이 아직도 도요타의 흐름생산을 이해하지 못하고 있는 실정이다. 국내의 수많은 경영자와 관리자 그리고 현장 작업자까지 그릇된 대량생산방식의 기존 관념이 너무 강해서 도요타 방식을 쉽게 이해하지 못함을 오랜 지도경험을 통해서 느낄 수 있었다. 심지어 능력 있는 기업(규모와 이익률)이라고 인정받는 기업에서도 동일한 현상을 보인다.

흐름생산의 기본 목적은 재료가 투입되어 생산이 완료되기까지에 소요되는 시간을 가장 짧게 하여 고객의 요구 납기를 만족시키기 위함이며 동시에 생산자원(설비, 사람, 재료(불량))의 낭비를 최소한으로 줄이기 위한 개선의 유도에 있다.

대부분의 작업자나 관리자는 공정 간 재공을 잔뜩 끌어안고 작업해서 어떠한 낭비적 요인(설비 정지 및 불량 발생)도 보이지 않도록 하는 습성이 강하다. 또 공장 내부의 자원들을 완전하게 운용할 수 있는 자신이 없기 때문에 재공 없이 제품을 흐르게 하면 기대하는 시간 안에 끝마치지 못한다는 것을 이미 알고 있다. 개선활동에 착수해야 하는 부담이 싫은 것이다.

흐름생산의 이해도가 낮은 이유는 현재의 방식보다 흐름생산을 선택할 때에 생기는 부담이 무겁게 느껴지기 때문이다. 따라서 고정관념이 강해서 흐름생산을 못하는 것이 아니라 두려움이 앞서기 때문인 것으로 봐야 옳다.

생산 투입에서 완성까지의 기간이 길고 공정이 세분화되어 단계가 많은 기업은 공정별 생산계획을 반드시 세워야 한다고 생각하여 컴퓨터에 의지한 계획을 수립하기가 쉽다. 그러나 현물의 흐름을 개선하려는 의지 없이 단지 계획 방법에만 몰두하면 점점 더 고객과 멀어지는 계획으로 변할 뿐 직접적인 도움이 되지 못한다. 고객의 요구와는 동떨어진 계획이 되어 결국 영업이 그 간격을 메우는 소모적인 업무만 남을 뿐이다. 도요타는 제품의 생산 투입 일자와 착수 순서만 결정하고 상세한 공정 계획은 세우지 않는다. 가공 대상물이 순서대로 흘러 현장을 지나가기 때문에 중간 공정에서 투입의 우선순위가 뒤바뀔 수 없다.

생산 집행자들의 고정관념

특히 생산에 종사하는 사람들은 제품을 고객에게 넘기는 과정에는 별 관심이 없는 경우가 많다. 단지 영업에서 요구하는 계획 수량을 기초로 자기들의 사정을 감안해서 계획한 대로 충실히 만들면 자기의 할 일은 끝났다는 사고방식으로 임한다. 그러나 도요타와 같이 본인들이 만드는 제품의 고객은 누구이며 또 언제 넘겨줄 물건이라는 정보를 접하면서 일한다면 그냥 시키는 대로 할 수밖에 없다는 마음은 생기지 않을 것이다.

작업 지시의 수량대로 만들기만 하면 그만이라는 고정관념을 가진 자에게 '생산계획대로 실행했는가?'라고 물으면 대부분 '그렇다'라고 대답한다. 그럼 '생산계획대로 실행한 것이 옳다고 보는가?'라고 물어보면 역시 그렇다고 대답할 것이다. 그런데 '고객은 과연 생산계획대로 제품을 가져갔다고 보는가?'라고 물으면 열의 아홉은 아니라고 대답한다. 그래서 마지막에는 '그래도 계획대로 한 것이 잘한 것인가?'라고 물으면 아무 대답도 없다. 그러나 도요타의 직원들은 끝까지 '그렇다'라는 대답으로 일관할 것이다.

이런 현상을 살펴보면 현장 작업자들도 어떻게 생산하는 것이 가치 있는 생산 활동인가 정도는 알고 있다고 보는 것이 옳지, 생산 요원들은 그저 시키는 대로만 하는 기계의 대역쯤으로 보는 관리자나 경영자들은 잘못된 생각을 하고 있는 것이다. 도요타는 경영자에서부터 생산직접 요원까지 모두 통일된 사고와 동일한 정보를 갖고 일을 한다.

도요타가 현지현물주의를 그토록 중요시하는 까닭은 고정관념을 타파하기 위해서다. 흔히 제조에 관한 상황을 제조 부문 책임자가 잘 알 것으로 생각하지만 가장 중요한 것을 놓치는 사람도 역시 그들이다. 현실에서 표준을 벗어나 정상이 아닌 상태로 운영되는 것은 바로 찾아내는 능력을 갖고 있다. 그러나 그 표준 자체에 내포된 문제에는 비교적 둔감한 편이다. 가령 75퍼센트의 설비가동률을 기준으로 삼아 설비를 관리한다고 할 때 가동률이 기준 이하로 내려가면 난리가 벌어질 것이다. 그러나 그 이상을 상회하면 100퍼센트가 아닐지라도 만족하는 이유는 과연 무엇인가. 25퍼센트가 갖는 여유는 도대체 무엇을 의미하며 왜 그렇게 많은 여유를 설정해야 하는가에는 누구도 만족한 대답을 하지 못한다.

이런 현상은 항상 자기 범위 안에 있는 관리 대상 내에서의 낭비에는 감각이 별로 없으면서 관리 대상 이외의 작은 낭비에는 과민 반응을 일으키는 일반적 현상에 속한다. 도요타는 이러한 맹점을 제거하기 위해 주관적인 관리 기준을 가능한 피하고 객관적인 목표를 기준으로 일을 한다. 가령 설비는 평균가동능률이 80퍼센트 이상이어야 한다든지 하는 주관적 관리 기준을 피하고 설비가 사용되지 않을 때는 관계없으나 가동이 요구될 때는 반드시 100퍼센트 가동되어야 한다고 정의해 버린다. 그렇게 해서 주관적인 관리 기준으로 생길 수 있는 고정관념을 일체 허용하지 않고 있다.

SCM이 아니라 DCM을 하라

경영 개념의 하나로 흔히 사용되는 공급연결망 관리SCM, Supply

Chain Management가 있다. 이 SCM은 공급자 입장에 서서 어떻게 낭비 없이 그리고 가장 빠르게 고객에게 재화를 공급하느냐를 연구하는 차원의 경영 개념이다. 그래서 주로 대량의 소비품을 위주로 중간 공급자를 포함한 유통 단계를 전반적으로 통제하려는 분야와 혹은 어떻게 하면 자기 뜻대로 외부로부터 필요 물품을 가장 경제적으로 공급받을 수 있을까 하는 자기중심적 조달유통혁신 분야로 나눌 수 있다. 두 가지 방향의 공통점은 모두 자기중심적 사고가 개입되어 있다는 것이다.

그러나 도요타 TPS의 주 무기인 '간판'은 공급자(도요타)가 주체가 되는 입장에 서지 않고 무조건 고객을 주체로 간주하고 고객의 수요 Demand에 합치시키는 연결망을 최종 협력사까지 연결시키는 도구로 사용한다. 따라서 '간판'의 실체는 고객이 요구할 때 필요량만큼 공급하는 DCM Demand Chain Management의 완성도구라 할 수 있다. 자기중심의 SCM을 선택하느냐 아니면 고객 중심의 DCM을 선택하느냐에 따라 초일류의 가능성을 점칠 수 있다.

보통의 기업 경영자들은 부품이나 제품이 부족해서 판매 기회가 상실되는 피해의식을 과다한 재고 보유의 부정적 손실보다 크게 느끼기 때문에 각 부문에 걸쳐 과다한 재고를 보유하거나 과잉의 구매 습관을 용납하고 있다. 그러나 이런 고정관념은 대단히 잘못된 사고로서 근본적인 오류를 범하고 있는 것이다. 수요를 어떻게 해결할 것인가를 고민하기 보다는 공급 자체에만 중점을 두는 단순한 사고 때문에 발생한다.

공급자 중심사고의 또 다른 예를 살펴보자. 대개의 영업부서는 최종 고객(결국 User가 됨)의 실수요와는 상관없이 영업 부문의 의욕 수치만으로 생산을 주문한다. 보통 실수요의 두 배 정도의 물량에 이르기도 한다. 이런 행동들도 역시 공급 사고에 머물렀을 때 일어난다. 사실 고객이나 영업의 말을 듣고 투자(설비, 사람, 부품)하는 사람은 바보스럽게 느껴지는 때가 많다. 말은 돈이 들지 않는 공짜이기 때문이다. 실제로 기업지도를 할 때 그런 상황을 가끔 목격한다.

영업이 기존에 거래하는 특정 고객의 대량 예상주문에 흥분해서 생산부에 준비독촉 정보를 전하고 생산부 또한 재빨리 대응하기 위해 바쁘게 움직여 준비를 다 해놓으면 결국 약속했던 주문은 온데간데없이 슬쩍 사라지고, 사정이 생겨서 취소할 수밖에 없거나 축소한다는 말만 삐쭉 전하는 정도의 해프닝으로 끝나는 경우도 목격한 바 있다.

도요타는 고객이 돈을 지불한 제품만 생산한다는 것을 잊어서는 안 된다. 고객이 많아 배짱이 생겨서가 아니라 단순히 위와 같은 오류를 범하지 않기 위해서다. 진정 주문을 할 고객이라면 소액의 계약금 정도를 지불하는 것에 인색할 리는 없기 때문이다. 상대방에게 부탁할 때 돈을 건네지 않고 말로만 하면 상대방이 잊어버리거나 무시할 수도 있지만 적은 돈이라도 미리 주면서 부탁하면 상대방이 반드시 지키는 것을 비유해 봐도 알 수 있지 않겠는가.

생산 실적에 대한 고정관념

많은 경영자나 관리자들은 말로는 정보와 실물이 일치해야 한다고 주장하고 있지만 전혀 실행하고 있지는 않는 것 같다. 고객이 주문한 수량은 합해서 100개인데 그 달에 만든 양은 120개이기 때문이다. 진정으로 정보와 실물이 일치하는 합리화 경영을 하려면 도요타처럼 고객의 주문량이 생산 수량과 같아야 한다. 그것을 일치시키지 못하고 다른 분야를 열심히 일치시키는 일을 해봤자 크게 득될 일은 없다.

고객의 수요량에 맞추어 생산하지 않는 이유는 전통적으로 공장 부문에서 생산 금액이 곧 매출액이라는 생각과 영업이 곧 고객이라는 착각 성향의 고정관념이 있기 때문이다. 이는 또 경영자가 수요가 없어도 설비를 놀리면 안 된다고 하는 생각에서 물건을 만드는 그릇된 고정관념에서 비롯된다. 이런 고정관념을 다 버려야 한다.

도요타는 일반적인 설비 중심의 무조건적 활용을 의미하는 가동률稼動率, Utilization에 의미를 두지 않는다. 이런 가동률은 모두 자의적인 설비 가동을 의미한다. 그러나 실제의 설비가동률은 고객이 결정한다. 고객의 실질 주문량이 기업의 보유 능력을 상회할 때 100퍼센트 가동할 수 있는 것일 뿐 고객의 주문이 실제로 보유 능력 이하이면 주문만큼의 설비 가동을 계획해야 한다. 도요타는 실질 수요가 있을 때에 설비가 하자 없이 가동되는 가동성可動性, Availability을 중요시한다. 일반적인 가동률稼動率은 정지를 허용한 정상가동 비율로 계산하지만 도요타는 고장 정지 없이 최소의 품종교체 시간만 허용할 뿐이다.

가령 하루 8시간 가동했을 때 100퍼센트의 가동률이라고 기준했을 때 16시간 가동했다면 가동률稼動率은 200퍼센트가 된다. 도요타에서의 가동률可動率은 하루에 8시간을 근무한다고 했을 때 800개를 생산할 수 있다면 고객으로부터 400개의 주문이 왔을 경우에는 4시간을 가동해서 완성시켜야 한다. 그 이상의 가동은 허용하지 않는다. 즉, 낭비가 없는 가동을 의미한다. 만약 400개의 수주가 왔을 때 6시간에 완성한다면 50퍼센트의 가동 손실이 발생했다고 평가한다. 현재 존재하는 제조 기업에서 가장 혹독한 평가 방식이 아닐 수 없다. 따라서 필요 시의 완전한 가동을 위해 설비 보전에 사력을 다한다.

설비 가동 평가는 부가가치 발생 능력 기준

도요타가 평가하는 가동성이 우수하려면 두 가지에 주력할 수 있어야 한다.

첫째, 보전성保全性, Maintainability은 부정적인 현상 발생(정지)의 저지 능력을 나타내는 것으로서 신뢰성과 회복 능력을 말한다.

신뢰성Reliability이란 평균고장간격MTBF, Mean Time Between Failure을 가리키고 회복력은 정지 시의 복구소요시간MTTR, Mean Time To Repair을 가리킨다. 신뢰성의 값은 커야 하고 복구 능력의 시간값은 작아야 능력이 있다고 볼 수 있다.

둘째, 준비교체능력Flexibility으로서 준비교체 횟수당 시간이 작아야 한다.

그리고 위의 전체 가동성 이외에 도요타가 중요하게 여기는 또 하나의 요소가 있는데 설비의 '가치율價値率'이다. 설비 가동의 가치율(효율)이란 1개의 가공 작업 사이클 시간 내에서 차지하는 실제의 설비 기능 활용시간 비율을 말하는 것으로서, 만약 프레스 작업을 할 때 1개 가공의 사이클 타임을 5초라고 가정하고 실제 프레스가 가공물을 누르고 올라가는 시간은 1초라고 할 때 가치율은 20퍼센트 밖에 지나지 않는다. 보통 수준의 기업에서 가공 설비의 가치율은 평균 30퍼센트를 넘기 힘들다. 그러나 도요타는 평균 가치율이 50퍼센트를 넘는 수준이다. 거의 두 배에 가까운 설비가동 생산성을 보인다. 즉 설비의 기능을 최대로 활용하기 위해 설비상에서 불필요한 시간 지체를 하지 않는다는 의미다. 도요타에서 측정하는 부가가치 가동효율의 계산은 다음과 같다.

> 일반적인 가동률×가치율 = 부가가치 가동효율

가령 70퍼센트의 가동률(30퍼센트는 정지 비율)을 보이는 기계에 설비가치율이 20퍼센트에 불과할 때 이때의 부가가치 효율은 '70퍼센트×20퍼센트=14퍼센트'가 된다.

만약 일반적인 기업들이 주로 노력하는 시간 중심의 가동률 향상을 90퍼센트까지 올린다면 부가가치 효율은 '90퍼센트×20퍼센트=18퍼센트'가 된다. 실질 효율이 4퍼센트(비율로는 28퍼센트 향상) 정도 오른 셈이 된다. 그러나 설비가치율도 동시에 40퍼센트 정도까지 상승시키면 '90퍼센트×40퍼센트=36퍼센트'의 부가가치 효율로 변해 실질효율이 22퍼센트(비율로는 157퍼센트) 정도 오른다.

가치율의 두 배 향상이 단순히 가동률만을 올리려고 한 노력 성과에 비해 5.5배(4퍼센트 상승과 22퍼센트 상승의 차이)의 성과를 가져온다. 따라서 도요타가 추구하는 설비가치율(효율)의 개선이 얼마나 중요한지 깨달을 수 있다.

준비교체 능력 향상은 경쟁력의 원천

　일반 경영자들은 설비의 가동률이나 능력의 증가를 위해서 대개 스피드가 향상된 신형 설비를 구비하기가 쉽다. 하지만 그런 의사결정은 기존 설비의 효율화를 최대로 올려보지 못한 채 과잉 투자를 유발하는 불완전한 의사결정이 되기 쉽다. 도요타는 품종교체 준비시간을 극한으로 줄여 다품종의 수요에 대응하는 한편 가동능률의 향상도 해결하고 있다. 즉, 스피드가 향상된 첨단 설비보다는 설비가 움직이지 않는 시간을 줄이는 방법을 택하고 있다.

　가공시간이 2초인 설비 3대를 한 사람이 맡고 있는 작업장을 생각해 보기로 한다. 가공하기 위한 준비교체 시간은 10분이 걸린다고 하자. 이런 조건에서 설비 당 6000개의 대량 가공 로트를 생산한다면 설비별로 순수 가공시간 12,000초(200분=2초×6000개)가 되고 600초가 준비교체에 소요되므로 분당 28개의 가공 능력이 된다.

　그러나 다품종소량으로 변해 10품종을 각각 600개 정도씩 가공해야 한다면 로트당 점유하는 준비교체 비율이 상대적으로 커지면서, 한 사람이 3대를 운용하므로 준비교체에 의한 간섭(특정 설비의 준비교체 작업 중에 타 설비의 정지시간 증가)이 새롭게 생겨난다. 이런 상황에서는 분당 16개의 가공 결과밖에 얻지 못한다. 즉 43퍼센트(12/28)의 생산성 하락을 가져온다.

　이런 환경변화를 극복하고자 가공시간이 1초인 고성능 설비를 새로 들여오고 준비교체 시간은 동일하다고 간주하자. 이때 가공 로트가 대량(6000개)이라면 2초가 소요되던 이전 설비와 비교할 때 동일한 양의 처리에 각각 210분과 110분이 소요된다. 따라서 48퍼센트 (100/210)의 생산성 효과가 있다.

그러나 다품종소량으로 환경이 변하면 사정이 달라진다. 예전의 설비로 600개의 소량 로트를 처리하면 36분이 소요됐으나 신규 설비로는 31분 정도가 소요된다. 불과 14퍼센트(5분/36분)의 생산성 향상에 그친다. 따라서 대LOT 주문일 경우 고성능 설비가 유리하지만 다품종

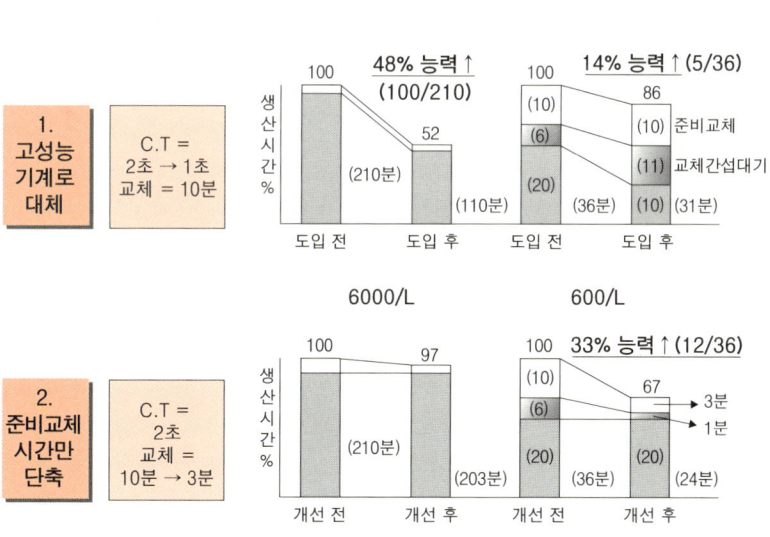

〈그림 1-30〉 다품종소량 생산시대의 합리화 대응

소량일 때는 별 효과가 없다는 결론이다.

다품종소량의 변화에 고성능 설비 대신 비용이 들지 않는 준비교체 시간을 단축하는 쪽으로 개선의 방향을 잡았다고 가정해 보자. 가공시간은 2초 그대로 두고 준비교체 시간만 10분에서 3분으로 줄여 7분을 단축시켰다고 하면, 6000개의 대량 주문의 경우에는 3퍼센트(7분/210분) 정도밖에 효과가 없지만 600개의 소량 주문일 경우 준비교체의 단축 자체가 교체간섭 대기시간까지 줄여주는 효과를 발휘해 33퍼센트(12분/36분)의 생산성 효과를 가져온다.

따라서 다품종소량의 환경변화에서는 고성능 설비의 선택이라는 잘못된 고정관념을 버리고 도요타와 같이 비가동시간의 단축활동 개선을 통해 더욱 경제적이면서 효과가 큰 결과를 얻는 것이 현명하다. 위의 상황을 그래프로 비교 평가한 것이 〈그림 1-30〉이다.

고정관념 타파 대상 영역

평소에 갖고 있는 고정관념의 폐해를 많은 사람들이 감지하지 못하는 경우가 많다. 고객으로 간주되는 상대방 구매 담당자의 발언에 혹하여 공급하는 측의 모든 관계자들의 행동이 지배되는 것은 바람직하지 않다. 만드는 측(영업 포함)은 사는 측의 지불 담당자(구매 담당자)가 고객인 것으로 착각하기 쉽다. 사실은 현물의 흐름으로 고객을 정의해야 옳다. 실제 고객은 상대방의 생산 담당이나 혹은 실질 요구자이다. 구입 측의 생산 현장에 가면 실제로 어느 정도의 물량이 필요한지 바로 대답이 나온다. 따라서 상대방의 현물흐름 현장의 정보가 차단된 채로 단지 상대방 구매자의 주문에만 대응하면 오류가 발생할 확률이 높다.

돈과 현물의 흐름이 분할된 관계로 많은 사람들이 잘못된 고정관념을 갖게 된 것이다. 그래서 어떤 기업은 현장에서 필요한 물품은 구매부문이 아닌 현장 책임자가 직접 조달 지시를 내려야 가장 경제적인 현물의 흐름이 되며 상대방 거래처의 혼란을 야기하는 정보를 함부로 주지 않게 된다는 판단 아래 권한과 책임을 현장 책임자에게 부여하기도 한다.

원칙주의를 고수하는 도요타가 우리 생각처럼 그렇게 경직되어 있지는 않다. 도요타는 조립공장 내의 조달부품 재고를 4시간으로 한정 짓는 것을 원칙으로 하고 있다. 그러나 일반적으로 알려진 것과 같이 도요타가 그 원칙을 언제나 고수하는 것은 아니다. 특정 시기에는 예외를 두기도 한다. 일본 서부 고베 지역에서 나고야로 오는 고속도로는 겨울에 적설 우려 지역이 있음을 감안하여 동절기(11월~3월)에 한하여 특별 재고를 허용하고 있기도 하다. 유연하지 못한 고정적 원칙이나 관념은 손해를 일으키기 때문이다.

기존의 관습과 고정관념은 여러 가지 방법 중 하나라는 것을 간단히 증명하기로 하자. 위스키를 즐기는 사람이 준비해야 할 것은 기본적으로 4가지다. 위스키, 얼음, 물, 유리잔이 필요할 것이다. 이때 순하게 마시기 위해 물과 얼음을 혼합하는 순서의 경우를 살펴보면 6가지 방법이 나온다.

- ●●● 1. 위스키를 잔에 → 물 첨가 → 얼음 투입
- ●●● 2. 위스키를 잔에 → 얼음 투입 → 물 첨가
- ●●● 3. 물을 잔에 → 위스키 투입 → 얼음 투입
- ●●● 4. 물을 잔에 → 얼음 투입 → 위스키 투입
- ●●● 5. 얼음을 잔에 → 위스키 투입 → 물 첨가
- ●●● 6. 얼음을 잔에 → 물 첨가 → 위스키 투입

이와 같이 간단한 목적의 행동에도 6가지 방법이 있다. 기업이 끌어안고 있는 많은 문제들을 이제까지 지니고 온 관습과 고정관념으로 풀어갈 수 있다는 생각은 아주 위험천만한 사고이므로 우선 모든 고정관념을 타파하는 데에 주력해야 생존할 수 있음을 깨달아야 한다.

인간의 두뇌에는 우뇌와 좌뇌가 있다. 우뇌는 주로 창조성을 발휘하는 비논리적 사고를 담당하고 좌뇌는 논리적 사고를 담당한다. 인간들은 죽을 때까지 거의 7퍼센트밖에 사용하지 않는다고 한다. 그것도 주로 좌뇌를 활용하는 비율이 높다. 도요타는 사원들에게 우뇌의 사용을 권장한다. 즉 고정관념과 기존 상식을 타파하기 위한 개선 행위를 하기 위해서다.

09 발상을 전환한다

도요타는 역발상의 전문가 집단

도요타 생산방식의 탄생은 미국의 헨리 포드가 창안하고 실천했던 대량High Volume 및 고속High Speed의 기획생산체제를, 필요한 시기에 필요한 양만큼 만드는 한량限量생산(*「참고문헌」 1)의 2장 참조)으로의 역발상을 한 것에서 출발했다. 도요타가 자랑으로 삼는 준비교체 실력 또한 단순한 발상의 전환에서 생겨난 것이다.

1940년대 말에 도요타의 경영진이 미국의 포드사에 견학을 갔을 때 자동차의 휀더Fender, 천정, 엔진 후드 등을 각각의 전문적인 프레스 작업장(200~300라인)에서 연속적으로 대량 가공하는 것을 볼 수 있었다. 그러나 그건 도요타가 도저히 쫓아갈 수 없는 능력이었다. 따라서 도요타는 여러 프레스 라인을 구성하되 각 라인은 휀더와 천정 그리고 엔진 후드까지 생산하지 않으면 안 되었다. 그런 결과가 곧 프레스 공정 준비교체 시간의 혁신을 가져오게 한 것이다.

TPS는 두 가지 개념으로 구성되어 있는 것으로 알려져 왔다. 즉, 시간 단축을 의미하는 저스트 인 타임JIT과 완전한 품질 구현의 자동화自働化다. 그러나 사원들이 이 두 가지를 분리해서 사고하는 습관 때문에 두 개념이 충돌하는 때가 종종 있었다. 그래서 충돌 없는 흡수개념을 도입하기 위해 이상이 발생하면 멈추는 기능을 발휘하는 자동화 장치를 저스트 인 타임의 요소로 삽입시켰다. 사원들은 최소 시간에 완전한 품질의 생산이 실현되려면 결국 정지 없는 자동화(정지 장치 부착) 설비의 가동만이 유일한 길임을 깨닫게 되어 자동화를 무조건적으로 저스트 인 타임 사고의 부분으로 받아들였다.

도요타의 자동화 개념은 설비나 취급 재료에 이상이 있을 때만 정지하는 장치로서 이상이 없다면 사람이 필요치 않다는 발상이고, 일반적인 자동화自動化는 자동으로 작동하다가 설비상의 트러블이 발생할 때를 대비해 사람을 배치하는 발상이므로 서로 상반된 개념을 갖고 있다. 기존 자동화 개념의 역발상이 도요타의 자동화 개념이다.

보통의 현장에서는 순간정지가 빈번히 일어난다. 그런 상황에서 많은 작업자나 관리자들은 기계를 정지시켜 근본 원인을 찾지 않고 그냥 적당한 조치를 해서 계속 가동시키는 습관을 갖고 있다. 다소 트러블이 있어도 그렇게 하는 것이 회사를 위해 잘한 일이라고 생각한다. 그러나 도요타의 직원들은 반대의 발상을 갖고 있다. 과감히 정지시키는 데에는 용기가 필요하다. 그리고 그 용기를 관철시키면 새로운 사실과 해결책을 찾는 개선의 길이 열려 있음을 알고 그것을 통해 자신과 회사가 동시에 성장한다는 것을 이미 깨우치고 있다.

남다른 발상의 상시常時 적용 조직

자동화의 초기 활동은 외부에서 도입된 기계에 도요타 직원들의 지혜를 부가시키는 데서 출발했다. 심지어 차체 용접을 하는 공정의 로봇들은 이상이 발생했을 때 어디가 이상이 있으니 보전 요원은 무슨 공구를 갖고 오라는 안내방송까지 한다. 도입된 설비에 자신들이 추구하는 목적을 달성하게끔 새로운 지혜를 삽입시키는 것이 도요타의 자동화 개념이기도 하다.

도요타 내부에서 일어나는 평범한 행동이나 사고에는 독특한 발상들이 곳곳에 숨어 있다는 것을 발견할 수 있다. 도요타의 용어에 '물품신고物의 申씀'라는 말과 '사람신고者의 申씀'라는 말이 있다. 도요타가 설정한 관리자의 역할 중에는 현장에 있는 모든 물품들이 스스로 자신의 정보를 밝힐 수 있는 체계를 만드는 일도 포함되어 있다. 도요타의 공장 개선은 물품신고 체계로 시작해서 그것으로 종료한다고 해도 과언이 아닐 정도다. 공장 안에 있는 모든 사물의 정보는 사람들의 입을 통해서 증명되는 것이 아니고 그 사물 스스로가 표시하고 있어야 한다는 철학이다. 간혹 발견된 불량품에 대해서도 도요타는 일반 기업과는 달리 귀중하게 다룬다. 그 이유는 불량품 자체가 품질을 완성시키는 중요한 정보들을 여러 개 갖고 있기 때문이다.

도요타는 공장별로 아주 적은 설비 보전요원을 보유한다. 그것도 점점 줄이는 방식을 택한다. 기계와 설비를 완전한 상태로 보전하여 수리 전문요원이 필요 없도록 만드는 목표를 갖고 있다. 예전에 어떤 경우에는 전문요원이 대기하는 장소에서 마작을 하도록 허락한 예도 있었다, 고장 없는 라인을 상징하는 의미에서 시도해 본 것이다.

오노 다이이치는 발상이 남다른 사람 중의 한 명이었다. 특히 현장 라인을 점검할 때, 조립 라인의 반 정도까지 걸어갔을 때 라인이 멈추지 않으면 사람이 너무 많아 라인이 곤란하지 않은 것 같다는 얘기를 서슴없이 할 정도다. 오노는 정상적이거나 빠듯한 조건에서 어느 정도 시간이 경과하면 라인 정지 상황이 반드시 일어나는 것이 정상이라는 발상을 갖고 있음에 틀림없다.

도요타는 라인의 현장 작업자에게 작업상 문제가 발생할 때 언제든지 라인을 정지시킬 권한을 부여한다. 오히려 정지시키지 않으면 의무를 소홀히 한 격이 된다. 일반 기업에서는 엄두도 못 낼 사고다. 그리고 라인 책임자들에게는 반대로 라인이 정지되지 않도록 조치를 신속하게 하거나 예방조치를 하도록 책임을 부여한다. 서로 상반된 모순의 권한과 책임을 부여하는 발상이 도요타가 목표하는 완전한 라인 가동의 원리이다.

낭비제거와 배제활동이 TPS의 주요 목적이다. 그 목적을 이루기 위해 1차적으로 사람, 설비, 물품의 그 어느 것도 잠시나마 움직이지 않는 것이 없게 하는 발상을 근본으로 한다. 그 다음에 움직임 자체를 돈이 되는 움직임으로 만든다는 발상을 한다. 돈이 되지 않는 움직임(비부가가치)을 전부 제거한다는 원리로 행동한다. 특히 힘든 작업, 부자연스러운 작업, 주의를 요하는 행동, 지연을 유발하는 행동 등을 모두 제거한다. 이와 같은 낭비 행동을 모두 제거하면 작업 전체가 최적의 기능으로 구성되어 자연스럽게 최소의 비용을 달성할 수 있다는 발상을 하고 있다.

동작에 국한되지 않고 재고 분야의 통제에도 차별화된 발상이 존재한다. 도요타가 공장 내에 부품 재고를 최소화 할 수 있는 것은 협력사에서 오는 길목인 도요타 시내의 도로 자체가 재고의 보관 장소로 활용된다는 발상을 갖고 있기에 가능하다.

도요타의 영업 상식은 만든 물건을 파는 것이 영업이 아니라 무엇을 팔아야 하느냐를 고민하는 것이 영업이라는 것이다. 이런 사고가 새로운 경영 패턴을 만들어 낸다. 이와 같은 사고를 제조부문에서도 할 수 있다는 발상을 가져야 한다. 즉 제품이 팔리는 매출액과 부가가치 비율 및 제품 완성의 가공시간이라는 3차원 요소로 분석하여 무엇을 어떻게 해서 파느냐에 도전하는 발상을 가져볼 수 있다.

수익성 관리를 생산에서 실행

예를 들어 매출액과 부가가치율의 관계 분석, 부가가치 규모와 가공시간의 관계 분석을 〈그림 1-31〉과 같이 하면 〈표 1-1〉과 같이 8가지의 제품군으로 분류될 수 있다. 각각의 분석 요소 평가를 기준으로 각 제품의 판매 전략을 수립할 수 있는데 그 내용이 표의 오른쪽에 '대책방향'란에 기재되어 있다. 따라서 반드시 영업이 아니더라도 어떤 물건을 어떻게 해서 팔아야 하는 정도는 추구할 수 있다. 즉 기업의 전원이 경영자 마인드로 업무에 임할 수 있다.

앞서 말한 3차원 분석을 실행하면 기업에서 흔히 범하는 평균 매출이나 평균 이익으로 감안한 부정확한 분석의 오류를 없앨 수 있다. 즉, 평균값의 함정을 빠져나와야 한다. 가령 영어와 수학의 점수가 각각

〈표 1-1〉 제품 특성 분류 및 대책표 – 제품군의 8가지 패턴

구 분	매출액	부가가치 비율	가공시간	대책 방향
가(Dd)	높음	大	小	
나(Dc)	높음	大	大	작업 개선
다(Cb)	높음	小	小	적극적 VA
라(Cc)	높음	小	大	설계 중심 개선
마(Bb)	낮음	大	小	영업 촉진 요구
바(Bc)	낮음	大	大	L/T 단축 개선
사(Ab)	낮음	小	小	외주화 정책
아(Aa)	낮음	小	大	제조 중지

(VA : Value Analysis)

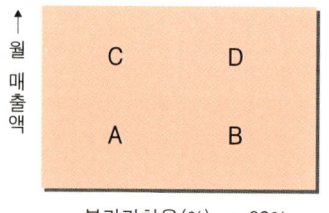
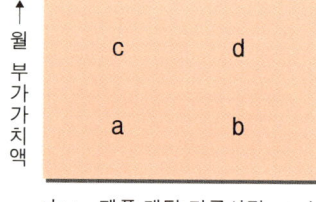

〈그림 1-31〉 제품의 포트폴리오 분석

10점과 90점을 얻어 평균 50점을 얻은 학생과 각 과목 51점과 49점을 얻어 50점의 평균을 얻은 학생은 같지 않다.

도요타의 임원들은 이와 같은 평균 중심의 평가를 거부한다. 앞에서 설명한 코롤라 차종의 대대적인 원가 내리기가 평균비용 배부방식을 거부하는 데서부터 출발했다는 점만 봐도 도요타의 평균 방식에 대한 거부 사고를 읽을 수 있다.

도요타의 각 현장에는 목표 원가의 지표가 내려간다. 그건 각 작업장에서 각자의 수익성 관리를 수행한다는 의미다. 그 활동을 이해하

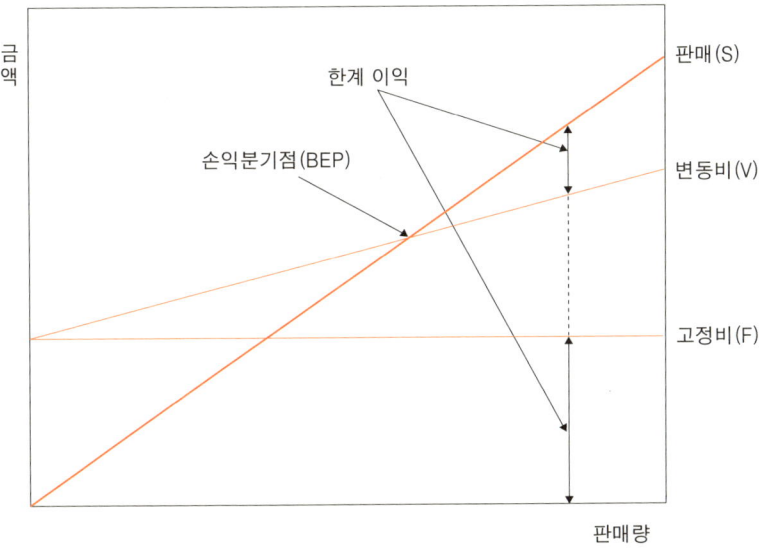

〈그림 1-32〉 한계이익의 이해

려면 우선 '한계이익'이라는 부가가치에 대해 납득하고 있어야 한다. 〈그림 1-32〉는 수량과 매출액 관계 그래프다. 이 그림에서 매출액(생산액)은 변동비와 고정비 그리고 이익을 합한 값임을 알 수 있다.

> 매출액(생산액) = 변동비 + 고정비 + 이익
> 매출액 − 변동비 = 고정비 + 이익
>   = 한계이익(부가가치)
> 한계이익 − 고정비 = 이익

이 같은 공식에서 생산 부문의 각 작업장은 본인들에게 할당된 고정비를 능가하는 한계이익을 유발하면 수익을 내는 작업장으로 평가

받는다. 고정비라는 것은 사실 완전한 고정비가 아니고 관리 가능한 비용으로 여기는 것이 바람직하다. 직접노무비는 물론이고 제조 간접노무비, 제조경비, 감가상각 및 일반관리배부비 등은 모두 변동비화해서 관리할 수 있고 개선활동의 여부에 따라 그 규모가 결정될 수 있는 비용이라고 간주하는 것이다.

그러한 활동이 가능한 이유는 생산에서 사실 80퍼센트 내지 85퍼센트의 제조 원가를 모두 소비하기 때문이다. 기회가 모두 현장에 있다는 얘기다. 따라서 최종적인 가치창조 부서가 수익 활동을 리드할 수 있다는 발상에서 작업장별 수익성 관리를 실행하고 있다.

발상의 전환으로 난국 돌파

이와 같은 활동을 감안할 때 도요타에서 평균적인 원가저감 목표를 20퍼센트~30퍼센트로 설정하는 이유를 이해할 수 있을 것이다. 도요타는 직원들의 발상의 전환을 가져오기 위해서도 10퍼센트 이하의 목표는 아예 세우지를 않는다. 보통 30퍼센트 정도는 돼야 새로운 발상이 가능해진다는 얘기다. 이러한 높은 목표에는 반드시 추진 담당자들의 집념이 따라주어야 한다. 목표 달성은 가능하다는 집념을 발휘해서 발상을 시작하고, 그 집념이 꺾어질 상황에 오면 가능성이라는 허약한 기대감 대신에 오히려 곤란한 장해물을 넘어야 한다는 집념으로 전환시켜 진행한다.

이런 집념의 행동은 혁신의 추구 목표를 달성하는 실적에서 표현되기도 한다. 도요타는 연간 원가저감 목표를 내려준다. 그 목표의 계획

추세를 실무 부서는 〈그림 1-33〉의 왼쪽 그림과 같이 계획한다. 그러나 마지막의 목표액이 의미하는 것은 그 시점에의 누적 달성을 의미하는 것이지 단지 그 달의 포인트에 다다르면 상관없다는 것을 의미하지는 않는다. 따라서 실질 누적 효과를 거의 달성하려면 활동 시기 전반부에 이미 목표 포인트에 올라가 있어야 한다(오른쪽 위쪽 그림). 그렇지 않고 기간 내에 목표 포인트만 달성하면 된다는 식의 활동을 하면 오른쪽 아래 그림과 같은 결과를 낳는다. 이런 두 타입의 행동 결과를 비교하면 실질 효과 차이는 거의 20배에 달한다.

발상의 전환은 고정관념이 박혀 있는 사람에게는 쉽게 이루어지지 않는다. 가령 위성발사 로켓의 특징을 생각해 보라고 하면 대부분 빨

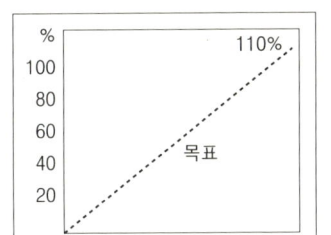

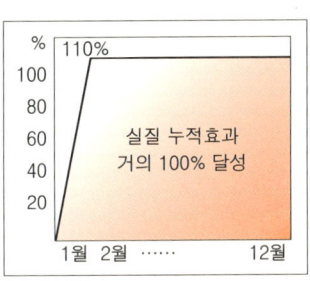

20% 원가 DOWN을 위한 생산성 향상 목표값

목표 결정값의 2배 설정이
효과 100% 달성의 지름길

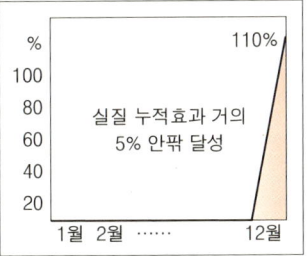

〈그림 1-33〉 기업 혁신 목표 추구의 성과와 효과

라야 하고 힘이 좋아야 한다고 한다. 그러나 실제 로켓이 요구하는 제1의 요건은 가벼움이다. 또 다른 예로 경주용 자동차를 설계할 때 제1의 고려 항목을 설정하라고 하면 스피드를 내는 엔진의 힘과 가속력의 필요성을 열거하지만 우선적인 것은 강력한 브레이크 시스템이 될 수도 있다. 또 좋은 음악을 듣고 싶다는 조건에서의 최우선을 좋은 음악의 선택에 두는 사람이 많지만 우선적으로는 조용한 장소의 마련이 최우선일 수가 있다. 이와 같이 특정한 목표를 두고 활동하는 데에 있어서 결과를 달성하기 위한 조건의 발상을 잘못하여 뜻을 이루지 못하는 기업이 많을 것이다.

특히 일반적인 기업에서 행하는 '검토'는 도요타보다 훨씬 길다. 도요타의 임원들은 결재서류를 거의 접수 당일 결재한다. 미루지 않는 습관도 있지만 미룰 수 있을 만큼 한가하지도 않다. 심지어 큰 의사 결정 사안이 아닐 경우는 전부 10분이라는 제한된 시간에 맞추어 집행하기도 한다. 사장의 책상 위에는 미결 서류 보관함도 없다.

도요타 직원들은 개선 명령이 떨어졌을 때, 해보고 그 결과를 보고하겠다는 말 대신 개선 완료의 약속 시점을 우선 보고한 다음에 시간 내에 문제를 해결하려는 역발상으로 행동한다. 그렇게 하면 개선의 밀도가 예상외로 높아진다는 것을 터득했기 때문일 것이다.

도요타가 위와 같이 남다른 발상을 통해 뜻을 이루는 앞서가는 기업임을 깨달아 그들의 발상법을 긍정하는 순간부터 우리는 스스로 잠재된 발상 능력을 끌어낼 수 있을 것이다.

10 관리감독자의 역할을 발휘한다

오노 다이이치의 리더십

흔히들 오노 다이이치를 노동자의 적이라고 할 만큼 노동 강화를 강조하는 사람쯤으로 해석하는 경우도 있다. 그러나 오노처럼 작업자에게 인간적인 사람도 없었다. 항상 작업자의 입장에 서서 작업자가 곤란을 느끼지 않도록 개선하는 데 앞장섰다. 설령 기술진이 설비나 도구를 개선했다고 해도 작업자의 입장에 서서 관찰한 오노 다이이치로부터 작업자의 불편을 더 덜어주라는 명령을 받기가 일쑤였다. 좋은 개선을 하기 위해서는 항상 작업자의 도움이 필요하다고 강조했다. 100점짜리 개선을 실행하려면 작업자의 전향적인 충고가 있어야 완성도가 높아진다는 얘기다.

따라서 현장 작업자의 도움이 없이는 절대로 개선이 안 된다는 점을 간파해 감독자나 기술진들은 우선적으로 리더십을 갖추라고 권하곤 했다. 도요타 WAY 2001을 살펴보면 주된 전략 5가지가 모두 리더십에 관련된 것이라고 해도 무리가 아니다.

첫 번째 등장하는 '도전정신'은 항상 집단을 이끌어 가는 입장에 서 있는 사람이 선봉에 서야 한다는 정신이다.

두 번째 등장하는 '개선'은 상사의 높은 상식이 부하의 목표와 행동의 방향성을 이끌어 낸다고 앞서 설명한 바 있다. 그리고 학습에 의한 개선을 이루려면 학습 조직의 리드 방식이 주요한 변수가 된다.

세 번째로 등장하는 '현지·현물'의 전략은 모든 행동을 사실의 확인에 근거하라고 얘기하면서 동시에 현지와 현물 속에서 새로운 생각이 도출될 수 있다는 행동 원칙을 설명하는 것이다. 이것 자체도 관리 감독자가 필히 갖추어야 할 행동 양식이다.

네 번째로 등장하는 '존중'의 의미는 조직에서의 상하 상호간의 존중심과 고객과 회사에 관련된 모든 이들을 존중하는 사고를 말한다.

다섯 번째로 등장하는 '팀워크' 또한 인재 육성에 초점을 맞춘 것으로서 팀의 총합력 발휘는 역시 상사의 리더십에 많이 좌우될 수밖에 없다.

오노 다이이치는 윗선에 자리 잡은 관리자들에게 현장을 보는 눈을 만들라고 항상 요구했다. 무엇이 바른 것인가를 판단할 수 있는 관찰력을 키우는 동시에 자기 스스로 현장에서 손을 더럽혀가며 개선과 관련된 일에 매진하지 못한다면 결코 깨달음이 생기지 않는다고 설득했다.

현장을 중시하는 리더십

도요타 역사 가운데에서 현장 사람들로부터 가장 존경받는 이는 도요다 에이지 사장이었다. 그는 현장 사람들로부터 존경받고 신뢰받는 비결에 대해 항상 현장 직원들과 함께 한다는 생각으로 현장을 자주 방문해서 모든 정보를 누구보다도 잘 알고 있는 것이라고 대답했다. 현장 사정을 잘 알고 있으면 누구라도 함부로 거짓말을 하려 들지 않을 것이고 일반 관리자들도 거짓 보고를 할 수 없게 된다. 이 비결이 1950년대 이후로 도요타에서 거짓 보고는 있을 수가 없는 풍토를 만드는 계기가 되었다.

이렇게 도요타의 최고 경영자가 현장의 현실에 관심을 갖는 반면, 일반 기업들의 최고경영자들은 과연 현장 방문을 얼마나 하는지 의심스럽다. 매출이 200조가 가까운 기업의 단 한 명인 최고경영자가 이렇게 현실의 정보에 관심을 가질 때 상대적으로 얼마 안 되는 사업을 하면서도 현장 출입을 기피하는 경영자들은 또 얼마나 많겠는가.

윗선의 행동 경향에 따라 아랫사람들의 행동 패턴도 결정된다. 부문 책임을 맡고 있는 자가 현장을 등한시하면 가장 일선에 있는 관리자도 역시 마찬가지다. 현장을 방문해서 특정 공정의 설비에 대한 제약 조건을 제조 담당 관리자에게 물으면 그 사람은 다시 작업자에게 물어보는 해프닝을 연출한다. 이런 주체성이 없는 감독자들에게서 무슨 리더십을 요구할 수 있겠는가.

윗선의 관리감독자가 작업자의 작업 대상을 정확하게 미리 파악한 후 단순한 시간적 목표 지시량만을 내려도 작업자는 리더의 상식을 인정하는 동시에 상사의 지시량을 달성해 보겠다는 의욕을 끌어올린다. 그러나 관리감독자가 작업자들의 정보에 어두우면 작업자 임의의 행동으로 현장은 통제될 수밖에 없다. 그래서 트러블이 발생하면 작업자의 처분만을 기다리는 허수아비 감독자로 전락한다.

변화에 민감하지 못한 경영자나 관리자들 그리고 현장 작업자들 대부분은 현재의 상태나 방법론이 그다지 문제가 되지 않는다고 생각한다. 그러나 무엇인가 새롭게 할 일은 없나를 항상 살피는 자에게는 현상 자체가 다 엉터리라고 느낄 수 있다. 개선을 하려고 하면 현재의 상황에 불만을 품을 수밖에 없다.

많은 관리자들이 책상에 놓인 컴퓨터 앞에 앉아 있다 해도 회사나 공장은 하나도 나아지는 것이 없다. 개선은 현장이 주체이고 현장에서 이루어지기 때문이다. 또한 지시만으로 대응하는 관리자들의 말에 따를 작업자도 없다. 자신이 스스로 개선한 다음 작업자들에게 이렇게 하라고 지시해야 따라할 마음이 생긴다. 따라서 상위 관리자의 자세가 중요하다.

윗사람들의 자세가 나쁘면 거짓 보고가 다반사로 일어날 수가 있다. 하지만 역으로 현장 확인에 게으른 상사가 거짓 보고에 농락당하는 것은 당연한 일이라고 본다. 상사가 개선활동을 기피하는 모습을 보이면 반드시 사원들에게도 악영향을 미친다. 책임자를 동반하고 관심 대상의 현장을 관찰하는 동시에 관련자들을 호출해서 설명을 직접 듣는 행위는 사원들에게 항상 긴장감을 안겨주기 때문에 일체의 거짓은 용납되지 않을 것이다.

범골凡骨을 강골强骨로 만들어라

도요타는 개선 의지가 있는 사원의 실패에는 언제나 관용을 베푼다. 개선의 실천 의지가 강한 사람들에게 좌절감을 주어서는 안 된다는 생각을 하고 있다. 결과도 중요하지만 그 과정의 노력을 중요하게 평가하면 무엇이든 해보자는 의욕이 강하게 생기기 때문이다. 특히 문제점을 얼마나 잘 파악하고 있는가 하는 점에도 평가를 두어 문제점을 은폐하려는 심리를 사전에 차단해 버린다.

변화의 본질은 끝없이 실수와 실패를 반복하는 데에 있을 수도 있다. 그래서 잘해보려고 한 행동의 실패에 대해 추궁하지 않는 것이 바람직하다. 추궁은 실패나 실수를 했을 때를 염려하여 학습하는 사람 스스로 문제를 완전히 은폐시키는 행동을 미리 하게 함으로써 오히려 개선의 방해물로 작용될 수 있다. 그렇다고 모든 실패를 용납하라는 뜻은 아니다. 좋은 아이디어로 출발했지만 상황이 안 따라주어 실패한 경우는 훌륭한 실패라고 할 수 있지만 엉성한 계획 속에서 불완전하게 분석한 후 두서없는 행동으로 발생한 예견된 실패는 가혹하다고 느낄 만큼 반성하게 해야 한다.

도요타는 현장의 수준 향상을 현장 사원 스스로가 이룩하게끔 한다. 상위 관리자들이 희망하는 수준대로의 강제적인 기준을 설정하려고 표준작업서를 직접 작성한다면 능력 있는 현장 사원들은 지시한 수준 이상의 행동을 굳이 할 필요를 느끼지 못한다. 따라서 표준작업의 설계를 현장 책임자에게 일임하여 스스로 개선 수준을 높여가는 방법을 택한다. 그러나 일반 기업에서는 생산기술 담당자가 작성하여 현장에 하달하는 형태로 진행하기 때문에 현장 스스로의 개선행위는 기대할 수 없다.

도요타도 역시 변동되는 수요에 대응하는 인력 공급 방법으로 임시직 사원이나 용역 사원을 채용하고 있다. 임시직 사원을 활용하는 기업은 대부분 작업 생산성의 하락이라는 공통적인 문제점을 갖고 있다. 그러나 도요타는 이러한 문제를 해결하는 데 또 하나의 특별한 무기를 투입하고 있다. 내부의 최고 숙련 종업원의 몸에 밴 작업 요령을 공유하게 하는 것이다. 그래서 작업표준에는 잘 나타나 있지 않은 세세한 작업 동작에 있어서 가장 뛰어난 작업 방식을 기재한 '작업요령서'를 별도로 작성하여 비숙련 작업자 앞에 게시해 준다. 이렇게 하면 임시 작업자들이 서로 다른 개별적인 작업 지도에 의해 훈련받아 혼란을 겪는 경우는 없어질 수 있고 가장 빠른 방식을 누구라도 수행할 수 있다. 도요타는 이런 성격의 '작업요령서'를 범골凡骨을 강골強骨로 환골換骨시키는 절대적 무기로 간주하고 있다.

그러나 일반 기업에서는 '작업요령서'는 커녕 기본적 작업표준서조차 제대로 지키지 않고 작업하는 경우가 허다하다. 그 이유는 작업자가 표준을 완전히 지킬 수 있을 때까지 훈련시키지 않은 경우가 대부분이기 때문이다. 이런 현상을 볼 때 기업에서 생기는 불량이나 고객 클레임은 모두 관리자들이 디자인하고 유발한 것이라고 해도 할 말이 없다.

도요타의 공장 책임자는 하루 업무가 종료가 될 즈음에 가끔 현장 리더들에게 '오늘 업무 결과는 좋았는가?'라는 질문을 던진다. 일반인들이 생각할 때 당일의 작업 지시량을 무사히 완료시키면 당연히

'그렇습니다'라고 대답할 거라고 생각하지만 도요타의 공장 책임자가 하는 질문의 의미는 전혀 다르다. 오늘의 관리 활동 속에 원가가 내려가는 행동이나 결과는 있었는가라는 의미다. 도요타의 많은 라인 책임자들은 그와 같은 질문에 '예'라고 대답하는 경우가 많다고 한다.

일반 기업에서 그런 질문을 라인 책임자에게 던졌을 때 과연 '예'라고 대답할 수 있는 사람이 몇이나 되는지 의문이 간다. 도요타의 현장에서 오늘 목표는 달성했는가라는 대화는 시간낭비라고 느낄 뿐이고 중요한 것은 책임자가 원가개선의식을 갖고 현장을 철두철미하게 움직였느냐의 여부이다.

도요타 현장 리더십의 원천

도요타는 현장 리더가 개선의식이나 활동 능력을 키우기 위해 스스로 갖추어야 할 요건에 속하는 소양이나 능력을 다음과 같이 10가지 정도를 제시하여 독려하고 있다.

●●● 1. 완전한 제품 지식
제품의 성능이나 구조 및 용도에 관한 지식을 완전히 구비하여 중간 제조 과정에서의 품질 점검이나 성능의 부분적 테스트를 품질 부서의 간섭 없이 수행할 수 있고 불일치 부분을 발견하여 해당 공정에서 즉시 교정할 수 있는 능력

●●● 2. 생산관리 지식

지시된 생산 계획 수량에 대해 품질의 확보와 완성 시간의 배정, 그리고 목표 원가의 달성을 위한 작업 조건의 계획 등을 스스로 입안할 수 있는 능력

●●● 3. 지도력

라인에 소속된 사원 전원에게 그룹별 혹은 개인별 목표를 구체적으로 제시하여 작업원이 소속감과 일의 보람을 느낄 수 있도록 하고 동시에 라인의 공동 목표에 적극 동참하게 만드는 동기 부여의 능력

●●● 4. 판단력

작업자들이 이상 현상을 감지하여 라인을 세웠을 때 이상의 유무에 대한 판단을 의뢰했을 때 명확한 사유의 제시와 즉시 재가동할 수 있는 조치를 행하는 능력

●●● 5. 표현력

작업자가 쉽게 알아들을 수 있고 혼동을 일으키지 않는 명쾌한 언어구사 능력과 각종 전표 매체나 공개적 전달 게시물의 정확한 전달을 위한 기본적 문장력 확보

●●● 6. 설득력

작업자의 불만이나 어려움을 거부감 없이 들을 수 있는 포용력의 보유와 논리 정연한 말로 상대방에게 자기의 개인적 의사보다는 객관적 입장에 서서 전달할 수 있는 능력

●●● 7. 행동력

반드시 수정하고 넘어가야 할 사항에 대해 즉시 실천하는 습관과 어떤 일이든지 미루지 않고 제때에 수행하는 정신과 행동

●●● 8. 교육능력

상대의 지적 수준을 신속히 파악하여 완전히 이해될 때까지 모든 방법을 동원하여 가르칠 수 있는 인내력과 사후 관리를 할 수 있는 점검 능력

●●● 9. 개선능력

현재 벌어지고 있는 상태를 세세히 파악 조사하는 능력과 각각의 현상마다 새로운 방법을 생각해내고 실천해보는 능력

●●● 10. 상사를 감동시키는 능력

본인이 추구해야 할 점을 명확히 해서 상사를 설득한 후 자신의 뜻대로 실행할 수 있는 여건을 만들어 내는 능력

개선의 진두지휘는 상사의 솔선수범으로

도요타의 개선활동 과정에서 보여주는 여러 특징 가운데 일반 기업들과 두드러지게 비교되는 분야가 있다. 개선의 활동량이 직책상 위로 올라 갈수록 많아진다는 점이다. 보통의 기업 풍토에서는 윗사람들은 주로 지시만 내리고 실행은 하부 직원들이 수행하는 경우가 대부분이다. 개선은 실무자의 임무라고 생각하는 경향 때문이다. 그러나 그러한 사고로 개선에 임하는 상위 직책의 관리자는 자신이 무슨 일을 하고 있는지도 잘 분간하지 못하는 인물임이 분명하다.

상위의 직책에서 바라본 현장의 모습은 원래 모순투성이라야 한다. 항상 높은 수준으로의 현장 만들기를 목표로 하는 상사에게는 현실이 전부 부정되어야 하기 때문이다. 그래서 현재의 방법이나 상태를 최고로 여기기 쉬운 실무자에게 개선을 전부 의지한다는 것은 이치에 맞지 않는 행동이다. 따라서 최하위 작업자의 개선 수준을 100으로 간주할 때 직책이 오를 때마다 50퍼센트 정도씩 개선 목표량이 올라가야 한다.

윗자리에 앉아서 부하 직원들의 개선활동을 독려하거나 지원한다는 명목 하에 감독 행위만 일삼으면서 팀원들의 결과물로 생색만 내는 관리자는 도요타에서 승진할 수가 없다. 도요타에서는 책임자 모두가 조직 내부에서 가장 많은 직접적 개선활동을 해야만 부하 직원들에게 존경받고 위로부터 인정받을 수 있다고 생각하고 진두지휘한다. 이러한 발상은 기존의 체제를 유지하는 일보다 혁신활동이 우선한다는 도요타의 기본적 사상이 바탕에 깔려 있기 때문이다.

TOYOTA

도요타의 개선은 기존 활동에 존재하는 낭비의 발견에서부터 출발한다. 철저한 낭비의 제거와 배제를 통해서 계획된 비용으로 부가가치 활동을 완료시킨다. 계속되는 낭비제거의 힘은 설계된 내용 자체에 대해 의심을 품는 힘으로 서서히 변한다. 계획된 자원조차 원초적으로 과잉 개념이 존재한다는 시각으로 조명하여 점차 줄여나가는 철학과 행동이 도요타의 개선을 지배하고 있다. 그리고 응집된 개선력이 초일류기업의 기초경쟁력을 만든다.

PART 02

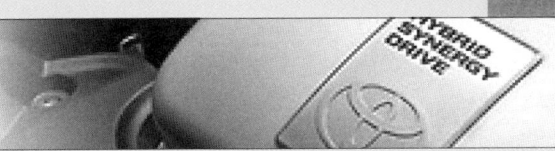

도요타 개선활동의 전개 방식

CHAPTER 04

도요타의 철저한 낭비배제 철학

낭비와 비효율의 원천을 제거한다
비효율의 원흉을 찾는 능력을 키운다
낭비제거와 원가개선의 역학 관계를 규명한다

11 낭비와 비효율의 원천을 제거한다

7대 낭비는 개선활동 대상의 모든 것

도요타는 7대 낭비(*「참고문헌」1)의 9장 참조)라는 개선의 대상을 확실하게 정의하고 있다. 그러나 일반 기업들은 낭비의 종류는 알고 있지만 그 낭비를 어디에서 어떻게 발견하는가에 대해서는 어려움을 느낄 수 있다.

우선 생산(서비스)의 구조가 어떤 요소로 구성되어 있는가를 분석해야 한다. 생산은 공정과 작업이라는 두 요소가 그물망과 같이 격자 구조로 연결되어 있다고 간주하면 된다. 순서별 공정이 가로줄을 담당하고 각 공정 내의 작업 요소들이 세로줄을 구성한다고 보면 된다.

공정에 따라 수행 내용은 무수히 달라질 수 있지만 공정이 갖는 특성의 형태는 단 4가지로 정의된다. 가공, 검사, 운반, 정체이다. 그리고 작업의 형태는 준비와 마무리 같은 부수작업, 주작업, 여유 등 3가지로 정의한다. 이러한 공정과 작업의 형태에서 분석해 보면 비교적 용이하게 낭비를 발견할 수 있다.

공정의 첫 번째 형태인 '가공'에서는 '가공 자체의 낭비'를 발견할 수 있고, 두 번째 형태인 '검사'에서 '불량의 낭비'가 발견되고, 세 번째 형태인 '운반'에서 '운반의 낭비'를 발견할 수 있으며, 네 번째 형태인 '정체'에서 '과잉 제조의 낭비'와 '재고의 낭비'를 동시에 발견할 수 있다. 또한 작업의 '주작업' 형태에서 '동작의 낭비'를 쉽게 발견할 수 있고, '여유'의 형태에서 '대기의 낭비'를 발견할 수 있다. 이와 같은 낭비의 소재 파악 구조를 정리한 것이 〈그림 2-1〉이다.

TPS가 추구하는 두 가지 기둥, 즉 저스트 인 타임JIT과 자동화自働化를 수행하기 위해 동원되는 도요타의 대표적 수법들이 어떠한 조합으로 개선 대상인 7대 낭비들을 제거하는지 연결시켜 표현한 것이

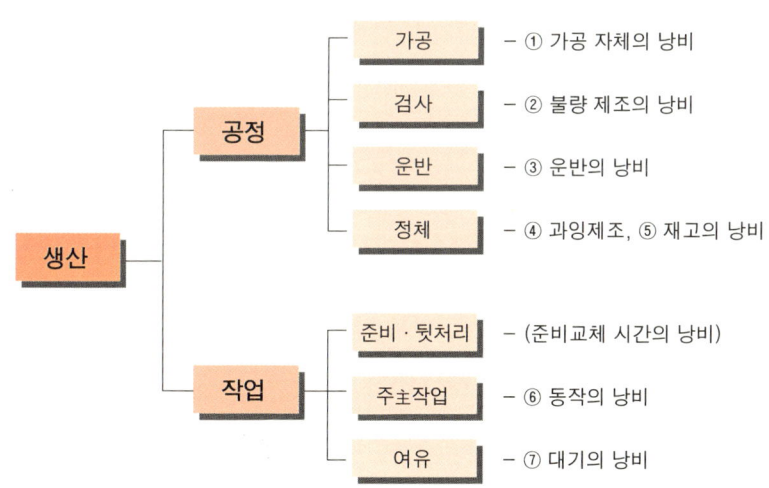

〈그림 2-1〉 도요타 7대 낭비의 소재 파악

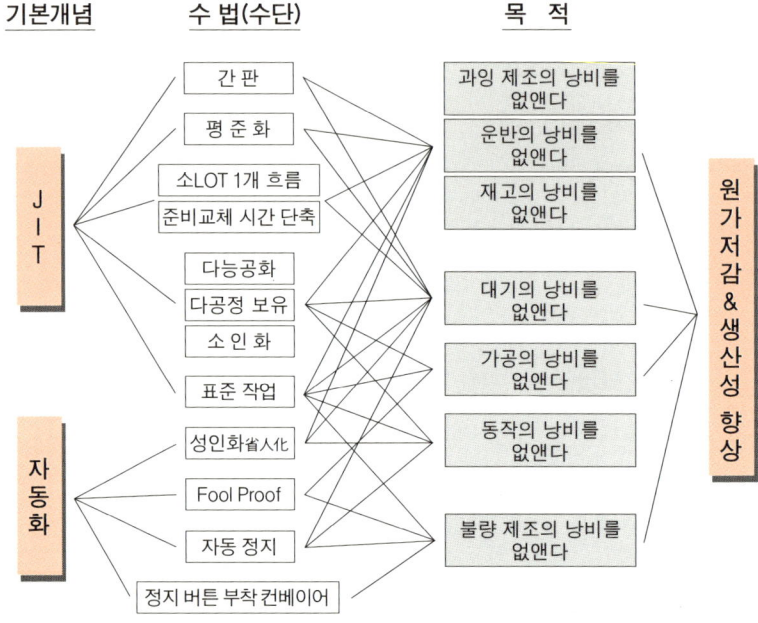

〈그림 2-2〉 도요타 생산 방식의 체계도

〈그림 2-2〉이다.

도요타에서 가장 우선적으로 추구하는 생산의 합리화는 재고의 최소화에 있다. 혈액 속 영양분을 모두 흡수해서 다른 기능을 마비시켜 인간을 고사시키는 암과 같이 기업이 보유하는 재고는 기업의 모든 자금을 흡수해서 다른 활동을 마비시켜 버린다. 이런 암적 존재인 재고를 최소화하려면 생산의 투입에서 완성까지 소요되는 시간을 혁신적으로 단축하는 것만이 유일한 방법이다. 따라서 재고라는 최대의 낭비 요소를 제거하기 위해 도요타는 시간이라는 매개체를 개선의 대상으로 삼은 것이다.

반대로 재고가 줄어들면 시간은 단축된다는 역발상도 가능하다. 자금이 부족하지 않은 일반 기업에서는 고객의 짧은 납기 요구를 만족시키기 위한 방향성을 대부분 재고의 활용에 둔다. 그러나 이 방법은 아주 비효율적이고 낭비적인 수단에 불과하다. 재고를 두고 판매를 해도 적자를 보지 않는 기업이라면 고객에게 엄청난 손해를 끼치고 있는 기업으로 평가 절하해야 한다. 가장 합리적인 방법은 생산 과정의 각 공정 간에 쌓여 있는 재공량을 낮추어 자연스럽게 생산 기간이 짧아지게 하거나 생산의 소요 시간 중에 삽입되어 있는 낭비적 요소를 찾아 제거하는 방법이다.

능률 향상보다 우선하여 낭비를 제거하라

도요타는 일반 기업이 추구하는 가치와는 각도가 다른 방향으로 효율화 개념을 잡고 있다. 일반 기업에서는 생산성 향상을 주목적으로 한 합리화로서 고능률 처리체계가 곧 저원가로 통한다는 통념적 발상의 하나인 시간당 생산액(량)을 추구한다. 그러나 그 방식은 전통적인 대량생산 시대의 사고에서 한 발자국도 나아가지 못한 뒤쳐진 상식에 속한다. 다품종소량 생산과 다양한 납기 요구가 일어나는 시대에 기계의 고속화나 고성능으로 대응하면 통제할 수 없을 정도의 대량 재고와 불량의 유발을 가져와 기업에 바로 치명타를 줄 수 있다는 사실을 도요타는 1970년대의 오일쇼크를 통해 진작 깨닫고 있었다.

도요타는 맹목적인 고능률의 발휘로 저원가의 경쟁력을 택하기 보다는 생산 활동 속에 내포된 원천적인 낭비를 모두 제거해서 최소의 원가를 만들어 낸다는 전략을 선택했다. 낭비의 발본적인 제거 없이 대량의 생산성을 통한 고능률 방식은 수요가 풍요로울 때는 저원가의 방식처럼 보이지만 수요가 빈곤해지면 고원가의 구조로 바로 전환된다. 따라서 도요타가 능률 향상의 기본을 설비 중심의 성능 향상이나 무조건적인 노동생산성 향상에 두지 않고 낭비의 제거에 둔 이유를 이해할 수 있을 것이다.

낭비는 분석력이 약한 사람에게는 잘 보이지 않는다. 도요타가 초단위 관리를 하게 된 근본적인 이유는 낭비를 쉽게 발견하기 위해서다. 능률 향상의 첫걸음은 낭비가 눈에 보이도록 하는 활동이다. 문제가 있는 곳은 데이터가 수집되어 있는 책상 위가 아니라 경광등이 켜진 현장일 것이다. 오노 다이이치가 주로 살펴보았던 자료는 사실을 기록한 생산 데이터나 판매 실적 데이터일 뿐 여타 보고용 자료는 눈길도 주지 않았다. 낭비적인 자료를 볼 시간적 여유가 있다면 현장의 사실을 하나 더 확인하기를 희망했다.

낭비가 발생하는 상세한 요인을 발견하기란 쉬운 일이 아니다. 주변에 산재하는 낭비들을 정확히 밝혀내어 제거하려면 있을 수 있는 낭비의 모든 발생 요인을 기준으로 현재의 상태에서 하나씩 점검해 나가는 것이 현명한 방법이다. 그런 체계적인 점검을 위해 7대 낭비와 연관시킨 100가지 요인의 기준을 〈표 2-1〉에 정리해 두었으므로 이 표의 기준들을 활용하여 숨어 있는 많은 낭비들을 철저히 찾아 각 기업이 효율을 향상시키는 데에 일조하기를 바란다.

〈표 2-1〉 7대 낭비요인 발견을 위한 기준 100항목

No	낭비 발견 포 인 트	7대 낭비와의 관련성						
		과제	재고	불량	동작	대기	운반	가공
1	제품 사양에 고객의 과잉요구 사양을 그대로 받아들인 과잉 가공							◎
2	제품 사양에 법규 관계의 안전율 과잉로 과잉 사양을 삽입한 가공							◎
3	제품 사양에 고객의 현실적 사용 실태 이상을 상정하여 설정한 사양		○					◎
4	고객의 조작성을 너무 배려해서 필요 이상의 부품을 사용							◎
5	부품 구성에 필요 이상의 안전보장 조건을 삽입한 설계에 따른 가공			○				◎
6	부품 구조의 사양에 필요 이상으로 엄격한 설계에 의한 과잉 가공							◎
7	불필요한 가공 부품을 지정해서 가공 요구를 한 경우							◎
8	단일 부품으로 복수의 기능을 해결 못하고 복수의 부품으로 설계, 가공	◎						◎
9	부품의 요구 성능 이상으로 사양을 설정하여 가공 시간이 길어짐			○		◎		◎
10	가격이 높은 부품에 필요 이상의 가공을 설정하는 습관으로 과잉 가공							◎
11	최신의 가공 방식을 채용하지 못한 이유로 가공 공수가 과다 투입		◎		○			◎
12	부품 점수를 최소로 하지 않은 설계로 인한 과잉 부품수의 가공							◎
13	구조를 복잡하게 설계하여 3차원 가공이 많은 가공							◎
14	보강 구조를 과잉으로 설계하여 가공 부문이 많아지는 가공							◎
15	불필요한 SPACE가 많은 구조로 가공 부위가 길어지는 가공					◎		◎
16	표준 현상을 채택하지 않아 가공의 전환이 쉽지 않고 번거로움							◎
17	불필요한 치수가 설정되어 있어 가공 대상이 추가			◎		◎		◎
18	필요 이상의 두께나 길이의 원재료를 선택해서 생기는 과다 작업			◎		◎		◎
19	후부족에 필요 이상의 HOLE 수 혹은 HOLE SIZE가 있는 경우			◎		◎		◎
20	필요 이상의 정밀 가공으로 설정한 이유로 가공, 검사의 반복이 발생	◎						◎

No	낭비 발견 포인트	과제	재고	불량	동작	대기	운반	가공
21	부품 분할이 과다해서 CUTTING 및 WELDING 공정이 많아진 작업	◎		◎	◎		◎	◎
22	부품 결함 포인트가 과다함으로 인해 발생하는 시간(체결, 컨넥터 등)			○				◎
23	부품 결함 정밀도가 너무 높아서 오래 걸리는 현상		○		○		○	◎
24	불필요한 표면 처리의 사양으로 작업 추가							◎
25	표면 처리 사양의 과잉(조도 문제)으로 가공, 검사의 반복			○				◎
26	도금(코팅) 두께가 두꺼워 작업 시간이 오래 걸림		○	○			○	◎
27	이종 코팅으로 인한 반복 작업 발생			○				◎
28	열처리 방법이 부적절한 공법으로 수행될 때		○			○		○
29	열처리 사양이 필요 이상으로 엄격할 경우							◎
30	없어도 상관 없는 부품을 무의식적으로 사양에 계속 포함시키는 경우		○					○
31	표준품이나 시중품을 채택하지 않고 구입이 까다로운 부품을 선정		○					○
32	부품의 표준화 혹은 공용화가 부족하여 종류가 많을 경우	◎		○	○			○
33	부품의 제조 공법을 한 단계 앞선 공법으로 변화시키지 못할 때	◎		○				○
34	동일면의 가공이 부족한 설계를 한 경우(양면 가공이 많은 경우)			○	◎			○
35	가공 혹은 조립 순서가 비합리적이어서 단계가 많은 경우	◎	○	◎	◎		◎	◎
36	가공 재료 혹은 조립용 재료의 질이 수준 이하로 작업성 떨어짐	◎	○	◎	◎			○
37	검사 기준이 부적절(과잉)하여 과도한 검사 공수가 투입			◎		◎		○
38	부품의 식별이 어려워 구분하는 데 시간 걸림			◎	◎			◎
39	장치의 센서가 부적절하여 검출 오류가 자주 발생			○	◎			◎
40	계측기의 설정이 부적절하거나 기능 부족으로 후공정에서 오류 발견			◎	◎			◎

No	낭비 발견 포인트	과제	재고	불량	동작	대기	운반	가공
41	설비의 조작성 배려가 안 되어 많은 단계와 작업이 필요				◎			◎
42	정비 조작 대상들이 서로 멀리 있는 배치 형태로 근접성이 없는 경우				◎			◎
43	가공 방법 선택에 오류가 있다			○	○			◎
44	설비 선택에 오류가 있어서 효율이 나쁘다			○	○		○	◎
45	치공구 선택에 오류가 있어서 효율이 나쁘다			○	○			◎
46	공정 분할이 지나쳐 효율이 나쁘다		◎				◎	
47	지나친 공정 통합을 했기 때문에 효율이 나쁘다			○		○		
48	부가가치가 없는 무용無의 공정을 수행하는 경우		◎	○		◎		◎
49	공정간의 동기화(라인 밸런스-동일한 T.T)가 안 되어 있을 경우	◎				○		
50	가공 조건이 너무 까다로워 비효율이 발생		◎	○	◎	○		
51	설비의 능력(CAPA.)이 부족해서 비효율이 발생		○	○	◎	◎		
52	설비의 과잉 사용으로 만성적 정지가 발생하는 경우			○	◎	◎		
53	설비의 세부 사양 지식 부족으로 복구 시간이 오래 걸리는 경우	◎						
54	조작 난이도가 높은 설비가 많은 경우			◎	◎			◎
55	치공구의 종류가 많아서 작업 비효율이 발생			◎	◎			
56	치공구의 조정이 까다로워서 비효율이 발생			◎	◎			◎
57	치공구의 기능이 부족하여 비효율이 발생			◎	◎			
58	치공구의 체결 개소가 많아 비효율이 발생			◎	◎			
59	가공 공정의 순서 설계에 오류가 있어 비효율이 발생		◎			○	○	◎
60	이송 속도가 늦어서 비효율이 발생		◎			○	○	

No	낭비 발견 포인트	과제	재고	불량	동작	대기	운반	가공
61	빈번한 공구의 교체가 필요해서 비효율이 발생							◎
62	설비의 공회전 가동시간이 너무 길다							◎
63	가공 과정을 감시하는 시간이 너무 많고 길다					◎		
64	작업이 표준화되어 있지 않아 비효율이 발생(표준 작업 미비)							◎
65	가공 작업 혹은 운반 작업 중에 판단대상이 너무 많아 비효율 발생	◎						
66	소재(원재료)의 취급 방법 및 관리가 부적절하여 비효율이 발생			◎				
67	가공이나 조립 시 가체결(가體결/가봉기공)과 본체결(본가공)의 이중 작업 발생		○				○	
68	가공 시 조정 작업이 너무 복잡하거나 대상이 많아 비효율 발생			○				
69	작업자가 운반을 하는 경우가 많다		○		◎	◎	○	
70	가공 대상물이 공정 도착 후 바로 SETTING이 안 되어 비효율 발생				◎	◎	◎	◎
71	작업 순서가 나빠 비효율 발생				◎	◎	◎	◎
72	작업 사양이 과잉으로 설계되어 작업 효율이 떨어짐(체결, 검사, 취급)					◎		
73	가공물 대기 및 공구의 배치 LAYOUT이 나빠 비효율 발생	◎	◎	◎	◎			
74	가공 혹은 조립 작업자 간의 분담 구분이 비효율적인 경우			◎	◎			
75	작업자의 숙련도가 떨어져 비효율 발생	◎						◎
76	작업자에 따라 작업 방법이 달라 비효율 발생			◎	◎			
77	작업자가 올바른 자세인 상태가 아닌 채로 작업함			◎	◎	◎		
78	보행거리가 길어서 비효율이 발생		○			◎		
79	단순작업 반복에 의한 능률 하락			◎			◎	
80	물건 찾는 움직임이 많아 비효율이 발생				◎			

No	낭비 발견 포인트	과제	재고	불량	동작	대기	운반	가공
81	동일의 검사를 중복하여 실시하는 비효율 발생							○
82	검사되어야 할 것이 검사되지 않는 경우 발생			◎				
83	요구 품질 이상으로 검사하고 있는 경우	◎						◎
84	검사 작업 자체에 편차가 발생하여 비효율 발생			◎	◎			
85	공정 간의 연결이 연속되지 않아 운반 발생		◎			◎	◎	
86	운반 방법이 비효율적으로 설계되어 움직임이 많음					◎	◎	◎
87	사람이 작업하기 때문에 비효율이 발생			○	◎			
88	지정된 장소를 이용하지 않는 임의의 적재나 운반 발생		◎				◎	
89	물류(운반)의 활성 지수가 낮아 비효율 발생				◎		◎	
90	재료(부품)의 포장을 해체하는 일을 하는 경우					◎	◎	
91	기종 교체 작업에 주로 내작업으로만 시행					◎	◎	
92	금형 및 지공구의 위치 맞춤 기준이 불명확한 경우	◎			◎			◎
93	조정 조건의 불완전 상태로 조기 시가공이 진행됨		◎		◎			
94	설비 및 금형, 지공구의 보수가 부적절하여 비효율 발생		◎				◎	
95	정로가 복잡한 LAYOUT으로 비효율 발생	◎		◎			◎	
96	가공품의 기종 정로 역류 현상으로 운반 거리의 과다 발생			◎	◎		◎	
97	내부 작업 환경 조건에 의한 비효율 발생(온도, 습도, 소음, 조명, 청결)	◎	◎			◎		
98	자재 납입LOT 혹은 CYCLE이 부적절해서 발생하는 비효율	◎		◎				◎
99	포장의 방식이나 조건이 까다로워 비효율이 발생		◎	◎		◎		
100	미출고 제품(비수주품)이 많아 공간 및 추가 운반 작업 소요	◎				◎	◎	

12 비효율의 원흉을 찾는 능력을 키운다

문제 발견 능력이 최우선이다

대부분의 사람들은 사회인이 되기 이전의 모든 교육 과정에서 해답이 이미 존재하는 문제를 푸는 습관에 젖어 있다. 그러나 생존 경쟁이 치열한 사회에 나오면 해답이 존재하지 않는 문제를 붙들고 씨름해야 한다. 따라서 역발상으로 문제 해결에 임해야 한다. 즉, 명백하게 정의된 해답이 주어지지 않은 상황에서 정확하고 빠른 해답을 구하기 위해서는 우선 문제의 본질을 정확히 찾아내고 정의하는 일이 급선무다. 문제만 정확하게 정의한다면 이미 80퍼센트가 해결된 것이고 나머지 20퍼센트 정도만 노력하면 원하는 해답을 얻을 수 있다.

문제를 정의하는 능력으로 기업의 개선능력을 대신 살필 수 있다. 대부분의 기업에서 개선활동이 저조한 근본적인 이유는 비효율이 어느 부분에 존재하는가를 잘 파악하지 못하는 이유도 있지만 사실 그 이유가 어디에서부터 오는가를 파악하지 못하는 데에 있다. 재고 유발 낭비에 관한 하나의 단면을 살펴보자.

근래에 와서는 많은 기업에서 고유 업종이라는 개념이 사라지고 있다. 사업이 될 수 있는 품목은 뭐든지 참여할 수 있다는 의지로 사업을 한다. 기업의 규모가 고유 품목의 고급화나 신기술 도입에 의한 판매 증대에 의해서가 아닌 단순히 품목의 확대만으로 성장하는 수가 많다. 하지만 너무 차별화에 급급하고 틈새시장을 공략한다는 명목 하에 수없이 많은 품목(영업 중심 블루 오션 전략의 오류)을 늘리다 보면 품종이 기하학적으로 증가하여 고객에게 혼란만을 안겨준다. 잘 걷지도 못하면서 날기부터 하려는 욕심에 불과할 수 있다.

특히 무엇이 과연 팔릴 품목인가를 예측하는 마케팅 조사 능력이 뒤떨어진 기업에서 품목의 확대를 시도한다면 그 기업은 낭비의 증가 현상에 아주 둔감한 기업으로 간주할 수 있다. 다양한 품목으로 확대하다 보면 어설픈 개발력으로 개발하는 과정에서 수많은 과잉 자원이 필요하고 품질 문제가 부수적으로 발생하며, 이왕의 개발 품목에 대한 판매 기회 손실을 우려하여 대규모의 재고 정책으로 일관하기 쉽기 때문이다. 또한 다양한 제품 구성으로 인해 부품 조달이 복잡해지고 A/S 비용이 과다하게 소비되기도 한다.

우선 비효율의 존재 여부를 파악하는 판단 능력은 사고방식의 형태에서 판가름이 난다. 예를 들면, 공정 간 혹은 공정 내의 재고 발생을 일반적 기업에서는 '필요악'이라고 간주하고 허용하려는 태도를 보이지만 도요타는 '절대악'이라고 여긴다. 이 차이점이 곧 낭비의 존재를 인식하는 능력의 차이로 전환된다.

낭비 인식 수준이 기업 수준을 결정한다

기업에 있어서 원가의 부담으로 작용되는 3가지 주요 요인을 바라보는 시각에서도 차이가 난다. 일반 기업에서는 재고를 판매의 기회 손실을 메워주는 역할로 인식하기도 하고, 불량을 최선의 노력에 의한 어쩔 수 없는 부산물쯤으로 여기거나 가동률의 저하를 한계 능력으로 치부해 버리는 경향이 있다. 그러나 도요타는 재고를 최대의 적으로 여길 뿐이며 불량 또한 최악의 에러로 생각하고 가동률의 저하는 최고의 무능력으로 여긴다.

위와 같은 인식의 차이로 재고를 적절하게 가져가야 안심이 된다는 일반적인 인식과는 달리 도요타는 재고를 무조건 '0'의 방향으로 몰아간다. 그런데 도요타가 그토록 재고의 감축에 집착하는 실제 이유는 전혀 다른 데에 있다. 재고라는 하나의 문제 항목에 대해 축소 지향적으로 중점 관리하는 것은 기업 활동 속에 숨어 있는 많은 문제를 발견

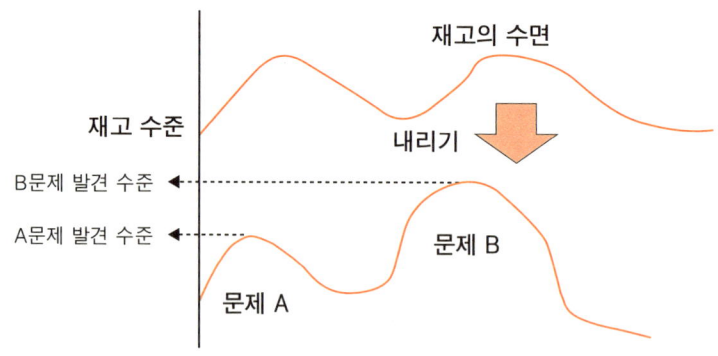

〈그림 2-3〉 축소 지향 재고 전략의 목적

할 수 있는 절호의 기회라 생각하고 있다. 이 개념을 간단히 표현하면 〈그림 2-3〉과 같다.

도요타가 재고의 낭비 현상을 완성품에서부터 제거하기 위해 착수한 개선활동을 살펴보자. 도요타도 1960년대 중반까지는 생산 계획을 월 기준으로 작성하였다. 그러나 월 후반기에 오면 계획과는 다른 양상의 수요 패턴 발생이 빈번했다. 그래서 실수요에 따라 후반부의 계획을 수정하려 해도 월 후반부 제품의 부품들이 이미 발주된 후라서 계획 변경을 내릴 수가 없었다. 이러한 모순에 의해 완제품의 재고는 줄지 않았다.

재고를 획기적으로 줄여보기 위해 크라운 모델에 한해서 10일 간격 旬의 생산 계획을 편성하여 시범적으로 추진하였고, 1970년대에는 일일 오더 시스템Daily Order System을 추가하여 10일 내에서도 일일의 미세 조정을 시도하는 계획 체제로 변경했다. 1986년에는 전 공장을 대상으로 10일 간격의 계획을 7일로 단축하여 변경했다. 소위 1주일 납품 시대가 열린 것이다. 순旬계획에서 주週계획으로 계획 체계를 변경하자 딜러들의 보유 재고가 평균 20일 분에서 16일 분(20퍼센트 삭감)으로 바로 줄어드는 효과를 보기도 했다. 이런 역사를 살펴볼 때 아직도 계획생산을 우선하는 국내의 기업들이 도요타의 20년 전 사고조차 따라가지 못하는 것 같아 안타깝다.

도요타가 제품 우선의 개선을 한 이유는 물론 화폐적 가치가 큰 완성품의 재고 감축을 통해서 큰 낭비부터 제거하자는 목적이 있었겠지만 부수적으로는 자재 결품의 낭비를 부각시키기 위해서일 수도 있다. 즉, 흔히 공장 내부에서 부품이 제때에 도착하지 않아 설비와 사람의 유휴시간이 발생했을 때 많은 관계자들이 별로 치명적인 것으로 받아들이지 않는 이유는 제품 재고가 많이 쌓여 있기 때문이다. 따라서 결품에 의한 대기 낭비가 좀처럼 사라지지 않는 것도 사실이다.

제품을 가져가는 고객의 입장에서 엄밀히 따져보면 제품 재고가 있는 상태에서 제조 과정상의 부품 결품 현상은 진정한 결품이라고 보기 어렵다. 오직 고객이 필요한 때에 가져갈 수 없게 만드는 결품이라야 그 의미가 무겁게 느껴지기 때문이다. 그래서 제품 재고가 없는 환경을 조성하면 제조 과정에서 일어나는 사소한 결품도 저절로 큰 문제로 부각되고 그 문제를 다시는 일으키지 않기 위해 발주자와 협력사가 발 벗고 나서 노력하게 만든다는 발상을 했을지도 모를 일이다.

작은 낭비 인식과 해결 방법

크게 밝혀지는 낭비 이외의 소소한 낭비에 대한 대응 역시 다르다. 대부분의 기업에서는 불량과 설비 가동에 관한 관리를 집중적으로 하고 있다는 증거로 그 현상들을 세부적인 데이터로 만들어 보고하기도 하고 개선을 계획하기도 한다. 그러나 도요타에서는 그러한 관료석인 페이퍼 워크는 거의 하지 않는다. 오노 다이이치 시절부터 전통적으로 내려온 습관으로서 불량이 발견되면 그 현장에서 바로 원인을 제거하는 활동을 실천해야지 불량은 그대로 둔 채 데이터만 이동하는 관리 행위는 존재하지 않는다. 설비 정지도 역시 정지된 그 순간에 원인을 규명하고 다시는 재발되지 않는 조치를 바로 실천해야 의미 있는 관리 행위로 여긴다. 설비를 임시 조치로 가동하게 한 후에 데이터만 책상

위로 옮겨와서 개선책을 설계하는 비현실적 활동은 하지 않는다.

도요타가 보유한 자동화自働化 개념은 바로 이런 점을 해결하기 위해 탄생된 것이다. 제조 현장에서 최대의 과제는 역시 당일의 계획량을 달성하는 일이다. 하지만 이상 정지로 인해 생산량이 미달되면 곤란할 것이다. 따라서 정지 요인이 두 번 다시 일어나지 않게 즉시 지혜를 내는 행동을 유도할 필요가 있었다. 그래서 발생한 문제를 드러내어 누구나 알 수 있게 하는 체계를 주로 설비에 장착하게 된 것이 도요타의 자동화다. 이렇게 관련자들이 현장에서 바로 문제를 해결할 수 있게 환경을 만드는 기술이 도요타의 핵심 기술Key Technology라 할 수 있다.

하지만 낭비의 요인들을 책상 위에서 연구할 때에도 도요타의 차별점을 발견할 수 있다. 일반 기업에서는 낭비요인을 1차적으로 단순하고 광범위한 단어로 정의하고 바로 원인을 해결하려는 경향이 강하다. 그래서 완전하게 해결을 못하고 낭비를 계속 끌어안고 가는 수가 많다. 가령 비싼 설비의 대기 시간이 중요하다고 여겨서 대기의 요인을 막연히 투입대기, 정지대기, 기타와 같은 식으로 분석하면 이후에 개선활동 착수에 어려움이 많고 속속들이 정확한 조치가 이루어지지 않는 경우가 허다하다.

하지만 도요타의 경우는 책상 위의 페이퍼 워크를 중심으로 하더라도 앞서 설명한 5WHY 질문법과 같은 수준으로 요인을 보다 심층적으로 거슬러 올라가 원천을 찾아내어 완전하게 해결할 수 있는 방책을 찾아낸다. 이러한 방식을 요인분할분석Factor Breakdown Analysis 방식이라 부를 수 있다. Neck 공정의 대기 낭비를 파헤쳐 본 예제를 〈그

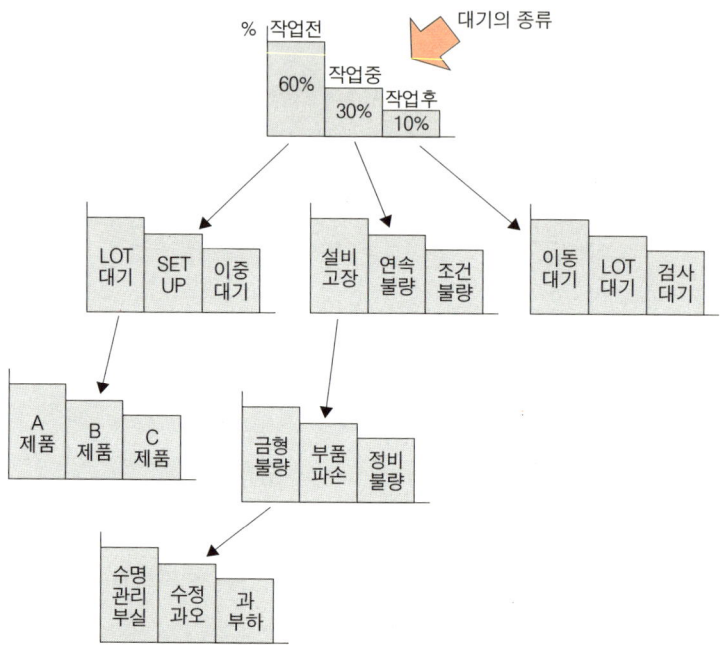

〈그림 2-4〉 NECK 공정의 비효율 상세 분석(FBA) 예제

림 2-4〉에 표시해 보았다.

　개선안을 도출하기 위해 연구할 때도 일반 기업의 관리자들은 실물 대상의 확인 용도로 사진을 찍어 참고하지만 도요타는 거의 대상물을 그림으로 표현한다. 사진을 이용하면 관리자 본인은 편안할지 모르지만 개선의 아이디어는 도출하기 힘들다. 사진은 단지 일부의 단면을 표시할 뿐 입체적인 사고를 할 수 없기 때문이다. 단지 보는 것에 그치려면 사진으로 족하겠지만 목적의식과 문제의식을 갖고 관찰까지 하려면 반드시 그림으로 표현해야 가능하다. 3차원 CAD의 이용도 역시 그림의 한 종류에 속한다. 문제 부분을 스케치해 가는 과정에서 모순

점과 개선 아이디어를 동시에 도출할 수 있다는 얘기다. 그 근본적 동기는 인간의 창조 기능을 담당하는 우뇌를 활용하는 데에 있다.

낭비 발견 도구를 개발하라

도요타는 수십 년 동안 TPS를 정착시키면서 낭비의 요인을 발견하는 도구로 '간판'과 5청정(5S) 활동을 철저하게 운용 실천함으로써 타 기업보다 월등한 낭비제거의 효과를 얻었다고 할 수 있다.

간판은 제조 단계를 구성하는 각 공정 간 물품의 흐름량을 강제적으로 통제하는 역할을 한다. 만약 공정 사이의 재공 수량이 많으면 어떤 문제가 각 공정(설비)에서 발생했는지를 모르게 된다. 그러나 양을 강제적으로 낮추면 발견되지 않던 많은 낭비 현상이 다 드러나 결국 개선할 수 밖에 없게 된다. 특히 작업자에게는 정확한 작업지시량을 주는 역할을 하고 감독자에게는 작업장을 제어하는 수단으로 사용되며 현장 책임자들에게는 개선할 일거리를 제공하는 역할을 한다.

5청정 활동은 현물 중심의 정확한 소재所在와 이동 및 이상 현상을 눈으로 볼 수 있도록 하는 활동이다. 따라서 어느 공정도 많이 만들거나 일찍 만들 수가 없고 자동작동기계의 단순 감시 작업을 계속할 수도 없으며 에너지를 낭비하는 어떠한 이동의 낭비도 허용하지 않게 하는 역할을 담당한다.

이렇게 낭비를 철저히 발견할 수 있는 조건이 구비된 이후라야 낭비를 발견해서 제거하는 개선을 할 수 있고, 효율화와 합리화를 논할 수 있는 것이다. 대다수의 사람들은 애초에 존재했던 사물이나 조건

하에서 발생되는 낭비 현상들을 잘 알아채지 못하는 습성이 있다. 그러한 낭비는 영원히 제거할 수 없는 대상이 되기 쉽다.

예를 들어 작업장에 기존에 있었던 선반에 보관할 물품이 사라졌어도 귀찮아서 그 선반을 치우지 않고 그대로 둔다면 시간이 흐르면서 또 다시 선반에 알 수 없는 물품이 놓여 있는 현상을 자주 목격할 수 있다. 즉, 새로운 재고와 운반 및 대기의 낭비가 발생한 것을 모르고 당연한 것처럼 인식한다.

다른 예로써, 기존의 공정 흐름에 새로운 설비를 들여놓을 때 제 위치를 찾아주려 하지만 공간이 여의치 않을 때는 공간이 허락하는 전혀 엉뚱한 위치에 설치하는 경향이 있다. 기존의 것을 이동시키는 일이 만만치 않기 때문이다. 그러나 단 한 번의 기회 상실로 영원한 운반과 대기의 낭비를 끌어안고 가는 광경을 너무 많이 보아왔다.

비효율이 항상 존재함을 인정하면서 경영을 한다는 식의 이치에 닿지도 않는 원리를 당연한 것으로 생각하면 도요타를 영원히 따라잡을 수 없을 것이다. 그런 사고 하에서는 도요타와 같이 작은 낭비를 개선하여 체질을 크게 개선시키는 합리화를 기대하기 힘들다. 작은 낭비를 무시하는 경영자나 관리자는 일시적으로 큰일을 벌이거나 사업적 재미는 볼 수 있을지언정 영원한 경쟁력인 개선능력은 절대로 갖추지 못한다는 점을 깨달아야 한다.

13 낭비제거와 원가개선의 역학 관계를 규명한다

공격과 방어를 동시에 하라

기업이 생존하려면 수익악화 요인보다 원가를 내리는 합리화의 규모가 항상 앞서야 한다. 즉, 기업의 생존공식으로서

> 합리화Cost Down 〉 수익악화 요인

이라는 표현이 가능하다.

수익악화의 요인으로는 판매가의 인하와 노무비의 상승을 대표적으로 들 수 있다. 그리고 물가 상승에 의한 투입 자원들의 비용 상승과 노동시간의 단축 및 환율의 변동 등을 추가할 수 있다.

도요타의 오노 다이이치는 대부분의 직장에서 발휘하는 부가가치 활동 비율이 50퍼센트 이상을 넘기지는 못한다고 보았다. 나머지는

모두 노는 것은 아니라도 단순히 움직이고 있을 뿐 돈이 되는 작업은 아니라고 판단했다. 따라서 도요타는 움직일 '動'에 사람 'イ'변을 더해서 단순한 움직임을 나타내는 한자 움직일 동動과 부가가치를 발휘하는 작업의 동작인 동働을 만들어 구분하고 있다.

기업이 생존하기 위해 활동하는 합리화 전략의 패턴을 운동 게임에서 쉽게 발견할 수 있다. 상대방 팀을 이기기 위해 구사하는 전략으로 대부분 '공격'을 강화해서 득점을 올리려 한다. 그러나 아무리 득점을 올려도 실점이 더 많으면 소용없다. 따라서 실점을 막기 위한 '방어'도 잘 해야 한다. 여기서의 공격은 원가 내리기 Cost Down의 활동이고 방어는 낭비 발생의 제거에 해당한다. 나도 역시 기업에서 원가저감 혁신지도를 수행할 때 원가를 내리는 아이디어를 아무리 많이 새롭게 도출해서 활동한다 해도 기존에 발생하던 낭비를 차단하지 못하면 생각만큼의 결과가 나오지 않음을 뼈저리게 경험한 바 있다.

낭비 요인을 찾아 원가를 항상 낮추는 달인들은 세계 도처에 산재해 있다. 도요타뿐 아니라 유통업의 대가인 월마트의 창업자 샘 월튼 역시 Cost Down의 대가들 중 한 명이었다. 원가 중심의 철학 하나만으로 저가격의 상품 공급이라는 가치를 실현한 경영자다.

원가 상승의 적인 낭비 요인을 잡아내기 위해 스스로 자신들의 모든 기업 활동을 전 과정에 걸쳐 직접 해부해 본 기업이 과연 얼마나 되겠는가. 개발 착수에서 출발하여 제품의 출하까지 전 과정을 해부해서 낭비의 발생 요인을 찾아본 적이 없다면 그 기업은 아직 낭비가 산더미처럼 쌓여 있는 기업이라 볼 수 있다. 많은 기업들이 원가를 줄여보려고 수많은 노력들을 하고는 있지만 그 노력에 비해 수확이 적은 것은 불필요한 지출이 어디에서 나왔는지 정확하게 모르고 있기 때문이다. 그리고 모든 움직임은 돈과 연결되어 있음을 깨닫지 못할 때도 역시 성과가 별로 없다.

낭비와 원가의 관계를 구체적으로 연결시켜라

개선은 원가 의식에서 출발해야 한다. 모든 낭비적 현상이나 움직임을 자세하게 파고들면 최종적으로는 모두 원가에 연결된다는 것을 알 수 있다. 기업에서 도요타의 7대 낭비를 정의하여 그 낭비들을 제거해가는 활동을 한다고는 하는데 그 과정이 그렇게 쉬워 보이지만은 않는다. 그 이유는 낭비를 개별적인 접근법에 의해 찾으려고 하기 때문이다. 그러나 7대 낭비 중에 4가지의 낭비를 한 번에 잡을 수 있는 비법이 있다.

기업이 추구하는 생산 기간Lead Time 단축은 과잉 제조, 재고, 대기, 운반의 낭비를 없애야만 가능한 과제다. 그런데 이 4가지를 담당하는 부분 혹은 주체가 무엇이냐를 파악하는 것이 중요하다. 4가지를 담당하는 것은 다름 아닌 이동 수단이거나 물품을 보관하는 용기이다.

그렇다면 기업에서 사용되는 모든 이동 수단의 도구들을 전부 열거해 볼 필요가 있다. 이동을 담당하는 작업자(사람)는 물론, 공장 건물이나 통로의 운반을 담당하는 지게차 혹은 전기 카트, 모든 물품들을 담는 용기 박스 및 단거리 이동용의 컨베이어 등을 이동 수단의 도구들이라 할 수 있다. 심지어 물품을 바닥에 놓을 때 까는 깔판까지 도구로 볼 수 있다.

이렇게 이동의 주체들을 일목요연하게 나열한 후 각각의 도구가 수행하는 목적을 살펴보면 거의가 비부가가치 동작에 투입되는 자원이며 시간을 지체하는 과정 모두를 담당하고 있다는 것을 알 수 있다. 또한 이 도구들과 관련된 비용들이 생각 이상으로 많다는 것을 알게 된다. 따라서 이 도구들을 어떻게 하면 없앨 수 있을까를 고민해 가면 자연스럽게 생산 기간의 단축과 Cost Down을 동시에 이룩할 수 있다.

즉, 4가지의 낭비를 하나의 매개체로 찾아내어 두 가지 목적을 동시에 추구하는 최고로 경제적인 방법에 속한다. 실제로 기업지도를 수행할 때 이와 같은 방법으로 추진하여 이동 수단의 주체들이 줄어드는 과정이 곧 원가저감으로 연결되는 상황을 목격하기도 한다.

대부분의 기업들이 이렇게 낭비의 제거에 우선적으로 초점을 두는 합리화 활동을 하지 않는 데에는 대표적으로 3가지 이유가 있다.

첫 번째, 아직까지는 재정 상태가 괜찮다고 여겨 그렇게 악착같이 안 해도 경기가 곧 풀리면 자연스럽게 좋아질 것이라는 막연한 기대감으로 활동하기 때문이다.

두 번째, 원가저감보다는 판매가 급선무이기 때문에 낭비제거 활동을 경시하는 풍조 때문이다. 원가를 줄여야 판매도 늘릴 수 있음을 알아야 하는데 너무 조급한 나머지 원가가 낮아질 때까지를 기다리지 못하기도 하고 낭비제거가 판매 행위보다 어렵다고 느끼기 때문이다.

세 번째, 합리화라는 것은 자동화의 추진이나 성능을 고급화한 기계화 추진 활동이라고 인식하고 있기 때문이다.

고객을 위해서 원가를 내려라

도요타의 3대 사장인 이시다 다이조는 도요타 원가저감 활동의 실질적 원조다. 물론 창업자인 도요다 기이치로가 창업 당시 초기 판매의 실적을 위해 손실을 안고 판매를 하다가 곧바로 수지를 맞추기 위해 원가 줄이기를 적극적으로 시도하는 활동을 하긴 했지만 시장 환경의 전반적인 흐름에 대응하는 정도는 아니었다. 그러나 이시다 사장은 1950년대 자동차 수요의 격변기를 겪으면서 경쟁사들 틈에서 살아남기 위한 실제적인 원가저감 활동을 주도한 인물이다. 이때의 모든 활동들이 도요타의 경쟁력으로 변하여 이시다 사장이 퇴임한 1970년대 초반 이후에 도요타는 고속성장을 할 수 있었다.

이시다의 기업 활동 철학은 극히 평범했다. 10원을 들여 만들었으면 11원에 팔면 된다고 생각한다. 여기서의 1원 차이는 적정 이윤을 말한다. 11원에 사주는 고객이 없다면 10원에 팔 생각을 해야 한다. 이를 위해서는 원가를 9원까지 끌어내려야 한다는 당연한 논리로 경영했다. 도요타는 그런 사고로 현재까지 50년 이상을 활동해왔다. 그러나 10원에 팔되 원가를 9원까지 끌어내릴 생각은 하지 않고 적당히 시기만을 기다리는 경영자들이 적지 않은 것도 사실이어서 매번 고객의 요구 수준에 맞추어 원가를 낮춘다는 일은 아무나 할 수 있는 활동은 아니라고 본다.

이전보다도 싸고 타사보다는 당연히 싸야 한다는 시대 상황의 요구는 너무 가혹할 수 있다. 그러나 살아남기 위해서는 피할 길이 없는 것도 사실이다. 이때 더 이상 싸게 하는 것은 힘들다고 결심의 머리띠를 내팽개치거나 예전의 고정관념으로 회귀한다면 원가는 더 이상 안 내려간다. 그때가 그 기업의 종말이다.

일부 사람들이 몇 푼 안 되는 원가저감 활동보다는 차별화된 제품을 개발하여 이익을 극대화하는 전략이 훨씬 좋다고 하지만 그것을 모르는 이가 어디 있겠는가. 있어도 희귀성을 논할 만큼 어렵다. 그러나 원가 전략은 보편성에 두고 있고 또 언제나 가능한 영역의 일이다. 이런 기본을 등한시 한 채 단순 논리로 일확천금의 꿈을 쫓는 경영자를 양산하는 요즈음의 세태는 안쓰럽기까지 하다.

도요타는 조건이 열악한 상태에서 생산효율을 올리기 위한 전략을 차별화함으로써 원가개선도 동시에 이룩한 대표적인 기업이다. 2차 대전 전후로 대량소비시대에서는 규모의 경제Economy of Scale를 중심사고로 하는 대량생산이 가능했었다. 그래서 포드 시스템과 같은 생산자 중심, 즉 공급자 중심의 수요Product Push를 이끌 수 있었다. 그러나 사회가 발전하고 고객의 수준이 올라가면서 범위의 경제Economy of Scope를 중심사고로 둔 다품종소량의 시대로 접어들었을 때, 도요타는 주어진 제한 자원을 갖고 같은 설비로 다양한 제품을 동시에 만들어 단위 비용을 낮추는 활동을 누구보다도 빨리 시도하여 소비자 중심의 공급Product Pull을 이끌게 되었다.

도요타와는 대조적으로 다른 기업들은 다품종소량의 조건을 전용기계로 대응하면서 저효율로 일관하던지 아니면 대량으로 생산한 제품을 재고로 두고 비용을 더욱 증가시키던지 하는 비경제적 전략을 선택할 수밖에 없었다. 따라서 원가에 의한 승부는 이미 1960년대부터 결정됐다고 해도 과언은 아니다.

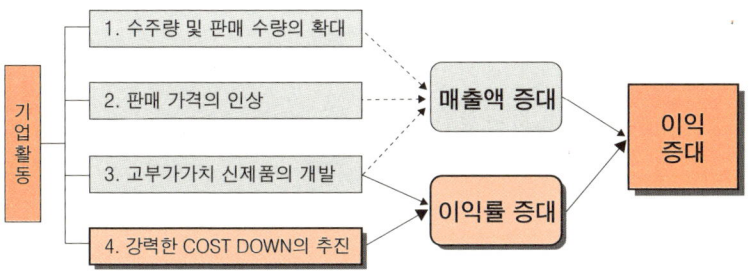

〈그림 2-5〉 기업이 이익을 내는 방법

도요타의 여러 초일류 능력 중에 단연 돋보이는 분야는 원가저감 달성능력이다. 이는 목표 이익을 확보하는 수단으로써 원가를 낮추는 활동을 기업의 커다란 전략으로까지 승화시켰기 때문이다. 기업이 이익을 내는 방법으로 추구하는 대표적 분야를 살펴보면 〈그림 2-5〉와 같이 서술할 수 있다. 그 중에서도 원가 분야를 강력하게 드라이브하는 체계적 활동이 TPS다.

TPS의 최종목표는 원가 내리기

TPS의 추구 포인트는 '철저한 낭비배제에 의한 원가저감'이라고 정해져 있다. 이 간단한 문구 속에 3가지의 키워드가 들어 있다. 철저함과 낭비배제, 그리고 원가저감이라는 단어가 그것이다. 철저함이라는 형용사가 맨 앞에 있는 이유는 뒤의 수단이나 궁극적 목적을 달성하려면 철저한 활동이 전제되지 않으면 불가능하다는 의미로 해석해야 한다. 낭비배제와 원가저감이란 말은 누구나 쉽게 해도 철저하게 한다는 말에는 자신감이 없어질 수 있다. 도요타가 타사와 차별화된 분야는 바로 이 철저함이라고 볼 수 있다.

이 철저함에는 시간적 의미와 접근 범위의 의미가 동시에 포함되어 있다. 시간적으로는 지속성을 의미한다. 대부분의 기업이 일과성이나 구호에만 그치고 마는 성격이 강한데 비해 도요타는 시간이 갈수록 더 강력한 드라이브를 한다. 그 이유는 고급차를 생산하고 차종이 다양해지면 낭비는 더 극성을 부리는 현상이 있기 때문이다. 따라서 기업의 규모가 더 커지고 고급화되면 오히려 원가저감 활동은 배가시켜야 마땅하다.

활동의 접근 범위에 있어서 일반 기업이 대체로 시야에 들어오는 대상에 대해서만 행동을 취하는 반면, 도요타는 보이지 않는 낭비 부분까지 철저하게 밝혀내어 제거하기 때문에 몸에 있는 상처의 뿌리까지 접근하여 도려내는 활동을 한다. 발견의 관점에서 본 낭비의 종류를 나타내 보면 〈그림 2-6〉과 같다.

1990년대에 혜성같이 나타난 컴퓨터계의 신화창조 주역인 델 컴퓨

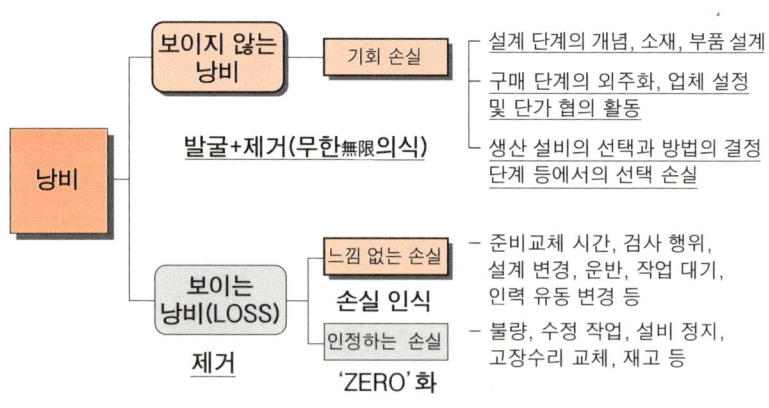

〈그림 2-6〉 발견 의식에서 본 '낭비'의 종류

터의 마이클 델은 경영학에서 논하는 가치사슬 분석에서 힌트를 얻어 고객에게 제품이 전달되는 과정에서의 모든 낭비 요인과 가격의 거품 현상을 제거한 공급 사슬을 구축한 경영자다. 가장 기본에 깔려 있는 사고는 사실 도요타의 저스트 인 타임JIT 사고라 할 수 있다. 재료 구입에서부터 완제품의 인도까지 불필요한 과정을 모두 제거하여 저렴한 제품 가격과 단기간의 시간으로 고객을 만족시켜주는 동시에 자신의 이익도 증대하는 일석이조의 효과를 보았다. 특히 완제품의 재고 없이 고객의 주문이 발생할 때 조립을 착수하는 방법은 거의 도요타의 TPS 사상과 일치하는 부분이다. 공급자 본위의 계획적인 조달 방식을 거두어 버리고 수요 본위의 공급 정책 하에서 주문에 의한 보충 조달 방식을 선택한 것이다.

이렇듯이 도요타의 개선 방향과 정신은 어느 산업 분야에서도 통할 수 있다. 도요타처럼 개선하면 도요타를 추월하기는 힘들 것이다. 그러나 타 산업 분야에서 도요타처럼 하면 그 분야 내에서는 초우량 기업으로 성장할 수 있다. 델 컴퓨터가 그것을 증명해주고 있다.

원가의 안정화도 원가개선이다

도요타에서 추구하는 원가개선의 두 방향은 인건비의 삭감과 생산성 향상이다. 이 두 방향을 떠받쳐주는 수단이 성력화省力化와 성인화省人化다. 예를 들면, 사람의 손으로 몇 번에 걸쳐 운반하던 것을 지게차로 단 한 번에 운반하여 작업자의 노동력과 시간을 감축하는 생산성 향상이 성력화이고, 성인화는 작업장 내에서 동작의 개선이나 거리 등을 단축하는 활동을 통해 전체적인 작업 시간을 감축시켜 작업자의 수를 감소시키는 활동을 말한다. 그리고 최후에는 수요 조건에 따라 동일한 공정을 작업자 구성 인원으로 조절하여 원가를 맞추는 고도의 수법으로 연결한다.

도요타에서의 이러한 개선은 매일 진행되며 한 달에 한 번씩 과장 주최의 원가 회의를 실행한다. 이때 공장工長(여러 작업장의 책임자), 조장(작업장의 책임자), 반장(소그룹의 작업 집단 책임자) 등 10여 명이 참석하여 주어진 원가 목표에 대한 달성 방법에 대해 토의하고 발상으로 나온 테마들을 집중 검토한다. 특정 반장이 제안한 문제에 즉석에서 다른 반장이나 조장이 해답안을 제시하기도 하고, 어느 반장이 제시한 좋은 안은 다른 반에서 즉시 횡橫전개를 실시하겠다는 결정을 내리기도 한다.

도요타가 추구하는 원가 관리의 최대 목표는 자동차 모델 한 대당 월별 원가 변동 금액의 '0'에 있다. 원가저감도 중요하지만 주문량의 변화나 용역 임시직의 투입이 발생하더라도 목표한 원가는 절대적으로 동일하게 준수해야 된다는 명제를 우선하고 있다. 조건에 따라 원가가 변할 수밖에 없었다고 핑계를 대는 일반 기업의 관리자나 책임자들의 무책임한 관리 방식과는 천지차이를 느낄 수 있다.

도요타의 원가저감 활동은 기존의 제품 한 개당 결정된 원가를 준수하는 활동 위에 추가적으로 하는 작업에 속한다. 그리고 팔리지 않는 제품까지 포함시킨 무조건적인 활동보다는 주로 팔리는 제품을 생산하는 과정에서 개선을 많이 실시하여 이익가치를 실현한다.

원가저감의 활동부문과 접근법

사실 원가를 저감하라는 경영자의 의지가 표명되고 목표가 세워졌더라도 일선의 관리자들은 어떤 대상에 대해 어떻게 활동해야 그 목표를 달성할 수 있는지 막막할 때가 많다. 목표를 세우는 것은 쉽지만 실천해서 결과를 내는 것은 무척 어렵다. 체계적으로 원가활동을 해본 경험이 적거나 원가분야의 지식이 약하다면 많은 어려움을 겪는다.

따라서 막연하게 단순활동을 하거나 억지활동을 하여 무리수를 두기보다는 어느 부문에서 어떤 요소를 키워드로 하여 원가혁신을 할지에 대해 관련 지식을 우선 습득한 후 가볍게 실천을 가져갈 필요가 있다. 필자가 경험했고 지도에 사용하는 노하우를 부분적이나마 공개하기로 한다.

원가저감 활동은 일부 부서에서만 하는 것이 아니라 전 기능에 걸쳐서 이루어져야 효과적이다. 부가가치를 창출하는 생산부서는 물론 간접부서라고 생각되는 스태프 기능까지 각자 해당되는 저감요소를 찾아 전개해야 목표 이상의 결과를 달성할 수 있다. 각 기능을 중심으로 부문마다 어떤 요소(다음 표의 하단부분)를 기초로 삼아 어떤 분야에 초점(상단부분)을 맞추어 행동하면 되는지를 〈표 2-2〉에는 직접부서 중심, 〈표 2-3〉에는 간접부서 중심으로 나타내 보았다.

가령 판매부문의 원가저감을 검토하는 단계에서 수송비 부분을 줄이고자 한다면 '경제적 운반 및 수송방법'이라는 활동 테마를 선정할 수가 있다. 그리고 그 테마를 수행하기 위해서 어떤 관리 대상을 살펴봐야 하느냐란 관점에 설 때 '운반과 수송조건'이라는 관찰 포인트,

〈표 2-2〉 직접부서 원가저감 활동분야

부문별 COST DOWN 테마 및 제품 COST 영향요인 (I)

판매·영업부문	개발기술부문	생산기술부문	생산관리부문
테마 - 경제적 시장조사방법 - 효과적 광고선전방법 - 확실한 생산량 예측방법 - 경제적 운반 및 수송방법 - 효율적 수송경로 검토 - 경제적 제품보관방법 - 경제적 보관량 검토 - 수주처리 업무방법 개선 - 매출 관련 판매촉진방법 - 경제적 대금회수방법 - 경제적 A/S 방법 - 경제적 판매 네트워크 검토	- 효율적 상품기획방법 - 효과적 시장조사방법 - 구성설계방법 개선 - 개선연산방법 개선 - 세부설계방법 개선 - 기술정보 인덱스화 - 정보색인방법 개선 - 경제적인 시제품 제작방법 - 실험·시험 자동화 - COST·견적방법 간략화 - 부품그룹 간 공용화 - 경제적인 설계시양 검토 - 경제적인 도면제작방법 - 자료·정보 이웃풋 방법	- 가장 경제적인 가공공정 계열 결정 - 부품의 GT화에 따른 COST 저감 - 경제적 설비 개발도입장치 - 경제적 치공구 개발도입장치 - 기계대수의 경제적 검토 - 경제적 설비사용조건 검토 - 경제적 단위가공공정 결정 - 경제적 WORK AREA 검토 - 경제적 생산속도 검토 - 경제적 운반반송방법 검토 - 경제적 LAYOUT 검토 - 작업표준 결정방법 개선 - 재료 OUTTING PLAN 검토 - 경제적 재료, 기계수리방법	- 경제적인 내외작 결정 - 재료부품 보관방법 - 투입량 파악방법 검토 - 보유능력 파악검토 방법 - 경제적 설비기동률 결정 - 작업자의 경제적 효율 결정 - 생산기준결정 결정방법 결정 - 재고유지방법 개선 - 일정관리방법 개선 - 생산납기 결정방법 개선 - 설비과축 대책방법 개선 - 생산지연현상 및 원인 발견 - 경제적 생산 단위 결정 - 경제적 보관장소 검토
영향요인 1. 제품 사양, 등급 지정 2. 1회 판매량, 판매개수 3. 판매시기, 판매계절 4. 대금회수 및 수량조건 5. 포장조건 6. 운반·수송조건 7. 상품보전, A/S 조건 8. 수주기간 9. 판매비율, 매출률	1. 제품개발설계 COST 결정 2. 판매 COST 영향 3. 판매·생산량 영향 4. 재료단가 결정 5. 재료사용량 결정 6. 사용설비의 범위 규정 7. 검사 및 시험방법 영향 8. 운반보관 COST 영향	1. 재료단가 2. 재료 사용량 3. 설비비(설비고정비) 4. 설비비(설비변동비) 5. 표준시간 6. 부가·가공비 결정 7. 재료관리비 결정 8. 노무관리비 결정 9. 설비관리비 결정	1. 기계·설비 가동률 결정 2. 작업자의 노동효율 결정 3. SET-UP 회수 및 시간 결정 4. 재고량, 재고 COST 결정 5. 발주 COST 결정

〈표 2-3〉 간접부서 원가저감 활동분야

부문별 COST DOWN 테마 및 제품 COST 영향요인(II)

검사품질보증부	자재·외주·구매부문	동력·보전부문	경리·자금부문
− 품질통계자료의 활용방법 판정 − 검사·시험방법의 개발·설계 − 검사·시험장치의 COST DOWN − 검사·시험방법의 자동화·성력화 − 품질보증제도 도입활용 − 검사품질지도서 작성방법 개선 − 발췌수·발췌방법 검토 − 불량 줄이기 교육 실시 − 검사·시험방법 효율 향상 − 불량 발견 POINT 적정화 − 불량감소 차공구 작성 − 불량감소를 위한 작업지도 철저 − 불량감소 회수·처리방법 개선 − 검사수·측정구 유지방법 개선	− 경제적 발주 LOT 결정 − COST가 낮은 발주처 발견 − 구입품 제조방법 개선 제안 − 신규 구입처 개척업무 개선 − 발주업무·작업방법 개선 − COST 견적업무작업 개선 − 불량품 발생방지 이익 − 구입품 자재의 COST DOWN − 표준화·시장품의 활용 개선 − 입고·보관방법 업무 개선 − 대출자재 및 지불조건 COST DOWN − 구입설비 개선 COST DOWN − 경제적 보관량 검토 결정	− 설비별 보전방법 개선 − 전력의 공급·사용방법 개선 − 가스의 사용·연소방법 개선 − 용수의 회수·사용방법 개선 − 에어의 발생·사용방법 개선 − 증기의 공급재사용 방법 검토 − 용역공급설비의 보전정비 − 경제적 보전기간 결정 − 교환부품의 경제적 주기 만들기 − 보전 COST가 적은 설비 도입 − 설비가 멈추지 않는 보전방법 − 건물 유지방법 개선 − 치공구의 경제적 연구방법 − 점검·보전작업 개선 − 고정예지경보장치 개발	− 자금 차입처 개척·개선 − 최고 유리한 지불조건 결정 − 출납·현금지출 업무개선 − 각종 대장기입 업무개선 − 전표·대장류 합리화·간소화 − ABC 개발 − 세금 절약방법 추구 − 결산업무 개선 − 지불업무 개선 − 재고품 최적화 COST DOWN − 원가 집계업무 간소화 − 자금·조달조건 개선법 − 구입·리스의 구분 검토

테마	영향요인
1. 재료관리비 영향 2. 제품의 불량률 결정 3. 설비가동률 악영향 4. 작업자 효율 악영향 5. 재료비 LOSS 증대 6. 수정을 위한 COST 증대 7. 판매 후 A/S COST	1. 재료단가, 부품단가 결정 2. 설비구입금액 결정 3. 소모공구 단가 결정 4. 간접재료 단가 결정 5. 협지공구·전용구 가격 결정 6. 재료관리비의 관계 7. 설비관리비율의 관계 8. 설비가동률 영향 9. 재료불량률 영향
1. 설비관리비 일부 구성 2. 설비수리비 결정 3. 설비가동률 영향 4. 설비의 경제내용연수 영향 5. 동력사용량 영향 6. 동력단가 영향 7. 재료불량률 영향	1. 지불조건에 따른 영향 2. 설비의 고정자산세 3. 기계·재료 보험료 4. 기계상각비 5. 건물·구축물 상각비 6. 설비관리비에 일부 관련 7. 재료관리비에 일부 관련 8. 자금조달 및 구입 COST 관계

즉 활동 테마에 직접 영향을 주는 요인을 집어내야 한다는 의미다.

비록 원가저감 활동분야를 인지했더라도 구체적으로 어떤 순서를 밟아 전개해야 구체적인 실적을 거둘 수 있는가에 대한 지식도 필요하다. 기업 활동에는 반드시 원가정보가 뒤따르게 마련이다. 하지만 많은 기업들이 이미 보유한 원가정보를 활용하지 못하고 실적을 위한 분석용도로만 활용한다. 하지만 발생한 원가 기초정보를 체계적으로 분석하고 활용한다면 원가를 저감할 수 있는 새로운 기회가 생각 이상으로 많다. 이를 수행하기 위해서는 논리적인 전개절차가 선행돼야 하는데 10단계로 설계된 하나의 사례를 표현하면 〈그림 2-7〉과 같다. 각 단계별로 구체적인 행동절차를 간략하게 서술하면 다음과 같다.

1단계: 원가분석 대상 설정

기존에 기업에서 작성하는 원가명세서를 기본으로 하되 해당 원가항목들을 고정비와 변동비로 다시 분류한다. 즉 생산량의 변동과 관계없이 투입되는 비용들을 고정비로 편성하고 생산량에 비례해서 투입되는 비용들은 비례원가 항목으로 분류하여 하나도 누락시키지 말고 나열한다.

2단계: 실질원가 측정

대부분의 기업에서는 편리한 비용계산을 위해 간접적 투입비용은 간단한 원리로 배분하는 관행이 있다. 가령 전기료만 보더라도 작업장 면적이나 작업장별 매출비율로 간단히 배분한다. 하지만 그렇게 해서는 구체적인 원가저감 활동을 할 수 없다. 제품 라인별 혹은 세부

〈그림 2-7〉 COST DOWN 활동 10STEP(CD TEN)

영역별로 세밀하게 나누어 실제로 사용한 전력을 측정해야만 개선활동을 추진할 수 있다. 따라서 원가요소를 일괄배부 방식으로 하지 말고 가능한 한 발생원류 추적 관점에서 보아 세부적인 측정기준을 잡는 동시에 측정이 가능하도록 하는 하드웨어적 변환이 있어야 한다. 또 배부방식을 채택하더라도 배부의 기준공식을 합리적으로 갖추려는 노력이 필요하다.

3단계: 주요 활동대상 선정

원가개선 활동을 하더라도 대상 전부를 동시에 추진하면 집중력이 떨어져 기대한 결과를 달성하기 어렵다. 따라서 개선효과가 크게 일어날 수 있는 제품군(예를 들어 수량 규모나 금액 규모 순)이나 영역을 선별해서 실행할 필요가 있다. 이때 P-Q(Product-Quantity) 분석법을 이용해 실천영역의 우선도를 결정한다.

4단계: 개별원가 추적

제품군이 설정되면 해당 제품의 제조과정에 투입되는 실질 원가를 구체적으로 조사한다. 편리한 배분원리로 하기 쉬운 원가항목도 이때만큼은 시간이나 소요량 등을 실제로 측정하여 거의 100퍼센트에 가까운 정밀도의 데이터를 얻어내야 한다. 실제로 도요타는 2000년을 전후해서 늘 배분하여 집계하던 현장의 비용들을, 제품별로 자세히 투입되는 실적 데이터를 분석하여 만성적으로 원가 개선할 수 없었던 비목들을 철저히 개선한 사례가 있다. 그런 결과에 힘입어 그 후에 CCC-21이라는 대역사의 목표를 달성할 수 있었다.

5단계: 개별제품 원가산정과 목표 설정

제품별로 측정된 원가를 체계적으로 편성한 후 각 원가별로 저감할 규모의 수준을 설정한다. 저감 금액을 설정할 때는 모든 비목을 일정한 퍼센트 비율로 동일하게 설정하지 말고 금액이 크면 목표 비율을 더 높이고 금액이 적으면 비율을 낮추는 방향으로 진행해서 전체적인 목표 비율을 맞추는 방법으로 진행하는 것이 바람직하다.

6단계: 원가항목별 경향 분석

원가개선을 할 때 모든 비목을 동시에 추진하지 않는다. 이때 어떤 비용에 대해 우선해서 개선 활동해야 더 효율적인가를 알기 위해서는 원가비목들의 금액변동 추이를 파악해볼 필요가 있다. 가령 과거보다 비용이 증가하는 경향이 있는 것은 그 이유가 뚜렷이 있으므로 원인을 극복하면 쉽게 해결될 수도 있다. 또 경향이 일정하게 나타나는 것은 한 번도 노력하지 않았다는 의미로 해석하고 집중적으로 노력을 투입하면 변화가 일어나기 쉽다.

7단계: 원가개선 활동전략 수립

총 목표로 하는 개선금액을 제품별로 할당하고 비용이 큰 원가항목과 접근기술이 취약한 비목들을 구분하여 재편하면 우선하는 품목과 비목들이 정비될 수 있다.

8단계: 개선활동의 아이디어 도출 훈련

아무리 현존하는 품목의 원가분석을 했다 하더라도 실천할 수 있는 개선 아이디어가 도출되지 않으면 소용없다. 대부분의 기업들은 데이터의 재편능력도 부족하지만 실천 아이디어도 부족하여 목표를 달성하지 못하는 경우가 많다. 따라서 사원 개개인들에게 원가비목에 대한 자세한 교육(비목의 형태와 소비과정)을 실시해야 하고 동시에 하나의 비목을 두고 어떤 발상으로 개선에 접근하며 어떻게 기록하는지에 대해 철저한 훈련이 실행돼야 한다. 그리고 자세한 비용구조의 데이터도 제공할 필요가 있다.

9단계: 세부 활동계획 수립

활동그룹의 분류는 대개 기존에 편성된 기능별 조직으로 하는 것이 대부분이나 조직의 시너지 효과나 관계비용의 지식부족 등을 고려하여 간접부서 사원들을 관련성 깊은 직접부서에 편성시키는 방법도 효과적일 수 있다. 그리고 전체 목표금액을 활동그룹별로 할당해줄 필요도 있다. 또 목표금액이 정해지면 몇 개의 아이디어가 나와야 달성할 수 있을 것인가를 가늠할 줄도 알아야 한다. 가령 목표금액이 1억 원이고 하나의 아이디어를 평균 1만 원의 금액으로 간주할 수 있다면 일정한 목표 기간 안에 1만 개의 아이디어를 끌어모아야 한다는 결론이 나온다. 그래서 활동기간이 설정되면 그룹별로 목표금액과 도출해야 할 아이디어 수가 결정된다. 이 두 가지 진도 상황을 동시에 관리해야 효과적인 활동을 유도할 수 있다.

10단계: 실행평가 및 신규원가 구성도 작성

전체 활동기간을 세부적으로 나누어 그룹별 활동을 평가하고 그 결과로 나온 새로운 제품별 원가구성 데이터를 변경해나간다. 그리고 진행 중에 부딪친 개선한계 비목은 가능하면 피하고 다른 비목으로 옮겨 활동하는 민첩함이 효과를 더해줄 수 있다. 또 정한 기간 안에 목표를 미달했다면 그대로 종결짓지 말고 기간을 연장해서 목표를 달성하는 끈기와 인내가 필요하다. 그래야만 원가개선을 습관처럼 할 수 있는 기본능력이 갖춰진다.

CHAPTER 05

도요타 초일류의 근원은 현장 개선능력

도요타가 보유한 위력의 근원
도요타의 조직적인 개선능력
제조 과정에서의 품질삽입 능력
자신감 넘치는 실천력

TOYOTA

14 도요타가 보유한 위력의 근원

도요타의 경영관은 자주정신으로부터 출발

도요타가 세계적인 초일류기업으로 성장하게 된 원동력은 남다른 기업 철학과 관리관 그리고 끝없는 개선 노력의 결과라고 볼 수 있다. 기업 철학 측면에서 가장 강하게 드러나는 특징은 자주自主정신이다. 타인이나 외세의 도움 없이 스스로의 힘으로 성을 쌓고 지키려는 의지가 어느 기업보다 강하다.

세상의 많은 기업들이 적과의 동침도 마다하지 않는 시대에 끝까지 내부의 힘만으로 완성도를 높여가는 진화 능력은 그 누구도 흉내 낼 수 없는 도요타의 고유 병기兵器라 할 수 있다. 특히 성장 시기를 거쳐 제2의 도약기를 선언하던 1960년대 후반의 정기주주총회에서 자사의 임원이나 감사는 일본 국적을 가진 사람에 한한다는 정관을 통과시킬 정도였다. 국수주의로 보기는 힘들고 오직 자립적인 기업을 만들려는 의지로 봐야 한다.

근래에 와서는 일본의 자부심으로 여기는 소니까지 외국인 전문 경영자를 선임하는 정도로 자체의 인물만으로는 글로벌 기업으로서의 한계를 느끼는 선두 기업들이 늘어가고 있다. 그러나 도요타는 세계적인 석학들의 조언은 참고할지언정 주체로 끼워주지는 않으며 오로지 도요타 정신으로 무장한 인재를 내부에서 양성하고 선택한다.

도요타는 앞서가는 개념의 독특한 기업 경영 철학을 지니고 있다. 특히 자신이 속한 업종의 정의에서부터 철저한 합리화 관리관管理觀이 서있다. 작은 작업장에서 적은 인원과 저가의 설비로 고가의 제품과 다품종을 해결하는 것이 진정한 제조업이라고 정의한다. 그리고 원자재로부터 완제품에 이르기까지 형태의 변형을 일으키는 것이 물건 만들기의 '기술'에 속하고, 물품을 시간과 공간 차원으로 해결하는 것을 물건 흘리기라 정의하는 동시에 '관리'라 부르고 있다. 이렇게 기초적인 개념에서부터 정확하게 정의함으로써 기술자나 관리자의 본분을 망각하지 않고 맡은 역할을 충실히 할 수 있게 한다.

특히 만드는 기술 중에서도 가장 싸게 만드는 기술 분야가 제조기술이라 부르고, 그 제조기술과 개발기술을 떠받쳐 주는 기술을 생산기술이라 부른다. 그리고 물품의 착수 시점과 완료 시점을 중심으로 공간 속에서의 흐름과 정체를 통제하는 것이 관리라고 보고 있다.

관리 분야의 예로써, 구매 관리는 자재의 소요 시점에 맞추어 필요 물품을 필요한 장소(공간)까지 이동시키는 일이라 할 수 있으며, 생산 관리란 물품이 완성되어야 할 시점을 기준으로 각 공정(공간)에서 소요될 시간을 역산하여 투입 시기를 결정하는 일이라 볼 수 있다.

그러나 많은 기업들의 관리자들은 자신이 하고 있는 일이 어느 분야에 속해 있는지 모르는 경우가 많다. 관리를 담당하면서 기술자라 여기고 기술을 담당하면서도 스스로 관리자라 생각하는 오류를 많이 범한다. 그런 상태 하에서는 효율적인 역할은 물론 주어진 기본 역할마저 기대하기 힘들다.

TPS는 경영 시스템이다

도요타 사원들의 개선을 위한 궁리 습관은 창업자로부터 물려받은 조직 능력 차원의 DNA라 볼 수 있다. 단순하고 일시적인 개선활동만으로는 지금의 TPS와 같은 골격은 탄생하기 힘들다. 개선의 결과 위에 또 다른 각도에서의 개선을 계속 덧붙여 가는 과정에서 하나의 커다란 파이프라인이 형성된 것이 현재의 TPS인 것이다. 이런 과정에서 형성된 TPS는 단순한 제조기술 차원의 도구가 아니라 경영 프로세스로서의 역할을 하고 있다.

TPS가 광범위한 경영 시스템으로 자리 잡는데에는 조직 전체가 참여하는 학습 과정이 한몫했다. 이러한 학습 능력은 전 사원이 시삭부터 끝까지 일관된 믿음과 행동으로 참여해야만 얻을 수 있다. 또한 맞닥뜨린 문제점들을 풀어가는 노력 과정에서 체득했던 방법들을 일시적인 해법이라고 여겨 함부로 버리지 않고 오히려 미래를 풀 수 있는 체계적인 도구로 재탄생시키는 능력이야말로 도요타만의 강한 학습 체질로 인식된다. 따라서 TPS는 아주 단순한 작은 개선행위들의 입자가 서로 맞물려서 강한 운동력을 발휘하게 된 생명체로 간주하면 이해하기 쉽다.

TPS가 형성되기까지 도요타 직원들이 겪었던 수많은 곤란한 상황들은 타의 반 자의 반으로 진행되었다. 타의에 의한 것은 시대적 상황에 처한 당면 과제들이었고 자의에 의한 것은 오노 다이이치와 같이 철저한 개선을 부르짖는 혁신주의자에 의해 강제적으로 만들어진 극복 대상 상황들이었다. 개선을 리드하던 혁신 세력들은 사원들이 지혜를 낼 수밖에 없는 상황을 만들려면 어떻게 하면 좋을까를 고민하는 사람들이었다. 그런 결과로 도요타의 계장 수준에 있는 관리감독자들은 지금도 본래의 자기 업무와 개선활동의 비율이 각각 50퍼센트 정도에 육박할 만큼 지혜 짜내기에 열중하고 있다.

특히 타의에 의한 과제로서 도요타 사원들이 제일 곤란하게 느끼는 부분은 '응원제도'가 발동될 경우다. 이 '응원제도'란 1979년도에 노사가 합의한 사항으로서 수요가 많아진 차종을 생산하는 공장이 인력을 요구할 때 기존의 다른 공장들은 소수의 인력들을 선발하여 일정 기간 파견 근무를 시켜야 한다. 그래서 파견 인력을 내준 공장들은 기존의 인원들이 택트 타임Tact Time(제품 생산의 간격)을 조금 늘려 작업할 수밖에 없다.

그러나 2~3주가 지나 기존 인력들이 새로운 작업 조합에 익숙해질 때 라인은 강제적으로 원래의 택트 타임으로 다시 회귀한다. 얼떨결에 이전과 같은 생산량은 유지하고 파견을 간 작업자 수만큼 인력이 줄어든 셈이 되고 만다. 만약 40명의 파견자 중에서 약속된 파견기간을 끝내고 30명만 돌아왔다면 기존 공장은 10명의 작업자가 어느 순간 줄어든 셈이 되고, 파견을 요청했던 공장은 임시직도 구하기 힘든 시기에 베테랑 작업자를 10명씩이나 새로 영입한 효과를 본 셈이다.

이러한 타의적 곤란 상황은 도요타가 가장 빠른 성장을 구가했던 1980년대에 흔히 마주쳤던 것으로서 큰 저항 없이 극복한 결과가 현재의 도요타를 만든 것이나 다름없다. 이런 상황에 비해 국내의 동종 기업은 바로 옆 라인이 바빠도 노조의 허가 없이는 여유가 있는 라인의 작업자들이 도울 수 없는 상황으로 몰아간다. 과연 그런 의식들이 바람직한지 반성하지 않으면 미래는 없다고 봐야 한다.

도요타의 내면 경쟁력은 초일류

동경대학의 후지모토 다카히로 교수는, 도요타는 기업이 수익력 확보를 위해 갖출 수 있는 경쟁력 요소 중에 제조의 조직 능력이 뛰어나 내면의 경쟁력을 초일류의 수준으로 갖춘 기업이라고 날카롭게 평가

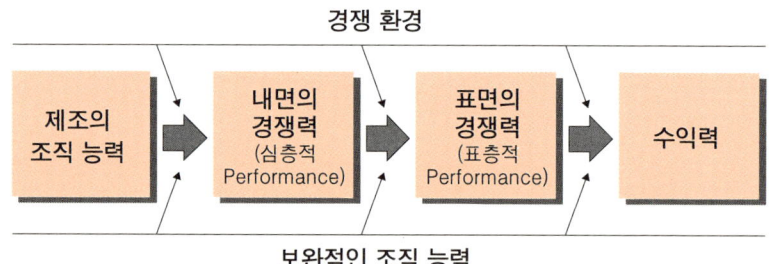

〈그림 2-8〉 조직능력 · 경쟁력 · 수익력의 다층구조
출전 : 藤本隆宏, 『日本のもの造り哲學』(참고문헌-2)

하고 있다. 기업의 수익력 결정을 위한 경쟁력의 연결성을 살핀 것이 〈그림 2-8〉에 나타나 있다.

여기서의 조직 능력이란 효율적인 작업을 안정적으로 실현시켜 가는 능력을 말하고, 내면 경쟁력은 고객이 볼 수 없는 기업 내부의 생산 리드 타임이나 적합 품질 및 생산성 등을 가리킨다. 그리고 최종적인 표면 경쟁력은 고객 평가에 기초하는 가격, 납기, 브랜드, 광고 능력, 인지도 등을 말한다.

표층의 능력에 해당하는 가격이나 납기의 경쟁력 요소는 가격을 할인하거나 재고를 잔뜩 끌어안고 경영하면 라이벌 수준의 기업과 경쟁이 가능하다. 그러나 심층적인 내면의 경쟁력은 간단히 해결할 수 없는 시스템 운동이다. 내면의 경쟁력은 오랜 시간에 걸친 조직적 활동에 의해서만 구축되는 요소라 함부로 라이벌 사를 벤치마킹 할 수 없기 때문에 차별화가 분명해지는 경쟁력 요소로 본다. 도요타가 이 경쟁력에 있어서 세계의 표준이 될 만큼 앞서 있다고 평가하고 있다.

특히 조직 능력으로서 일련의 장점을 갖는 조각조각의 부분적 해결법을 연결시켜 전체 흐름을 경제적으로 통제할 수 있도록 시스템화하는 통합 능력, 문제를 발견한 후 원인을 추구해서 레벨을 올려가는 개선능력, 우연한 환경에서의 조건들을 필연적인 체계로 변화시켜 모양새가 좋은 방향으로 변모시키는 진화 능력 등, 이 3가지 능력이 그 어떤 기업보다 뛰어나다고 평가하고 있다. 도요타의 경쟁력을 잘 표현한 분석이라 볼 수 있다.

심층적인 제조능력이 경쟁력을 결정

앞서 서술된 도요타의 특유한 능력 이외에도 별도의 차별화된 소소한 능력도 빛을 발한다. 가령 Give and Take 정신을 예로 들 수 있다. 이 정신은 도요타의 협력사 관계에서 활용된다. 도요타와 협력사와의 관계가 평균 30년 이상을 유지하는 근본적인 이유는, 도요타라는 기업이 온유한 태도로 협력사와의 타협을 끌어내서가 아니고 협력사에게 물품 대금을 80퍼센트 현찰 지급하고 20퍼센트 정도는 2개월짜리 어음을 발행함으로써 매력적인 거래 관계를 형성하기 때문이다. 이런 혜택을 주는 만큼 도요타가 단가 책정이나 납기 준수에는 엄중한 잣대로 대응할 수 있어서 협력사의 입장에서는 대응하지 못하면 곤란한 상황에 이른다.

또한 라인스톱 제도와 같은 강력한 정신과 제도는 그런 행동을 하지 않아도 최종 검사나 수정 작업으로 보완 가능하다고 생각하는 일반 기업과는 성과 발생면에서 엄청난 차이가 난다. 도요타가 라인을 세우는 이유는 이상 발생을 관리하기 위한 단순 행동이 아니고 최단 시간에 조치를 하는 극복 시스템을 목적으로 한다. 이러한 결과로 동일 업종의 타기업이 평균 60퍼센트 정도의 직행률을 보일 때 도요타는 98퍼센트 이상을 유지한다. 직행률은 그 해당 기업의 모든 제조능력을 대표하는 관리 지표라 볼 수 있어서 도요타의 제조능력을 짐작할 수 있다.

위의 두 가지 이외에도 몇 가지 더 열거해 보면, 첫째 비부가가치 분야에는 최소의 인원으로 소화하는 정신, 둘째 변동이 발생하지 않는 조건 하에서는 반드시 계획대로 하는 습성, 셋째 해봐서 좋은 결과라면 더욱 발전시키는 집중 정신 등이 있다.

그 예로써, 도요타의 어느 특정 조립 공장은 약 1,200명이 근무를 하지만 불과 서너 명의 설비보전 요원이 설비보전을 전부 담당하는 효율적인 활동을 보여주고 있다. 또 계획대로의 행동은 작은 작업장이라도 반드시 준수하는데, 가령 용접에 사용되는 소모성 도구의 하나인 팁Tip 밑면에 센서를 부착하여 제 시간에 팁을 바꾸어 작업하지 않으면 빨간 램프가 켜져 용접기가 자동으로 정지하게끔 장치해 놓았다. 작업자가 팁을 제 시간에 교체하지 않으면 더 이상의 작업은 안 되도록 되어 있는 것이다. 모든 행동의 준수를 위해서는 본인의 자각에 의한 의지도 필요하지만 준수할 수밖에 없는 환경을 만드는 기본정신이 존재해야만 그 완벽성을 채워줄 수 있다는 점을 보여준다.

설비의 공용화 활용성을 높이기 위해 품종 준비교체를 빈번히 하는 것이 도요타의 주무기로 알고 있지만 경쟁 업체인 닛산과 비교해서 교체 회수가 약 8배에 해당하는 데도 불구하고 시간의 합은 오히려 1/3에 불과해서 결국 총 24배의 생산성 차이를 보이고 있을 정도로 진화되어 있는 수준은 외부에 잘 알려져 있지 않다.

이와 같은 여러 면의 도요타 정신과 행동 양식들이 모여 타사와 비교할 수 없는 심층적 제조능력을 발휘하고 있다는 점을 인식해야 도요타를 올바로 파악하고 있는 것이다.

15 도요타의 조직적인 개선능력

개선능력의 평가로 위계 질서를 잡는다

TPS의 목표는 전체 생산의 효율화다. 경영 자원이 낭비 없이 부가가치를 올릴 수 있는 환경을 만드는 움직임이다. 따라서 기업 전체의 효율화 방법인 것이다. 이러한 TPS에서 가장 영향력이 강한 요소로 작용하는 것은 조직력 혹은 조직원의 능력이라 할 수 있다. 도요타에서 가장 높게 평가하는 요소를 꼽으라 하면 조직원의 개선능력을 들 수 있다.

도요타의 공장마다 제일 개선능력이 뛰어난 사람을 선발하면 역시 공장장이 해당된다. 가장 개선능력이 뛰어난 인물을 책임자로 두는 것이 도요타의 원칙이다. 일반적으로 공장 책임자의 위치에 서면 대부분 종착역에 온 것 같은 기분으로 퇴임을 준비하는 자리쯤으로 착각하여 매일 지시만 내리고 감독만 하며 뒷짐 진 자세로 시간을 보내기가 쉽다. 그러나 도요타의 공장 책임자는 개선하기에 바쁘다. 이제까지 해 온 개선을 더욱 열심히 하라는 자리라고 생각하기 때문이다. 결과에 의한 자리라기 보다는 미래를 위한 자리로 보는 것이 타당하다.

그렇다고 공장 책임자가 기술력이 뛰어나다는 것은 아니다. 오히려 부하 직원들 중에 기술력이 더 우수한 사람들이 있는 경우가 많다. 만약 개선능력보다 기술 지식의 보유능력을 기준으로 책임자를 임명한다면 그 조직은 더 이상 개선활동을 기대하기 힘들다. 본인 이상 아는 사람이 없으므로 높은 생산성의 목표 설정과 같은 도전 정신은 사라지기 때문이다.

개선은 조직계층별로 보유한 상식능력의 계단을 부하 직원들이 따라 올라가는 과정에 불과하다고 앞에서 설명한 바 있다. 따라서 책임자가 자기가 보유한 기술력이 최고라고 생각하면 더 이상의 개선점이 본인의 눈에는 잡히지 않으므로 개선하라고 지시하지 않는다. 그러나 기술 지식이 남보다 낮더라도 개선의식이 더 강하면 한계점을 모르고 계속 개선활동을 할 가능성이 크다.

도요타의 내부에는 여러 입사 동기들 중에서 기술력을 갖춘 사람보다 개선능력이 뛰어난 사원이 먼저 승진하여 날이 갈수록 직급 차이가 벌어지는 경우가 많다. 그렇다고 그 상황을 시기하는 동료는 별로 없다. 본인이 갖추지 못한 개선능력을 기준으로 회사가 인사 관리를 집행한다는 공개된 원칙을 알고 있기 때문에 모든 상황을 인정하고 본인의 장점만으로 회사에 끝까지 기여하려는 정신을 갖고 있다.

이렇듯 개선정신으로 뭉쳐진 사원들로 조직이 구성되고 그 역량의 순서대로 위계가 정해진 조직의 활동 결과가 TPS라 할 수 있다. 따라서 이 TPS를 타기업에서 접목하기란 쉽지 않은 것이 사실이다. 일반 기업들의 경영자들은 현장기술이나 제조기술을 발휘하는 현장 리더들의 육성이 도요타와 같은 수준으로 전혀 되어 있지 않다는 점을 깨닫지 못한 채로 왜 도요타 방식이 자기 기업에는 정착되지 않는 것인가 하고 의문만 가질 뿐이다.

TPS는 제조기술 중심의 비즈니스 모델

도요타의 인력들이 자기 스스로 수준을 올리자고 작정해서 전체 수준이 올라간 것은 아니다. 도요타 전체의 수준이 결정적으로 올라간 계기는 1970년대 초기에 발생한 1차 오일쇼크 때였다. 이전에는 도요타 공장 내에서만 합리화와 개선활동이 집중적으로 전개되고 있었다. 그러나 오일 쇼크로 수요량이 줄고 다품종소량으로 상황이 급작스럽게 전개되자 도요타의 모토인 한량생산 법칙에 따르자면 비록 수주가 줄더라도 이익은 확보해야 하기 때문에 협력사와 합동작전을 하지 않는다면 내부만의 합리화로 변화된 환경의 극복이 불가능함을 깨달았다. 그래서 내부에 쌓인 노하우와 모든 역량을 협력사로 옮기기 시작했다.

그때 훈련된 지도요원이 많이 필요하게 됐고, 지도를 할 때 스스로의 정립이 확실치 않으면 협력사를 리드하기가 어렵다는 점도 알게 되었다. 이런 결과로 흩어져 있던 합리화 기술을 정리하여 하나의 완성된 체계로 만든 것이 TPS다. 따라서 TPS는 제조기술 중심으로 편성되었고 그 이름도 도요타 생산방식이라는 국한된 개념에 머무르게 되었다.

그러나 TPS가 세계의 제조 표준으로 부상하게 된 바탕에는 그것이 곧 기업의 경쟁력으로 작용한다는 원리가 있었기 때문이다. 어느 기업이나 투입물Input, 프로세스Process, 결과물Output의 기본 요소를 갖는다. 그 세 요소 중에서 경쟁력이 결정되는 분야는 프로세스의 기술(제조기술) 차이라 할 수 있다. 대부분의 투입물은 생산기술력에 의해 결정된다. 즉 설비의 수준들은 세계 어디나 공통된 수준을 지닌다. 돈만 있으면 생산 기술은 얼마든지 구입 가능하기 때문이다. 그러나 그 계획된 투입물 이외에 얼마나 추가적 낭비 없이 연결성을 발휘하여 최적 상태로 결과물을 만들어 내느냐가 관건이다.

요즈음엔 결과물의 초기 설계나 디자인을 차별화함으로써 경쟁력의 핵심 역량으로 삼으려는 전략이 있기도 하다. 하지만 그런 분야는 늘 기대하는 결과가 나오는 것은 아니라서 불안감을 안고 승부를 거는 분야라 할 수 있다. 프로세스 과정에서 발휘되는 제조기술의 차별화는 반드시 경쟁력으로 연결되는 기본 분야이기 때문에 이 분야에서만 차별화를 통해 타사들의 추적을 멀리 따돌린다면 더 이상의 영구적인 경쟁력 확보의 방법은 없다고 봐야 한다.

단순한 비즈니스 모델이 효과 만점

도요타가 구미 선진 기업들과 다르게 제조기술에서 차별화를 추구한 점은 방법론의 단순화다. 구미 기업들은 제조의 전 과정을 지배하는 방법론을 비즈니스 모델Business Model이라 부른다. 도요타는 이 방법론에 해당하는 부분적인 것들을 개발하고 개선하여 전체를 지배하는 개념의 틀로 옮겨 갔다. 그러나 그 부분적인 해결법(예를 들면 '간판' 시스템)을 완성시키고 국부적인 비즈니스 모델의 하나로 정착시키는 데는 엄청난 노력과 시간을 투입했다. 어렵게 구축한 것이다. 그래서 그 부분들의 경계선을 잘 마무리해서 연결시킨 개념과 활동 수단들이 오늘날 도요타의 비즈니스 모델인 TPS에 해당된다.

이와는 대조적으로 구미의 선진 기업들은 부분적 개선이나 방법론을 회피하고 전체를 한꺼번에 통제할 수 있는 비즈니스 모델 개념을 쉽게 구축하여 적용하려 했다. 그러나 이미 많은 낭비를 포함한 낮은 수준의 모델인 것은 어쩔 수 없었다. 그 대표적인 것의 하나가 바로 정보 기술을 이용해 만든 ERP Enterprise Resource Planning(기업자원관리시스템)라고 볼 수 있다. 복잡한 구조를 갖고 있으며 이용자 역시 완벽한 이해를 위해서는 많은 지식이 필요하다. 하지만 도요타의 TPS의 개념이나 수단들은 매우 간단한 형태이고 이해하는 데 시간이 별로 요구되지 않으며 특별한 지식도 요구하지 않는다. 다만 철저한 실천력이 따를 뿐이다.

결국 도요타처럼 효력이 강한 단순한 형태의 비즈니스 모델을 구축하는 과정은 매우 힘들었고, 구미 기업의 효력이 약한 복잡다단한 형태의 비즈니스 모델은 구축하기가 매우 쉬웠다는 논리가 성립된다. 다락방에서 몇 사람이 에러 없이 프로그래밍을 구사하기만 하면 되기 때문이다. 도요타와 같이 간단한 간판 하나를 협력사까지 정착시키기 위해 수십 년을 소비하지는 않을 것이다. 그러나 결과는 엄청나게 다르다. 결국 쉽게 비즈니스 모델을 만들어 놓고, 활동하는 사람들로 하여금 어렵게 일처리하게 만든 구미의 모델은 경쟁력에 있어서 도요타보다 훨씬 떨어진다고 1990년도에 이미 세계적 석학들이 판단을 내렸다.

그런 이후에도 도요타의 단순한 비즈니스 모델들은 더욱 역량을 발휘해 이제는 어느 기업도 추월하기 힘든 수준으로 변해버렸다. 구미 기업이나 학자들은 도요타의 TPS를 그대로 받아들이기에는 자존심들이 허락하지 않았는지 이상한 형태(린Lean 혹은 식스시그마 혼합형태)로 왜곡시켜 적용하려는 움직임이 있는 듯해서 우려된다. 좋으면 좋은 점을 그대로 받아들이면 될 것을, 무엇인가 어울리지 않는 것을 가져다 억지로 접목시키면 이상한 돌연변이가 일어나게 마련이다. 전혀 효과도 없는 형태로 결론지어질 확률이 높다.

많은 사람들이 문화의 차이점을 들어 부분적 변형을 주장하지만 그것은 필자의 경험으로 볼 때 오류라고 판단한다. 이해가 부족한데다가 정착시키기에는 현실의 수준이 너무 낮아서 많은 수고가 들 것 같으니까 보다 손쉬운 방법만 찾으려는 안일한 사고일 뿐 아무런 의미가 없다. 많은 경영자들이 고민해야 할 점이다.

수직·수평의 전개로 완성시켜라

도요타는 수직적 개선활동의 편성과 수평적 활동의 개념을 동시에 보유하고 있다. 수직적 활동 체계의 대표적인 분야는 표준 작업의 제정에서 엿볼 수 있다. 도요타는 한국전쟁 중인 1950년도부터 기계 공정의 라인화 개념을 고민하기 시작했다. 많은 수요를 양산의 효과로 대응하기 위해서 반드시 필요한 개념이 라인화다. 그때까지 가공 설비들, 특히 엔진공장에서는 일본 국내에 산재한 구식 설비들을 들여와 개조해서 사용했다. 한국전쟁으로 재정이 회복되고 자국 내의 수요가 일어나자 엔진공장부터 라인화가 필요하다는 점을 확신하여 1950년대 중반에 착수하기에 이르렀다. 이때 가장 요구되는 포인트가 작업 사이클 타임C.T Cycle Time(엔진 하나를 만드는 간격)이었다.

이 사이클 타임은 고객의 수요량에 대응하기 위해 요구되는 시간 T.T Tact Time(고객이 요구하는 제품 생산 간격)에 대해 제조 입장에서 현재 보유하는 실력값을 말한다. 이러한 C.T를 결정하기 위해서는 일정한 작업자의 움직임을 시간의 값으로 계산하는 기준표가 필요했다. 이것을 표준 작업이라 부르는데 처음에는 관리자들이 측정해서 만들어 주었지만, 현장에서 스스로 만들어 계속 유지 발전시키는 것이 현명한 방법이라고 판단하여 이후에는 조장組長들이 제정하도록 했다. 이렇게 필요한 부분을 찾아 완성도를 높여가는 과정에서 역할의 개념을 재조명하여 수직적인 역할 전개의 재편성을 시도한다.

또한 도요타 WAY에 있는 '지혜와 개선'이라는 기본 정신의 실행을 위해 상사는 부하에게 도전해야 하는 기회나 과제를 부여해서 스스로 수단을 창조하게끔 하는데 곤란함을 느낄 때만 약간 거들어 주는 정도로 조직의 수직전개 활동을 펴고 있다.

도요타가 개선활동의 조직적인 수평전개 방식에 눈뜬 시기는 대략 1960년대 중반으로 추정된다. 수요의 급상승에 따라 제조능력의 확보가 요구되면서 동경 근방의 '관동자동차'와 관서지방의 '다이하츠공업'을 계열사로 편입하는 동시에 그룹 내의 기계 가공 관련사들도 자동차 조립 라인을 부분적으로 설치하기에 이른다. 이러한 폭넓은 제조 거점에서 발생하기 쉬운 비효율적 요소는 바로 설비나 치공구 및 공법의 차이점에서 유발되는 품질과 생산성의 차이 발생이다.

이런 모순점을 없애기 위해 특정 공장의 부문에서 개선되거나 혹은 개량된 설비와 치공구 및 공법들은 각 공장에서 선발되어 구성된 도요타 표준TMS, Toyota Motor Standard 위원회가 매월 회합을 개최하여 모든 공장으로 적용케 하는 횡전개橫展開를 실시하고 있다. 전체의 제조 공법 표준화를 위한 길고 긴 과정에서 특히 기존에 다른 공법으로 수행해 온 계열사를 동질화시키는 작업의 어려움을 극복해야만 했다. 물론 횡적 전개의 방식은 작은 부문에서 발의된 사항을 1차적으로 동일 공장 내에 우선적으로 전개하고 이후에 그 내용을 전체 계열사로 전파시키는 방법으로 수행하였다.

이런 각고의 노력이 일본 내의 다른 경쟁사보다 해외 생산 기지 건설에 늦게 참여했지만 가장 빠른 시간에 타사를 추월하는 안정성을 확보하는 원동력으로 작용했음을 깨달아야 한다. 따라서 도요타가 해외에 생산 기지를 건설하고 정착하는 데 소요되는 시간이 동업종에서는 가장 짧다. 효율의 극대화를 노리는 활동을 어느 순간에 발동시키는 것이 아니라 평소에 하던 개선원칙(횡전개 원칙)을 단순히 적용하는 것으로 대신한다. 가장 적은 노력으로 가장 큰 결과를 내는 생산성 향상의 제1법칙을 생활화하고 있다는 증거다.

공장(생산 거점)을 두 군데 이상 갖고 있는 일반 기업에서 공장 간에 서로 차이가 발생해 여러 가지 문제로 곤란을 겪는 모습을 볼 때면 그 이상의 생산 능력 확대는 안 하는 것이 바람직하겠다는 생각이 드는 경우가 많다.

과학적인 개선 사고로 개선을 습관화한다

조직적으로 활동한다는 의미에 가장 요구되는 바는 습관적인 행동이다. 맹목적이고 무작위적인 행동 과정에서는 습관화라는 반복적 행동을 바라기는 힘들지만 행동의 목적이 뚜렷하고 과정 또한 타당한 논리를 갖고 있다면 어느 일정한 행동 패턴을 습관적으로 할 수 있다. 도요타는 조직원 모두가 일치된 행동 패턴을 갖고 개선에 임하기 위해 틀이 있는 원리를 전개했다. 특히 과학적 행동과 사고를 함께 할 수 있도록 행동 원리를 4가지 단계로 구성시켰고 이와 같은 4가지 단계의 과학적 사고로 행동해 주길 바라고 실행하도록 도와준다.

●●● 첫째, 현상사고現象思考 – 현장에서 실체를 관찰하라.
●●● 둘째, 추상사고抽象思考 – 관찰된 현상으로 원리를 발견하라.
●●● 셋째, 확인사고確認思考 – 현장에서 다시 확인하라.
●●● 넷째, 연구사고硏究思考 – 해결의 실마리를 추가 연구하라.

17세기에 갈릴레오가 주장한, 태양이 지구 주위를 도는 것이 아니라 지구가 태양 주위를 돌고 있다는 지동설은, 그 영향력이 종국에는 뉴턴의 만유인력까지 끌어내는 엄청난 파괴력을 보였고 현재의 우주 시대에 진입시킨 동기가 되었다. 이 모두가 과학적인 사고에서 이룩된 인류의 진보다.

기업도 마찬가지로 사원들 개개인이 과학적 사고로 무장해서 실천하지 않으면 기업 시스템이 진화되지 않을 것이다. 기업이 진화되지 않는다면 그것으로 종말을 고하는 셈이다. 따라서 현장·현물·현실이라는 3현現주의에 입각하여, 문제의식으로부터 출발하여 가설을 세우고, 그 가설을 검증한 후 실천에 이르면 풀리지 않을 과제가 없다고 보는 것이 도요타의 개선사고다.

문제의식을 일으킬 때, 즉 문제에 대한 태도와 선택에 있어서 어려워할 필요가 없다. 문제는 멀리 있는 것이 아니라 매일의 업무 가운데 수없이 포함되어 있다. 그러한 문제 발견도 역시 사고하는 습관에 의해 좌우된다고 본다. 따라서 도요타는 문제를 발견하는 관점과 문제해결의 절차를 습관화하면 조직적인 개선은 가능하다고 본다.

이러한 사고와 행동 패턴이 원가와 이어졌을 때 일어나는 현상으로, 도요타의 원가저감 분야의 활동을 논할 때 가끔 '마른걸레 짜기'라는 표현을 한다. 그 의미는 한 번 짠 걸레를 그냥 놔두면 공기 중의 습기가 다시 침투하므로 낭비를 조속히 제거하기 위해 또다시 시도한다는 의미다.

도요타처럼 독자 설계에 의해 제품을 제조하는 생산 시스템에서의 문제 해결 패턴을 간략하게 축약하면 〈그림 2-9〉와 같은 개념이 도출될 수 있다. 다만 이 과정에서 조직원들이 주의할 점은, 현장의 경험을

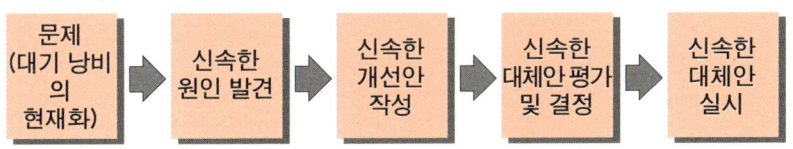

〈그림 2-9〉 문제 해결의 사이클
출전 : 藤本隆宏,「能力構築競爭」(참고문헌-3)

쌓을수록 그 자체가 문제 발견의 힘으로 전환돼야 함에도 불구하고 경험이 오히려 자만심을 불러와 문제 발견의 장해물로 변질되지 않도록 하는 것이다. 인간의 이런 약한 속성을 잘 알고 있던 오노 다이이치는 개선을 하고자 했을 때 베테랑 현장 직원의 의견은 되도록 피하고 가능한 한 작업자의 의견을 듣기를 원했다.

그 이유는 초심자의 발상이 지혜롭게 들리고 베테랑의 의견은 자신의 과거 경험과 얄팍한 지식으로 가능 여부를 함부로 말함으로써 오히려 방해가 될 수 있기 때문이다. 또 베테랑이 말하기 시작하면 다른 작업자들은 의견이 있어도 건방지다는 평을 듣지 않으려고 침묵으로 일관하기 때문에 개선이 아예 불가능해져 버리는 수도 종종 있었다.

도요타의 개선 습관이 조직적으로 이루어지는 현상으로서 대표적인 것이 자주연구회 활동이다. 흔히 '자주연自主硏'이라고 부르는데 이 모임은 오노의 수제자인 스즈무라 기쿠오가 생산조사실에 근무할 때 그 부서의 역할인 TPS 보급을 위해 문제가 있는 각 공장의 실무자 혹은 협력사를 포함시켜 개선을 실시하고 보고하는 모임이 시대적으로 발전한 것에 불과하다.

자주연의 활동 포인트는 현장 중심의 개선으로서 '문제는 어디에 있는가, 또 어떻게 하면 좋을까?'라는 기본 사고로 멤버 전원이 사고하고 토론하여 해결책을 내는 행동에 있었다. 즉, 낭비 보는 눈을 배양시키고 개선능력과 마음자세를 고양시켜 집단으로 문제를 해결하는 차원의 모토를 갖고 있었다. 그러나 후에 이 모임에 자발적으로 참석하는 인원이 점차 많아지자 여러 조직에서 자체적으로 모여 구성한 개별 조직이 기하급수적으로 늘어났고 현재의 도요타 개선을 거의 책임지다시피 하는 수준으로 발전하였다. 이런 것이 모두 도요타의 조직적인 활동 능력과 꾸준한 지원 노력에서 나온 결과라 볼 수 있다.

　일반 기업에서 볼 수 있는 형태로서, 경영자가 강제적으로 구성시키고 형식적으로 문제 논의만 억지로 하다가 별 효과를 내지 못한다고 판단되면 흐지부지 없어지고 마는 비정규 조직 형태와는 차원이 전혀 다르다.

16 제조 과정에서의 품질삽입 능력

공정품질을 잡아라

품질Quality은 고객이 요구하는 정보를 생산완료 단계까지 보증하는 것이다. 또 다른 의미로는 제품에 녹아들어간 일체의 정보가 나타내는 양과 질이다. 품질은 크게 두 가지로 나뉜다. 첫째는 개발품질(설계품질-Design Quality)로서 디자인에서 부품설계 완료 단계까지 고객의 요구 정보에 대한 정합성整合性이 있고, 둘째는 제조품질Manufacturing Quality로서 부품이나 조립 도면의 정보를 완제품 검사까지 지켜주는 정합성이 있다.

흔히 제조품질을 적합適合품질이라고도 부른다. 실제의 제품이 얼마나 도면대로 나왔는지를 나타내는 척도의 의미다. 사실 고객에게 제공되는 제품은 유형(제조업)이든 무형(서비스업)이든 설계된 정보가 매체Media에 삽입되는 것으로 간주할 수 있다. 따라서 제품은 정보의 집합이고 고객 또한 매체에 삽입된 정보를 기준으로 구매를 하거나 품질 판단을 한다고 보면 된다.

품질을 '매체(재료)에 설계 정보의 삽입'이라는 차원으로 해석하면 불량은 자연히 정보가 삽입되는 순간의 정보공급자(발신자 : 사람 혹은 설비) 오류나 아니면 정보수령자(수신자 : 재료)의 오류로 인해 발생하는 현상으로 해석할 수 있다. 따라서 불량배제 활동이란 이러한 각종 정보교환상의 오류를 일으키지 않게 하는 행위로 보면 된다.

불량은 생산자의 입장이나 고객의 입장에서 모두 가장 큰 손실의 이미지로 부각되는 대상이라 불량의 원천적 차단이 중요하다. 따라서 불량이 발생되는 주요 원인 계통을 살펴볼 필요가 있다.

가장 많은 불량을 유발하는 것은 설계의 초기 오류다. 조립품의 간섭 설계를 잘못하거나 정보력이 미숙하여 소재 선택에 오류를 범하는 경우가 가장 많은 불량을 유발한다. 생산을 담당하는 입장에서 가공 조건을 잘 지키지 않거나 설비의 정밀도를 유지하지 못해 벌어지는 불량의 발생도 많다. 또한 작업 후에 불량 판단 능력이 부족하거나 가공 작업 이외의 물류 작업에서 관리를 소홀히 하면 역시 불량이 증가한다.

이와 같은 주요 원인을 살펴보면 불량은 모두 제조 과정에서 나오는 것이므로 만드는 과정의 단계인 공정에서 품질을 확보하는 '공정품질'의 중요성이 부각된다. '공정품질'을 관리해야 하는 주요 목적은 불량품의 조기 발견이다. 공정을 지나친 불량이 제2, 제3의 불량을 유발시키는 영향을 미리 차단하는 것이다. 따라서 도요타는 불량을 후 공정에 보내지 않기 위해 현 공정에서 완전한 품질을 삽입한다는 '공정에서 품질삽입' 활동을 전개하고 있다.

품질 완성을 위한 혹독한 훈련

불량에 대처하는 방식은 3가지다. 첫째, 불량발생품의 처치 방법으로서, 수정해서 양품으로 만들거나 아니면 폐기해 버리는 방식이다. 둘째, 동일한 불량이 두 번 다시 반복되지 않도록 원인을 추구해서 시정 조치를 하는 방식이다. 셋째, 현재는 불량 발생이 없지만 나올 수 있는 경우를 대비하여 사전에 조치하는 방식이다. 이는 마치 우리의 건강을 다루는 것과 흡사함을 알 수 있다.

도요타의 TPS가 성공할 수 있었던 가장 큰 동기는 품질의 안정화에 있다. 도요타의 품질 관리나 활동의 수준은 이미 창업 시기부터 타기업보다 앞서 있었다. 짧은 기간 내에 자동차 제조회사로 허가받기 위해 생산과 판매를 감행하는 과정에서의 불량 발생을 빠르게 극복해야 하는 시련기를 톡톡히 겪었기 때문이다. 그러나 여전히 구미 선진국에 비해 열악한 품질 조건은 벗어나지 못하고 있었다.

그러다 한국전쟁으로 미군이 별 수 없이 트럭의 공급 기지를 일본으로 정하고 생산을 의뢰했을 때 진정한 품질관리 활동을 맛볼 수 있었다. 미군의 품질검사 담당이 수많은 체크 항목을 준비해 와서 차가 완성될 때마다 하나하나 점검했는데 그 검사 과정에서 하나의 항목만 불합격이 돼도 출하는 취소되었고 앞 공정으로 돌려보내져 다시 완벽하게 만들어진 후 재검사에서 합격해야만 차량값을 현찰로 바로 지급받을 수 있었다.

차량을 정확하게 만들기만 하면 즉시 돈이 지급되는 상황 앞에서 누가 품질을 등한시 할 수 있겠는가. 불량 판정을 양품으로 만들기 위한 가장 속도감 있는 행동들이 일어난 것은 당연하고 동일한 일이 두 번 반복해서 일어나지 않도록 발본적인 원인 제거에 나서는 습관도 이때 정착되었다. 즉 통계적 품질관리SQC, Statistical Quality Control라고 하는 전문적 활동도 이 시기의 3년간 완전히 정착시킬 수 있었다.

TPS는 공정품질의 보호자

1950년대 후반 크라운이라는 승용차를 개발해서 1958년에 미국으로 최초의 수출을 시도했으나 당시 일본에는 시속 100킬로미터 이상을 시험할 수 있는 고속도로가 없는 가운데 보낸 것이어서 크라운이 캘리포니아 고속도로에 진입하자마자 속도가 죽어버리는 현상이 일어났다. 또 사막지대에 들어서자 엔진 고장으로 중도에 서버리는 일도 벌어졌다.

결국 미국으로부터 도저히 받아들일 수 없는 수준이라는 판정을 받았고, 도요타는 품질에 대한 새로운 각오를 가지고 1960년대 초반부터 약 10년간 대대적으로 전사적 품질관리TQC, Total Quality Control 운동을 벌였다. 이때 오노 다이이치는 TPS의 정착을 위해 혼신의 힘을 쏟고 있을 때였다. 말이 별로 없는 오노는 품질운동에 대해 무언으로 대응하여 특유의 긍정 표시를 하곤 했다. 만약 TPS 구축활동에 저해가 되는 부정적 활동이라고 판단했다면 반드시 말을 해서 짚고 넘어갔을 것이다. 품질의 확보는 TPS의 전제라고 생각했던 것이다.

이 시기에 오노 다이이치는 TPS의 관건인 품질 이상 발견시 라인 정지를 시도하고 있었다. 이상이 발견되어 라인을 정지하고 살펴본 후 부착된 부품이 불량이라면 다시 떼어내야 했다. 이 광경을 본 오노는 작업자에게 독이 든 곡식알을 쪼는 닭과 무엇이 다르냐는 말로 생각 부족의 행동을 야단친 후 부품을 취부하기 전에 반드시 양품인가를 확인해야 한다고 가르쳤다. 그래서 모든 작업자가 조립하기 전에 대상 부품이 양품인가 다시 확인하는 동작을 했으나 그 역시 낭비라 판정되어 부품이 후공정으로 전달되는 과정에서 자동으로 점검되는 장치 Fool Proof로 대체하였다.

특히 오노는 계획대로의 양품 생산을 하기 위해서 혹시 잘 되지 않을 때는 어떻게 할 것인가까지 생각해 두라고 가르쳤다. 그래야 확실한 계획이라고 볼 수 있다는 것이다. 즉, 이상異常 대응을 생각하지 않는 계획은 무계획과 동일하다고 여겼다.

도요타가 추구하는 '공정품질의 삽입' 활동으로 최후에 평가받는 대상은 직행률이다. 도요타 내부에는 최종 검사를 끝낸 자동차를 다시 수정하는 공정(Touch Up 공정)이 없다. 순서대로 양품 판정을 받는 확률이 99퍼센트를 넘기 때문이다. 그러나 타기업의 직행률 수준은 겨우 60퍼센트 전후에서 머무른다. 직행률이 60퍼센트라는 것은 공정품질 삽입능력이 60퍼센트라는 의미와 같다.

이와 같은 높은 직행률을 보장하는 활동이 TPS 양대 축의 하나를 형성하고 있는 자동화自働化인 것이다. 이것은 단지 불량낮추기 활동에 그치는 것이 아니라 직행률을 올려 완전하게 공정품질 삽입을 하기 위한 목적이 더 크다. 그 목적을 달성하기 위해서는 인간의 지혜를 기계에 불어 넣어 품질의 점검은 물론, 이상이 있을 때 멈추는 동시에 문제점을 알리는 기능 수준까지 발전시켜야 비로소 자동화라는 의미를 부여할 수 있다. 그렇다고 도요타가 단 한 번에 완전한 자동화를 이루었다고는 보기 힘들다. 수없이 많은 작은 개선부터 착실히 진행하여 높은 기능을 달성할 수 있었다.

제조 과정에서 불량을 발견하라

대개 생산 라인에서 필사적으로 일하는 작업자는 불량에 대한 인식 수준이 낮을 수밖에 없다. 생산량을 위주로 작업하기 때문이다. 그러나 불량이 나올 때 라인을 멈추고 작업자에게 구체적으로 가르치면 작업속도보다 불량의 발생이 더 중요함을 인식하여 불량을 내지 않는 습관으로 바뀐다. 만약 멈추지 않고 작업 완료 후에 불량을 판정하기만 한다면 작업자의 불량 방지 의식은 영원히 생기지 않는다는 것을 도요타는 이미 오래 전에 감지한 것이다. 대부분의 기업이 아직도 도요타의 수십 년 전 의식을 따라가지 못하고 있다.

불량이 나오게 되는 이유는 설계상의 오류나 작업 조건상의 오류도 있지만 작업장이나 작업자와 관계된 사소한 오류도 의외로 많다. 이러한 오류의 원인이 되는 계통을 분류해서 배열하면 〈그림 2-10〉과 같다. 단순한 오류로 불량이 발생하는 것을 방지하기 위해서는 요인의 대한 주의점을 작업표준에 넣어 자주적으로 체크하는 환경을 만들어야 한다.

그리고 작업자의 주의력을 요구하지 않고 물리적인 장치로 사소한 오류를 사전에 차단하는 체계가 FOOL PROOF 시스템인데 불량의 성격에 따라 어떤 대응 방식으로 설계할 것이지 간단하게 표현한 것이 〈그

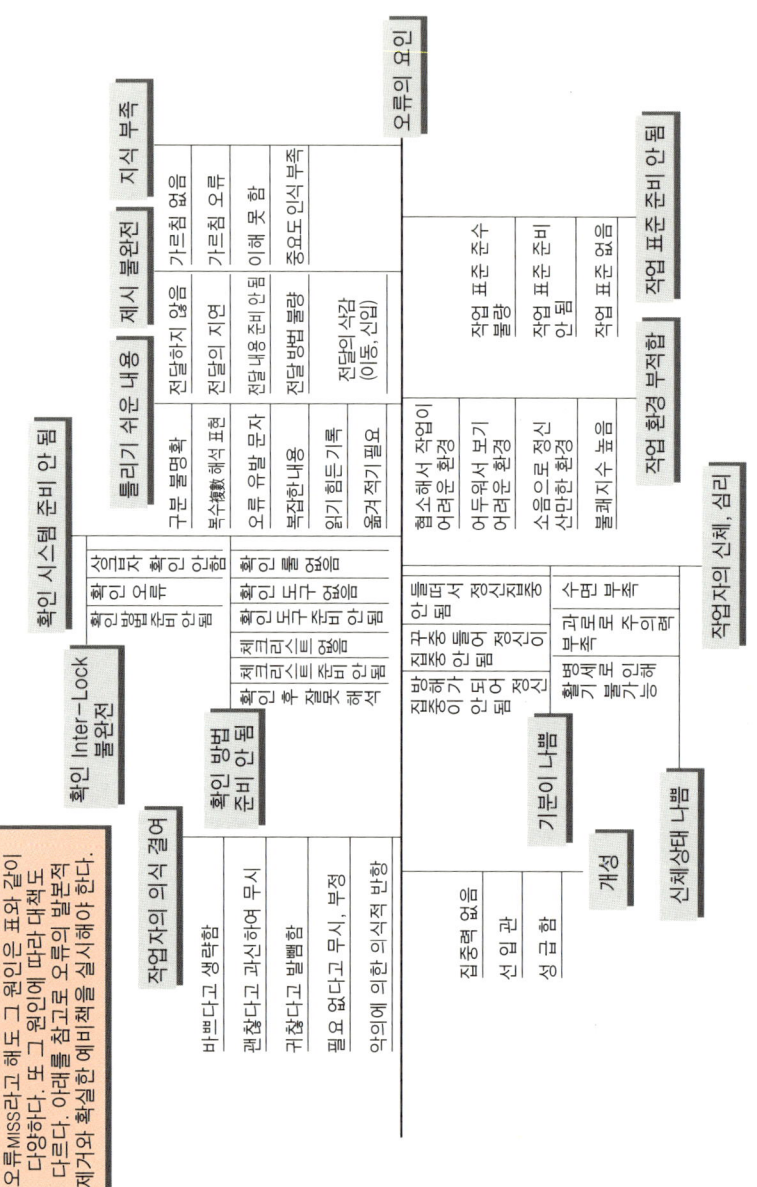

〈그림 2-10〉 오류MISS의 요인 계통도

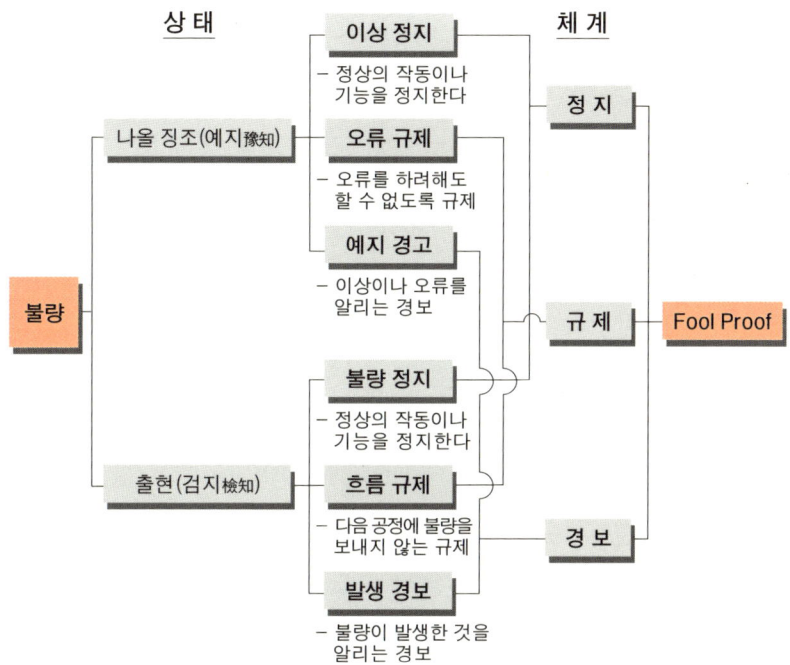

〈그림 2-11〉 Fool Proof의 체계와 불량과의 관계

림 2-11〉이다. 또한 사람이 일으킬 수 있는 오류를 어떤 성격의 FOOL PROOF가 방지할 수 있는가의 경우를 표시한 것이 〈표 2-4〉다.

〈표 2-4〉 라인의 품질 보증 MATRIX 표(FOOL PROOF)

사람의 오류 \ Fool Proof	가공및조립오류	작업물세팅오류	이상품혼입부착	수량차이	가공및조립누락	가공조립시결품	조작오류	결품	준비교체설정오류	대상물오류	표시오류	이상품혼입	비 고
중량 F.P				◎				◎					양품과의 중량 차이
치수 F.P	◎	◎								◎	◎		기준 치수와의 차이
형상 F.P	◎	◎	◎		◎	◎	◎			◎	◎	◎	형상의 특성 차이
연합 작업 F.P			◎		◎	◎	◎		◎				작업자와 기계의 연합
수순 F.P	◎		◎		◎	◎	◎		◎				작업과 작업 수순
구성 수 F.P				◎				◎					공정 누락 CHECK
조합 F.P	◎	◎			◎	◎					◎		횟수, 개수와의 차이
범위 F.P					◎			◎					범위 수치의 초과/미달

244

워크헤드를 불량 해결책의 KEY로 설정

매일 현장에서 발생하는 품질 불량에 대한 대처 방식에 따라 불량의 규모는 결정된다. 매번 응급 처치로 끝나면 불량의 규모가 줄어들지 않지만 재발 방지를 위한 대책을 세워 체계적으로 극복하면 점차 혹은 일시에 줄일 수 있다. 그 차이는 '발생하는 불량은 어쩔 수 없다'라는 사고와 '불량은 만들지 않겠다'라는 사고의 차이만큼 다르다. 불량의 발생 방지는 3가지 형태로 분류된다.

●●● 첫째, 투입되는 원재료나 부품의 품질 상태를 사전에 확인하는 일이다.
●●● 둘째, 작업자가 가공 방법 및 가공 사양을 잘못 인지하고 있지는 않는가를 확인하는 일이다.
●●● 셋째, 가공 설비나 치공구 및 취급 과정에 접촉하는 모든 워크헤드Work Head의 정상 상태를 사전에 점검하는 일이다.

이 3가지를 완벽하게 처리하면 불량은 발생할 수가 없다. 그 중에서 마지막에 해당하는 워크헤드의 점검은 소재가 완제품이 될 때까지 스킨십(접촉)을 일으키는 대상물을 정확히 관리하는 개념이라 더욱 중요하다. 일반 기업에서 특히 이에 대한 활동이 아주 미약함을 경험할 수 있었고 또한 대부분의 불량 발생이 워크헤드의 영향이라는 것을 발견할 수 있었다.

도요타가 불량 발생의 요인을 바라보는 관점 중에 가장 특이한 발

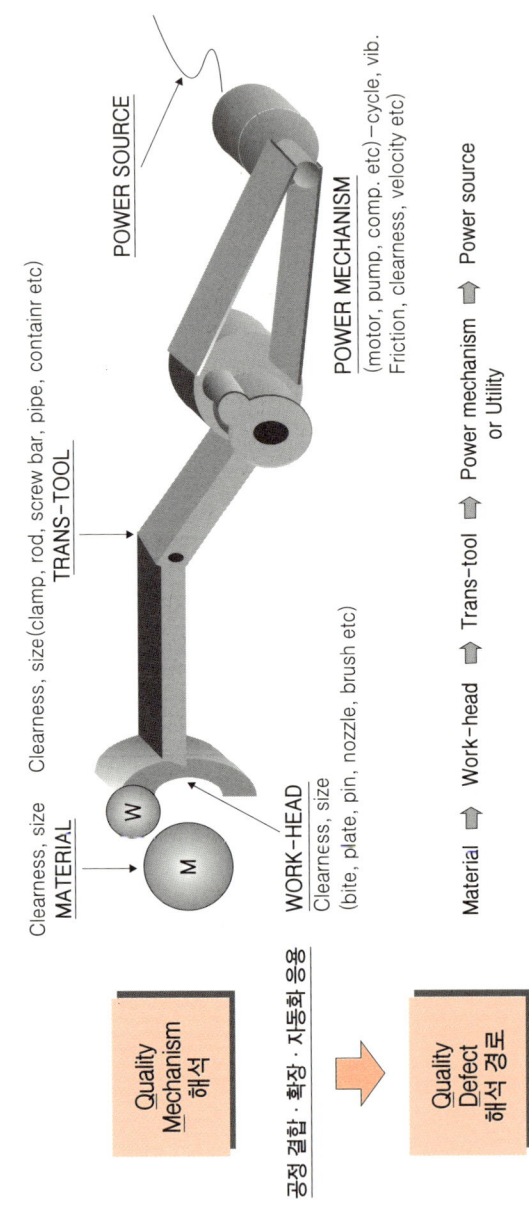

〈그림 2-12〉 도요타의 품질·설비보전 동시관리 체계

상의 하나는, 불량 발생이 4대 공정, 즉 가공·운반·검사·대기의 단계에서 작업물Work과 워크헤드(공기와 열과 같은 비물질을 포함한 모든 접촉물)와의 바람직하지 않은 관계에서 일어난다고 보는 것이다. 그리고 비록 직접 접촉하는 워크헤드의 조건은 정상일지 몰라도 그 워크헤드를 작동시키는 작용점(간접 워크헤드)이 비정상적인 경우가 많아 원인을 잘 파악하지 못한다는 결론이다. 그래서 도요타는 인과因果관계 원리를 동원하여 불량의 직접적 원인이 되는 워크헤드의 정상화와 그 작용점에 해당하는 메커니즘을 동시에 점검하여 설비 조건도 완전하게 점검한다.

가공되는 순간의 조건을 살펴보면 최종의 위치에 가공대상물Material이 있고 바로 근접해서는 접촉물인 워크헤드Work Head가 있다. 그 워크헤드의 바로 뒤에는 워크헤드에게 작용을 전달하는 이동점Trans Tool이 있고, 그 뒤에는 동력 시스템Power Mechanism이 있으며 맨 후미에는 동력원Power Source이 존재한다. 이 관계를 각각의 머리문자를 따서 MWTPP 분석 체계라 이름 지을 수 있다.

제일 먼저 재료의 이상 유무를 점검하고 그 다음에 접촉 워크헤드를 점검한 후 그래도 해결이 안 되면 워크헤드를 가동시키는 메커니즘을 찾아들어가는 아주 체계적이고 발본적인 탐색 행동이다. 이렇게 발원지까지 찾아가는 과정에서 저절로 설비의 상태까지 점검하고 또 개량까지 고려해 볼 수 있는 기회를 갖는 능력은 도요타가 아니면 도저히 생각조차 할 수 없을 만큼 정교한 불량 극복 활동이라 볼 수 있다. 이 활동 체계의 구조를 간단히 나타낸 것이 〈그림 2-12〉다.

MWTPP 원리를 응용한 품질확보 방법

MWTPP 원리를 응용하면 설비 메커니즘과 불량 현상을 동시에 정복할 수 있다. 특히 설비 중심으로 생산을 진행하는 기업에서 이 원리를 응용하면 많은 불일치 발생을 예방할 수 있다. 사실 많은 생산 작업자들은 설비의 상세한 작동원리를 모른 채 제품을 취급한다. 특별히 이상 현상이 발생했을 때 품질전문가나 설비담당자를 불러 그 상황을 벗어나는 경우가 다반사다. 이런 경우 해당 현장은 불량 발생이나 설비의 기능저하를 전혀 예방할 수 없고 손실이 반복되는 현상을 피할 수 없다.

비록 설비담당자가 순간적으로 불일치 현상을 조치해서 정상화했다고 해도 그때뿐 다시 이상 현상이 반복되어 나타나는 경우가 많다. 이는 기술부분을 담당하는 관리자들이 논리적인 트러블 조치가 아닌 임기응변의 순간 조치만을 일삼기 때문이다. 이런 불합리한 지속 상황을 벗어나려면 불량현상에서 출발해 설비의 정상관리까지 해결하는 도요타의 사고를 본받을 필요가 있다.

장치산업의 하나인 PCB 기판 제조업에서 MWTPP 원리를 적용해 활용한 사례를 구체적으로 〈그림 2-13〉에 표시했다. 그림에서 보듯이 1차로 가공된 기판의 표면을 고압 세척수로 세척하는 공정이다. 여기에 표현된 W/H는 WORK HEAD의 약칭이다. 즉 제품에 직접적으로 접촉하는 수단물체를 말한다. 그림의 왼쪽에는 가공환경이 그려져 있고, 오른쪽에는 가공 메커니즘이 표현되어 있다. 이렇게 그림으로 표현하는 이유는 사진이 대신할 수 없는 내부와 후면의 상태를 자세히

작성자	홍길동	작성일자	00.0.00	Ver.No.	1.0
공정명(CODE)	1차 세척(000)		설비명(CODE)		고압수세기
W/H CODE	000-0		W/H 명		고압수
목적	기판 Hole속 이물질 제거		기능		이물질을 Hole로부터 분리한다

W/H의 세부 관리 POINT

- 1-1 분사압력
- 1-2 노즐상태
- 1-3 회전 속도
- 1-4 고압수 오염도

W/H 작동 메커니즘

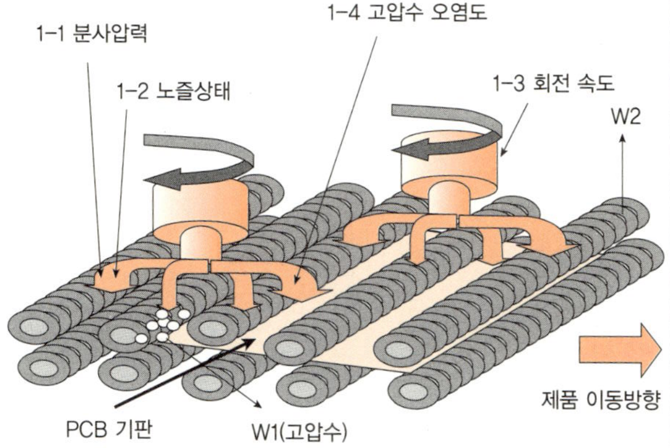

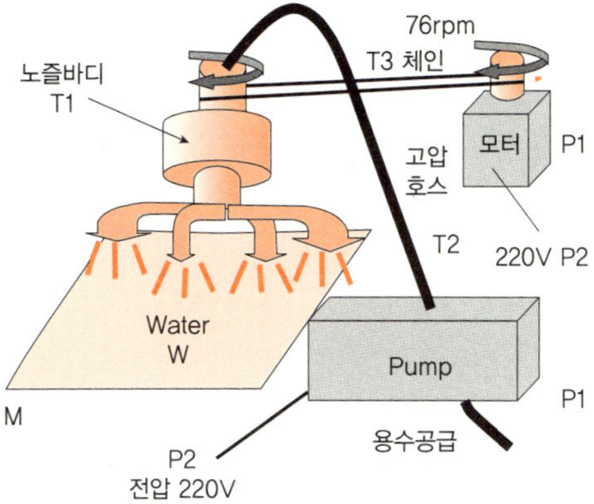

관리 항목	세부 사양	관리주기
1-1 분사압력	100±5bar	1회/shift
1-2 노즐상태	노즐구경(mm) 유지	1회/주
1-3 회전속도	76rpm	1회/shift
1-4 오염도	필터 교체주기	1회/shift

W/H 트러블 발생시 불량발생 현상
- 압력이 높으면 기판 돌림에 의해 밀착력이 부족하여 Open 불량 발생
- 세척능력 저하로 전류금속 불량 발생
- 고속회전 및 저속회전 시 Hole 속 도금 불량 발생
- Hole 속 도금불량

〈그림 2-13〉 MWTPP의 실제 분석 사례

표현하기 위해서다.

　이 공정에서 W/H는 물(W1)과 기판을 이동시키는 롤러(W2)가 된다. 그리고 세척수와 관련되어 갖추어야 할 사양에는 물의 압력과 노즐의 상태, 물의 오염상태 등이다. 이들 기판의 세척 기능 중 어느 것 하나도 만족하지 못하면 불량으로 이어진다.

　가령 압력이 요구기준보다 높으면 기판이 눌려서 굴곡이 생기고 도금을 할 때 도금흡착력이 낮아져 도금이 안 되어 오픈 불량이 된다고 분석할 수 있다. 왼쪽의 관리항목 사양에 대해 반드시 1대 1로 오른쪽의 불량발생 상황을 서술해야 한다. 만약 사양에 대해 불량발생 상황을 기재할 수 없다면 그 항목은 관리사양, 즉 가공조건과는 관계가 없다고 봐야 한다. 따라서 꼭 관리해야 할 사양을 찾아낼 수 있고, 찾아낸 사양을 준수하기 위해 관리주기가 같거나 관리주체가 같은 항목들을 모아 관리체계를 편성하면 품질을 확보할 수 있다.

　그리고 오른쪽 위쪽은 고압 세척수가 어떤 경로와 메커니즘을 통해 작동되는지를 분석한 그림이다. M(Material)으로서 기판이 있고, W(Work head)로서 세척수, T(Trans tool)로서 노즐 분사기와 이동호스, 회전 구동체인을 들 수 있다. 또한 P(Power mechanism)로서 분사펌프와 구동모터를 들 수 있고 마지막 P(Power source)로서 220V 전원을 들 수 있다. 결국 이 연결체계 가운데 어느 하나라도 정상이 아니면 기판의 이물질 제거 기능은 발휘되지 못하고 불량으로 결론난다. 만약 가공조건 사양 중 어느 항목에 문제가 있다면 어떤 불량이 발생한다는 점을 공정기술 설계담당자는 미리 예측할 수 있다.

　따라서 불량을 체계적으로 추적하여 근본적으로 원인을 치료하려면 워크헤드의 요구사항이나 메커니즘 상의 기능사양에 발생한 결격 사유를 발견해야만 한다. 그래서 평소에 불일치가 발생하지 않게 하기 위해 요구사양이 적합한 상태가 되도록 각 메커니즘의 요소를 주기적으로 관리하는 방법을 찾아내야 한다. 결과적으로 불량도 예방하고 설비관리도 정확하게 하는 방법이 구축된다.

공정수의 축소는 불량의 자동 감소

경험으로 비춰볼 때 현장에서 발생하는 불량 중에 가장 퇴치하기 힘든 불량이 오염 불량 또는 이물질 불량이다. 눈에 잘 보이지 않는 대상을 찾아 제거하기란 여간 힘든 일이 아니다. 그러나 이것 역시 접촉 워크헤드의 원리를 이용하면 간단히 해결할 수도 있다.

초소형 형광등을 제조하는 기업을 지도할 때였는데, 형광액을 유리관에 도포하고 건조시키기 위해 열을 가하면 이물질 때문에 아주 작은 그을음이나 작은 점의 형태로 표면 불량이 발생하는 것을 보고 원인제거 작업에 착수했다. 아무리 주변 환경을 깨끗이 해도 별 효과가 없었다. 하는 수 없이 도포 용액을 만드는 초기의 과정에서 접촉하는 모든 워크헤드를 분석한 결과 용액이 혼합 처리되는 과정에 많은 워크헤드와의 접촉이 있음을 발견했다.

따라서 종래 8단계의 워크헤드 접촉(용기 수)을 3단계로 변화시켜 작업함으로써 이물질 불량의 개선을 체험할 수 있었다. 상황을 표현한 것이 〈그림 2-14〉다. 이런 결과를 볼 때 불량을 대폭 감축시키기 위해서는 제조 과정이나 공정 단계를 혁신적으로 단축해서 접촉 워크

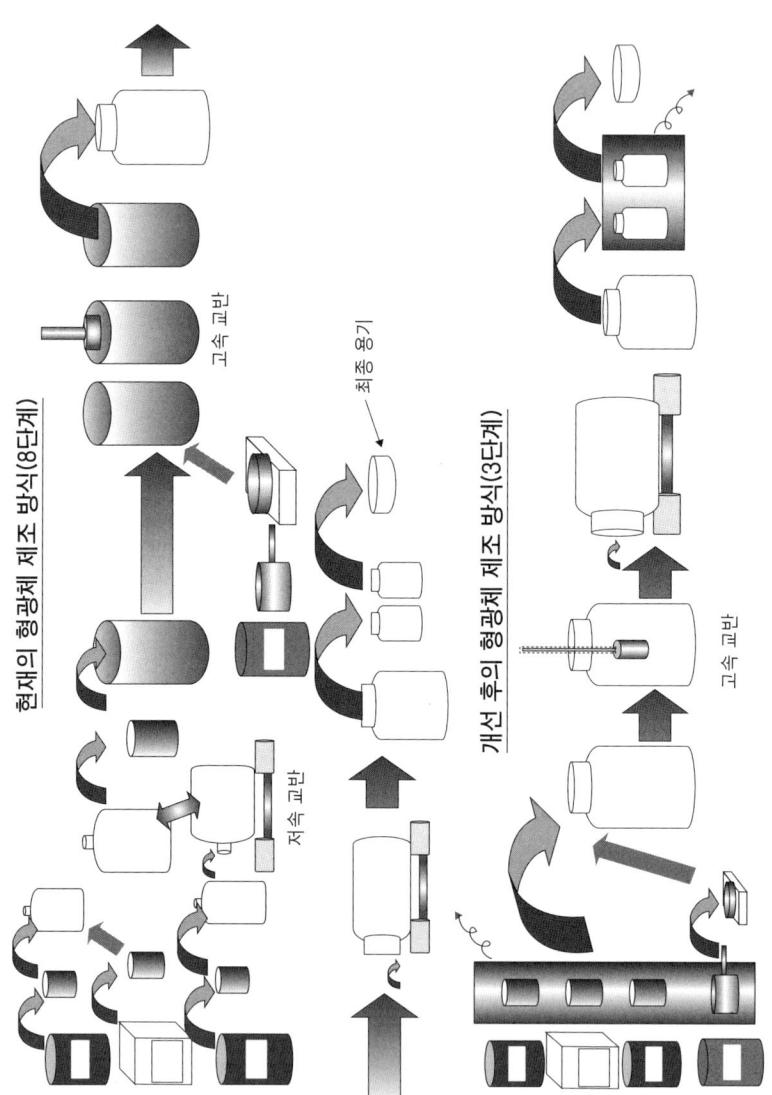

〈그림 2-14〉 워크헤드 축소를 위한 공정 단축 예제

헤드 수를 줄이는 것이 가장 빠른 수단인 것을 확인할 수 있었다.

도요타에는 공정과 작업 수 단축에 의한 품질 우위 결과 사례가 있다. 도요타 그룹은 1년에 두 번 각 공장에서 생산한 차량을 대상으로 고객 클레임의 통계를 분석한다. 자체적으로 높은 기준의 목표를 잡고 모든 공정의 품질이 목표 수준에 진입하도록 유도하고 있지만 목표를 달성하는 공장은 단 한 군데밖에 없었다. 그곳은 도요타의 본사에 해당하는 공장이 아니라 도요타 시와 떨어진 오부大府 시에 위치해 있는 계열사 '도요타자동직기'의 나가쿠사長草 공장이었다.

규모와 위용을 자랑하는 현대식 공장들을 모두 제치고 초라하고 작은 공장이 최고의 품질을 만들고 있었다. 이 공장은 원래 자동차 조립 라인으로는 너무 좁았지만 수요 증대로 라인을 설치할 수밖에 없었다. 좁은 공간 때문에 공정을 대폭 감축해서 단순 콤팩트한 라인 형태로 운영한 결과 결국 훌륭한 품질의 차량을 만드는 효과를 낸 것이다. 품질의 향상은 결코 신규 장비나 투자에 의해 이루어지는 것이 아니라는 것을 증명하고 있다.

품질 개념을 재정립한 도요타

불량 발생 현상 중에 작업자의 변동에 따라 생기는 종류도 적지 않다. 이때 해당 작업을 가장 잘 하는 작업자나 감독자에게 '당신이 작업해도 불량이 나오는가?'라고 물었을 때 '아니다'라고 대답하면 감독자가 올바른 작업 방식을 해당 작업자에게 훈련시키지 않은 잘못이 크고, '그렇다'고 대답하면 양품을 만드는 조건이 아직 그 공정에서는 수립되지 않은 것으로 봐서 제조기술의 근본을 다시 세워야 한다.

도요타는 초일류를 독주하는 기업으로서 상대적 수준의 품질 관리 시대는 끝났다고 보고 있다. 즉 상대방에게 지지 않거나 이기려는 품질을 목표로 하는 것이 아니라 고객에 대한 절대 품질로 목표를 바꾸었다. 렉서스의 일본 국내 공급을 계기로 불량 '0'를 선언한 것이다. 이 품질 전략을 달성하려면 1차 협력사의 품질 능력만으로는 불가능하다. 심지어 재료 메이커까지 거슬러 올라가 원류부터 철저하게 품질이 보장되어야만 가능하다. 만약 하자가 발생하면 거래 취소까지 각오해야 한다. 따라서 도요타는 3, 4단계 이전의 부품 협력사까지 관리 범위에 두어 능력을 평가하기로 한 것이다.

이것이 새롭게 탄생한 품질사슬관리체계QCMS, Quality Chain Management System라 할 수 있다. 이러한 활동은 도요타는 물론이고 일본의 제조능력을 한층 올려놓는 계기가 될 것은 분명하다. 결국 '공정품질의 삽입'에 대한 완전한 구현이 실현될 날이 다가온 것이다.

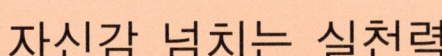

17　자신감 넘치는 실천력

평소의 실력 연마가 대응력을 결정한다

성장한 후에 어린 시절에 뛰어놀던 운동장에 어쩌다 가봤더니 그곳이 너무나 좁아 보였던 경험을 가지고 있을 것이다. 그 이유는 신체가 성장했다는 데도 있겠지만 근본적으로는 바라보는 세계가 넓어졌기 때문이다. 행동 반경이 좁아 그것이 제일 큰 장소인줄만 알았던 시야에서 탈출하여 보다 더 큰 장소와 넓은 대상, 그리고 수많은 경험과 정보를 접하게 되면 기존의 기억은 초라한 모습으로 변질될 수도 있다.

개선활동도 마찬가지다. 적은 정보와 지식으로 업무를 대하던 사람이 더 많은 경험과 시행착오를 겪으며 상당한 지식과 정보를 쌓았을 때는 예전의 업무 방식이나 대처 방식이 너무 부끄럽게 느껴질 때가 있다. 도요타의 작은 부문 현장 책임자 출신일지라도 은퇴한 후에 다른 기업들을 과감히 지도할 수 있는 능력을 보유한 이유가 여기에 있다. 보통의 능력으로 다른 사람들보다 더 많은 노력과 발상, 그리고 목표 추구를 일상처럼 해 온 결과가 일반 기업의 사원들을 가르쳐 혁신을 리드할 수 있을 정도의 큰 능력으로 변한 것이다.

도요타의 현장 책임자들은 목표를 설정하고 냉정하게 상황을 파악해서 진행 방향을 설정하는 일에 익숙해져 있다. 그리고 작은 실패를 반복하면서 이론을 참조하고 경험을 거듭하여 성공 체험을 우뇌에 차곡차곡 쌓아간다. 이런 경험에 기초하여 결단력을 발휘하는 것이 도요타의 체질이다.

특히 도요타는 변화하는 고객의 요구에 대응하는 면에 있어서 초일류의 능력을 발휘한다. 아무리 짧은 고객의 요구 L/T에도 응할 자세로 임한다. 그러나 많은 기업에서는 재고를 잔뜩 쌓아 놓은 이유로 고객이 넉넉한 시간을 주지 않는다는 넋두리와 함께 고객의 단납기와 긴급 주문을 거론한다.

이런 현상은 마치 학생 시절에 시험문제를 어느 정도는 알려줘야 공부하지 않겠느냐고 항변하는 학생과 같다. 어떤 시험이라도 상관없이 대응할 수 있는 평소의 연마가 중요한 것이다. 미래의 시험문제를 알면 누구나 다 우등생이 될 수 있다. 어느 기업이나 대응할 수 있는 넉넉한 시간을 두고 주문한다면 모든 기업이 흑자일 것이다. 그러나 경쟁 환경에서 그것을 기대하거나 커닝페이퍼와 같은 재고 대응으로 일관하면 생존을 위한 실력이 붙지 않는 것은 물론이고 얼마 지나지 않아 낙오될 수밖에 없다. 긴급 주문을 주는 고객을 마치 쪽지시험을 치러는 선생과 같이 생각하면 대응 방식은 저절로 설계할 수 있지 않을까.

개선의 실천력에 중점을 둔 인재양성법

도요타의 행동력과 실천력은 두 가지 방향의 의식으로 추진한다. 첫 번째 방향은 행동의식이다. 말보다는 행동으로 바로 옮겨 실행하기를 희망한다. 두 번째 방향은 변화의식이다. 새롭고 강렬한 체험을 갖지 못하면 인간의 의식은 변하지 않기 때문에 새로운 목표에 과감히 맞서기를 희망한다. 이 두 가지 모두 다 시켜서 하는 것이 아니고 스스로 마음이 내켜서 한다는 전제를 두고 있다.

도요타는 직원들을 항상 생각하는 집단으로 만들려고 노력한다. 그래서 모두에게 곤란을 겪을 만한 개선의 목표를 주어 최대의 힘을 발휘해 생각할 수 있는 순간을 스스로 만들게 한다. 곤란할 때의 해결법과 그 행동이 바로 개선이다. 그래서 개선이란 곤란과의 마주침－최대의 생각－적극적 행동이라는 3가지 요소로 구성된 사이클을 갖는다.

생각하지 않는 도요타 사원들에게 가장 두려운 존재는 역시 오노 다이이치였다. 의욕적으로 일하려다 실패하면 오노는 상대방에게 화를 내지 않았다. 그러나 시도해 보지도 않고 불가능하다는 이유를 대면 얼굴색을 바꿔 화를 냈다. 누구든지 생각만은 늘 할 수 있다. 그러나 생각을 실천으로 옮기는 것은 어려운 것이 사실이다. 상대방에게 문제에 대한 대응 자세를 물을 때 '마음 같아서는 과감히 하고 싶으나…'라는 대답이 나오면 계집아이 같은 나약한 마음으로 무슨 혁신을 할 수 있냐고 다그치면서 바로 행동으로 옮기라고 소리쳤다.

현장의 가공 라인 각 설비에 작업 페이스를 알리는 장치를 부착하라는 지시를 했을 때 공무팀을 동원하여 주말에 하겠다는 부하 직원의 대답을 듣고는 '당신이 할 마음이 있다면 당장 하라. 3시간의 여유를 주겠다'라고 할 정도로 실천력에 대해서는 엄중한 자세를 취했다. 오노 앞에서 일日단위의 시행 의지를 피력하면 안 된다. 반드시 시간이나 분단위의 시행을 알려야 허락이 떨어진다. 그래서 도요타 직원들이 제일 중요하게 여긴 것이 실천 의지다. 실천 의지가 없는 사람에게는 아무리 좋은 수법과 시스템도 소용없는 것이라고 판단한다. 만약 실천한다면 그 다음에 가서야 일 처리의 기본과 과정을 중시하여 옳은 방향을 잡느냐에 관심을 가졌다. 최선을 다하는 것은 누구나 가능하지만 올바른 방법을 추구하는 것 역시 쉽지 않기 때문이다.

국내의 기업을 지도할 때에도 동일한 상황을 경험한다. 라인을 살펴보면서 낭비 발생이나 문제가 보일 때 개선할 포인트를 알려주면 다음에 바꾸어 놓겠다고 하면서 즉시 실천하려고 하지 않는다. 그러나 그 다음 방문때 살펴보면 바뀐 것은 별로 없다. 그동안 일이 바빠서 할 시간이 없었다는 핑계만 댄다. 다음에 오면 꼭 해놓겠다고 다시 약속한다. 다 거짓말이다. 할 의사가 별로 없는 사람들이 항상 '다음'이라는 말을 입에 담고 산다. 그래서 그때부터는 현장에서 낭비가 발견되면 내 눈 앞에서 직접 행동으로 보이라고 한다. 그렇지 않으면 해결될 때까지 한 발자국도 움직이지 않겠다고 선언하면 그제야 부랴부랴 움직인다. 사실 시간도 별로 들이지 않고 끝낼 수 있는 일도 무조건 다음이라는 말로 얼버무려 실천하지 않으려 한다.

도요타에서 오래 근무한 사람이 타 회사를 지도할 때 묻는 질문 중의 하나가 '당신은 현장에서 감동한 적이 얼마만큼 있는가?'이다. 이때 대부분의 사람들이 자신의 머리로 생각할 필요 없이 그저 주어진 작업을 담담하게 하고 있다는 식의 표정을 짓고 왜 그런 쓸데없는 질문을 하는지 모르겠다는 얼굴을 한다.

도요타의 현장 생활을 오래 한 베테랑들은 현장에서 개선에 의한 감동적인 장면들을 수없이 마주쳤기 때문에 배우겠다는 상대방에게 그런 경험이 있다면 쉽게 개선의 법칙을 전달할 수 있을 것이라는 생각으로 질문을 던지는 것이다. 개선활동의 감동 속에 살아왔다면 이미 그 기업은 초일류 기업으로 성장해 있을 것이다. 남을 가르치고 있을지언정 배운다고 다가오진 않을 것이다.

최고가 되려면 개선활동을 하라

도요타가 현장 개선력이 강한 것은 목표의식이 있어서다. 현장에서 근무하는 작업자가 올라가는 최고의 자리는 공장工長이다. 약 80명 안팎의 작업자를 책임지는 직책이다. 복장은 같아도 모자의 생김새가 달라 금방 알아볼 수 있다. 상당히 높은 급여와 권한을 갖고 있어서 현장직의 꿈이라고 볼 수 있다. 그 자리에 오르려면 상당한 세월에 걸쳐 수없이 개선활동에 의한 감동을 맛본 사람이어야 가능하다. 진급의 제일 요건은 개선 실적이다. 이왕에 도요타에서 근무할 것이라면 공장으로 진급하기를 모두 바란다. 그래서 개선활동에 적극적으로 참여한다. 감독자들이 평가하는 단계적 관문을 통과해야 그 자리에 오를 수 있기 때문이다.

그러나 일반 기업에서는 작업자들이 오히려 감독자가 되기를 기피하는 현상이 많다. 감독자의 업무가 개선에 치중하지 않고 뒤치다꺼

리에 집중하기 때문이기도 하고 감독자가 되어도 급여는 별로 오르지 않고 책임만 증가한다고 생각하기 때문이다. 기업의 인력관리 방식도 문제가 있고 감독자의 자질에도 문제가 있다.

도요타의 현장에서는 피라미드적 계층 구조가 확실히 보이는 반면 일반 기업에서는 마치 단순 수평구조 형식으로 보인다. 전체적인 평균 수준을 끌어올릴 감독자 층이 없으면 현장의 지속적 개선은 기대하기 힘들다. 현장의 작업자가 빨리 감독자가 되고 싶어 하는 공장이 아니라면 그 기업은 별 비전이 없다고 생각된다.

개선의 실행력에 가장 필요한 것은 구체적인 방책의 연구 능력이다. 기업에서 목표를 간단하게 세우고 나면 그 다음에 하는 말들은 대부분 '잘해 보자' 아니면 '최선을 다하자'라는 의지만 담긴 말뿐이다. 그러나 어느 정도 시간이 지나가도 계속 의지만 강조할 뿐 구체적인 방법론은 나오지 않는다. 프로세스를 중시하는 사고를 갖추지 못했기 때문이다. 부동산업이나 서비스업 등은 행운이나 시황의 변화를 기대해 볼 수 있지만 제조공장에서는 아무것도 안 하고 좋아질 수 있는 방법은 없다. 따라서 오로지 행동을 위한 결단과 바로 실천하는 자세만이 요구된다.

많은 기업의 혁신 지도를 통해 느꼈던 것은 기업의 변화에 가장 영향력을 행사하는 것은 경영자의 실천력이라는 것이다. 경영자가 시간을 내어 참여할 때 그 기업은 반드시 혁신의 결과를 얻었고 그렇지 않고 본인은 실천하지 않고 다른 사람들이 해주기를 바라는 경영자의 기업은 거의 바뀌지 않았다. 경영자의 참여와 실천력이 사원들의 실천력으로 이어진다는 진리를 피부로 느낄 수 있었다.

CHAPTER 06

개선을 영원히 지속시키는 도요타의 방법론

의식 개혁 형성을 위한 노력
개선사상을 공유화하는 능력
계획적인 인재육성을 통한 활동 전개

TOYOTA

18 의식 개혁 형성을 위한 노력

성장에는 의식 무장이 필요

일본은 150년에 걸친 근현대사에서 두 번의 결정적인 선진 기술 흡수의 시기가 있었다.

첫 번째는 3세기에 걸친 도쿠가와 막부 말기인 1860년대 후반으로서 명치유신 이후에 급속한 산업화가 일어나 1905년의 러일전쟁을 승리로 몰고 가는 저력을 발휘했다. 두 번째는 2차 대전 이후 다시 한 번 선진국의 기술을 받아들여 상품 분야에서 독특한 일본화의 성공을 거두며 세계 경제에서 지배적인 위치에 서게 됐다.

이러한 두 번의 기술 혁신에 의한 성장 배경에는 전형적인 일본식의 단계적 개혁 공식이 존재한다. 이는 3단계 의식 개혁 방식으로서 다음과 같다.

- ●●● 첫째, 배운 대로 실행할 것(守-지킴)
- ●●● 둘째, 익히면서 본인의 장점을 강화할 것(破-강화)
- ●●● 셋째, 독자성을 발휘해서 타 영역을 새로 발굴할 것(離-확대)

도요타그룹의 창업자인 도요다 사키치豊田 佐吉가 40여 년간의 고행 체험을 회고하며 피력한 직업관을 살펴보면, 일거리는 누가 찾아주거나 주어지는 것이 아니고 본인이 발견해야 할 대상이라고 했다. 그래야 진정한 일이고 직업이 된다고 본 것이다. 많은 사람들, 특히 젊은이들이 취업난이나 실업으로 고통을 겪는 것은 합당한 머리와 건강 그리고 교양을 갖추고도 주위를 개척하지 않고 적당한 연구와 노력만으로 보수가 높은 과도한 꿈만을 쫓기 때문이라고 생각했다. 이러한 현상은 세월이 지난 현재도 마찬가지다. 개인이 갖는 의식에 따라 장래가 달라지듯 기업도 이와 비슷한 집단적 의식을 갖고 있는 조직일 수 있다. 개혁 의식을 갖춘 기업과 적당한 선에서 이익만 노리는 기업이 있을 것이다.

리더의 추진력이 의식을 바꾼다

도요타가 개혁의 근성을 발휘하기 시작한 시기는 조직이 거의 붕괴될 뻔했던 경험을 하고 난 후인 1950년대 초반으로 간주된다. 재기의 발판을 마련하던 시기에 그 추진력의 고삐를 늦추지 않는 경영자(3대 사장-이시다 다이조)의 도움으로 자립해야 한다는 근성과 행동력을 갖추기 시작했다. 특히 자금이 부족하여 은행의 지배에 들어갔던 악몽을 떨쳐버리기 위해 빚을 다 갚고 난 이후에는 절대로 차입을 하지 않는 재무 체질을 충실하게 만들어갔다.

공사公私를 구분 못하고 회사의 돈과 재산을 마구 낭비하는 행동이나 정신을 일제히 배제하는 것과 함께 조금 여유가 생겨도 균형을 잃는 만용은 용서하지 않았다. 항상 최악의 시나리오를 감안한 행동과 미래를 위한 절약 정신을 강조했다. 이런 상황은 이시다 사장이 설비 중심의 투자와 무차입금에 의한 경영이 공존하는 가장 건실한 기업을 만들려고 한 정신에서 조성되었다. 행동 차원에서 보면 소극적으로 보일지 모르나 정신 차원에서는 그 이상 적극적일 수가 없다.

그러나 도요타가 행동 면에서도 적극적이었다고 판명할 수 있는 사건을 만들었다. 1950년대 후반에 약간 경기침체기가 있음에도 불구하고 이시다 사장은 앞으로 승용차의 시대가 확실히 도래한다는 확신 하에 1959년에 승용차 전용공장인 모토마치元町 공장을 준공하였다. 경쟁사들 모두 도요타가 돈이 남아 헛일한다고 비아냥거렸지만 이 공장이 그 후에 도요타가 업계 1위로 가는 발판이 될 줄은 꿈에도 몰랐을 것이다.

이러한 경영상의 개혁 의지가 한창일 때 역시 생산 현장에서도 개혁 의식은 점차 변하고 있었다. 선두에 나서서 지휘하던 오노 다이이치는 작업자나 감독자들이 라인 트러블에 대처하는 것도 본인들의 업무 중 하나라고 생각하는 것부터 뜯어 고쳐 나갔다. 라인 트러블이 아예 없게 만드는 것이 본업이라는 것이다. 그리고 의식 개혁을 크게 추진하는 것보다 본인이 만족하는 자그마한 실적에서부터 의식 변환이 싹튼다고 보고 의식 개혁의 제1보로서 평범한 일에서 개선의 실적을 올리도록 했다. 이렇게 계산된 리더의 추진력이 도요타와 같은 커다란 조직 문화에 충격Culture Shock을 가져오기 시작했다.

그러나 1960년대에는 도요타 내에도 이미 조직의 부문 문화가 형성되고 있을 때여서 이러한 작은 노력만으로 충분하지 않다고 느낀 오노는 자신의 지위가 그렇게 강력하지 않다는 것을 알면서도 언동에 있어서 가끔 극단적으로 향하는 경향이 있었다. 예를 들어 조립 라인에 이상이 발견되면 전체 라인을 즉시 세우라든지 아니면 특정 작업장에는 재고를 '0'로 하라는 식의 과격한 목표나 지시를 내리곤 했다. 이러한 언행은 무의식적으로 나온 것이 아니라 개혁의 반대파를 의식한 어느 정도의 계산된 행동이었다. 오죽했으면 도요타 생산 라인은 '오노 라인'이라는 조어까지 만들어졌겠는가.

이런 언행이 통했던 이유는 상위 명령 계통에 있었던 도요다 에이지 부사장이나 이시다 다이조 사장의 현장 의식 개혁에 대한 전폭적인 지원 의사가 있었기 때문이다. 그렇다고 내놓고 지지한 것이 아니라 아무 참견도 하지 않는 방법으로 지원을 했다. 힘든 개혁을 쫓아가는 사원들의 불만을 더 사지 않기 위한 배려였던 것이다.

생산성이 낮은 대부분의 기업 내부를 들여다보면 일정한 특징이 있다. 대부분 실적과는 관계없이 연공서열로 진급하다보니 굳이 개선활동에 전념할 필요를 못 느낀 사원들은 점차 보수적 경향을 띠게 된다. 이러한 수비 자세가 결국 혁신의 시도에 저항 세력으로 변할 수밖에 없다. 따라서 도요타와 같이 경영자층의 확고한 의식 개혁 마인드가 중간 관리자의 의식을 바꿀 수 있음을 깨달아 보수성을 탈피하고 능력 중심의 문화로 탈바꿈해야 한다.

TOP의 의지를 전 사원에게 전달한다

도요타는 경영자가 보유한 의식을 말단 사원들에게까지 정확히 전달되어야 기업 전체의 의식이 변한다고 보고 있다. 그래서 자사의 홈페이지에는 수년 간의 경영자 지침이나 연두소견이 계속 게재되고 있고, 정보가 없는 곳에는 개선이 이루어질 수 없다는 생각 아래 『창조 Creation』라는 사보社報에 항상 경영자의 방침을 게재하고 있다. 따라서 도요타 사원들에게 TOP의 평소 방침을 물었을 때 잘 모른다고 하는 엉뚱한 얘기는 나올 수가 없다.

이렇게 TOP의 정보를 지속적으로 연계시켜서 직접 전달하려는 데는 나름대로의 이유가 있다. 일반 기업의 간부회의를 살펴보자. 긴 회의 시간을 통해 경영자가 많은 지침을 내려 준다. 그리고 참석한 간부들은 열심히 수첩에 적어 내려간다. 그러나 회의가 끝나고 간부들이 각 부문으로 돌아가서 통상 직속 책임자들을 다시 불러 경영자의 방침들을 전달하는 자리를 다시 갖는다. 그러나 간부가 이해 가능한 부분만 전달하려는 경향 때문에 이때 전달되는 사항은 TOP의 지침에서 지시 받은 모든 것이 전달되지는 않는다.

특히 경영자의 개혁 의식이 상당히 높고 간부가 보수적일 때는 아래로 전달되는 지침 항목의 수가 현저히 줄어든다. 이런 절차로 말단의 사원까지 계층적으로 정보를 전달하는 체계라 할 때 TOP의 지침이 맨 하부까지 전달되는 정보량은 불과 30퍼센트 이하에 머무른다. 반대로 경영자가 보수적이고 간부가 혁신적일 때는 TOP이 내려준 지침보다 더 많은 내용이 추가되어 하부로 전달되는 경향을 보인다. 두 경우 모두 TOP의 정확한 의식이 하부에 전달되지 않기는 마찬가지다. 이제는 정보화시대에 접어들어 많이 달라지긴 했지만 아직 전사적인 의식 개혁이 안 되는 경우가 더 많다.

리더는 카리스마적 개혁 의지가 필요

TPS를 정착시키기 위한 의식 개혁의 선두주자는 역시 오노 다이이치다. 조립 라인 정지 시스템을 정착시키려는 시도가 1960년대 중반에 있었다. 이때 라인을 정지시키고 이상 원인에 대한 결론을 얻을 때까지 시간을 허비하자 라인 감독자들의 시행 반대 목소리가 점점 커갔다. 그들로서는 생산계획량의 목표 달성이라는 선결 과제가 급했을 것이다. 저항의 목소리가 커지자 도요다 에이지의 권고로 한때 2년 정도 라인 스톱을 하지 않고 운영하다가, 품질 수준이 많이 올라갔을 때 다시 시도해서 결국은 정착시켰다.

이런 과정을 지켜보면서 느끼는 점은, 기업이 경쟁력 있는 핵심 역량을 구축하려면 TOP의 인정 하에서 모든 책임을 지고 끝까지 관철시키려는 강력한 카리스마의 실천 리더가 한 명 이상은 존재해야 한다는 사실이다.

이렇게 정착시킨 모든 TPS의 방법론을 도요타 전 공장에 전파하기 위해 1970년에 생산조사실이라는 조직을 신설해서 오노가 추진해온 모든 활동을 추슬러 '도요타 생산방식'이라고 정식으로 명명하였다. 초기에는 전임 10명으로 출발했으나 근래에는 전임 25명에 파견 요원 25명을 합쳐 50여 명이 TPS 전파를 전담하고 있다.

1970년대 중반의 오일쇼크 후에 도요타의 생산방식이 세계 산업계의 조명을 받자 회사 내부에 변변한 사례집이 없다는 것을 알게 된 생산조사부는 1977년 최초로 국제학회에 제출할 논문을 작성하면서 TPS라는 명칭으로 세상에 알리기 시작했다. 이때의 논문 작성자가 바로 21세기 초에 도요타를 지휘했던 조 후지오 사장이다.

부서간의 벽을 허물어라

　어느 기업이나 부문별로 벽이 존재한다는 것은 상식에 속한다. 도요타도 역시 부문별로, 공장별로, 본사와 협력사간 벽이 존재했던 시절이 있었다. 자동차와 같이 여러 부문의 기능과 긴 제조 시간이 요구되는 업무에 있어서 부문 간 협조는 필수적이다. 만약 협조가 잘 이루어지지 않는다면 엄청난 낭비와 손실을 맛보아야 한다.

　이런 보편적 현상과 염려를 부수어버린 사람이 5대 사장 도요다 에이지다. 그가 사장으로 재임하던 1967년부터 장장 10년간 간부회의 석상에서 시종일관 주장한 것은 부문 간 연계의 중요성이다. 1960년 초부터 TQC를 도입했던 도요다 에이지는 도입 초기에 전사적인 활동 차원의 1차적 운동이 완료된 후 1960년대 후반부터는 기능별 관리 시스템을 조성했다.

　관리 기능을 중심으로, 즉 품질보증 활동과 관련된 설계·생산기술·공장·판매 부문의 간부들이 각자의 소속 상사와는 별도로 조직 편제상으로 품질 기능을 담당하는 한 명의 중역 휘하에 또 들어간다. 그리고 역시 원가관리 기능과 관련된 각 부문의 간부들은 각 부문장과

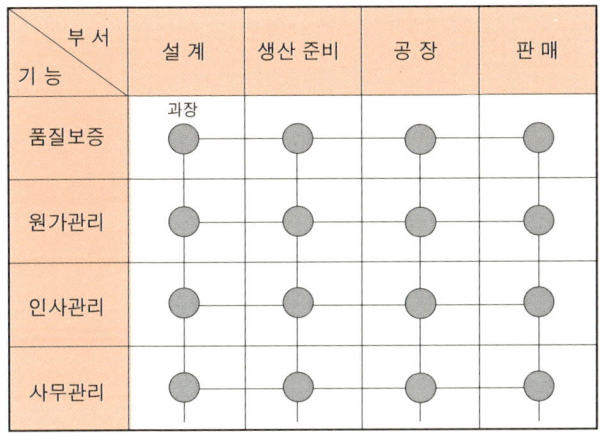

〈그림 2-15〉 도요타의 부서-기능 이중 협력 체제

는 다른 중역의 지휘는 물론 평가도 받아야 했다. 따라서 한 명의 관리자나 간부는 두 명의 임원으로부터 지시를 받고 평가도 받는 셈이다.

One Man-One Boss가 아니라 One Man-Multi Boss 시스템이다. 이런 체계 하에서 부문끼리의 이기적 업무가 벌어질 수 있는 확률은 거의 없고 오로지 협동만이 관리자들의 살 길이었던 것이다. 이것은 도요타가 큰 조직을 운영하면서도 빈틈없는 업무의 수행은 물론 효율도 극대화시키는 방법론의 하나다. 특히 개발 엔지니어들은 여러 명의 프로젝트 보스의 평가를 받을 수 있다. 이 구조를 간단히 표현하면 〈그림 2-15〉와 같다.

19 개선사상을 공유화하는 능력

개선활동 확대의 3원칙

개선의 효용성은 지혜를 여러 사람과 나누는 것에서 찾을 수 있다. 보유한 지식을 나 아닌 타인들이 많이 이용할수록 그리고 다른 이들과 나누어 쓸수록 지혜의 적용은 기하급수적으로 팽창하고 결국에는 그 조직 자체의 수준이 상승한다. 개선활동 자체가 지식과 지혜의 산물이기 때문에 개선의 확대를 통한 기업의 역량 키우기는 3가지 원칙에 입각하여 실시하는 것이 바람직하다.

●●● 첫째, 일시적인 개선을 지속적인 개선으로
●●● 둘째, 부분적인 개선을 조직적인 개선으로
●●● 셋째, 무의식적인 개선을 의식적인 개선으로

뚜렷한 개선활동의 동기가 부여되지 않아도 평소에 개선활동을 지속적으로 할 수 있으려면 경영자 본인이 도요타의 사장들처럼 '개선왕' 출신이면 가능하다. 그러나 일반 기업에서는 그런 경우를 찾기 힘들기 때문에 뜻하지 않은 위기에 봉착해서 허겁지겁 하게 되거나 아니면 일과성 행사의 성격을 띤 개선활동에 그치기가 쉽다.

개선활동이 지속적인 업무 성격의 하나로 정착되지 않는 가장 큰 이유는 상사들이 말로만 지시하고 또 지시 받는 본인도 시행 의사를 표시할 뿐 실제로 실천하지 않기 때문이다. 따라서 지속성의 제1원칙은 실천이다. 그리고 실천을 했어도 그 과정을 알 수 없게 만들면 1회성 개선에 그치겠지만 정확한 근거나 해결 방식의 근거를 상세하게 기록으로 남기면 타 부문에도 확대 적용할 수 있다. 이 과정이 곧 개선의 공유화에 해당한다. 즉 부분적인 개선이 조직적인 개선으로 확대되는 점화선과 같다.

도요타의 개선정신을 이끌어 온 오노 다이이치는 개선활동의 정신과 필요성 그리고 활동 의지를 불러일으키기 위해 직원들을 직접 통제Control하려들지 않았다. 자기 영역 안으로 끌어들여 컨트롤하면 소수의 인원에 의한 국부적 개선은 할 수 있을 것이다. 그러나 모든 영역의 사원들을 개선하게 하려면 크고 넓게 영향력을 미칠 수 있는 사상과 행동력을 동시에 갖추어야 한다고 생각했던 것이다.

최초의 TPS 관련 개선을 시도할 때 사내의 반대파가 무척 많았다. 이런 사정을 간파한 오노는 마치 자신이 특정 종교의 교주와 같은 사상으로 철저히 무장하고 개선의 효력을 전파시키는 전략으로 임했다. 종교에서 교주 한 사람이 모든 신자들을 직접 전도하거나 포교하는 것이 아니고 대상자가 직간접 영향권에 들게 되면 자연스럽게 참여하듯이 개선정신도 마찬가지로 영향력을 발휘하는 측면으로 확대해 가야 한다. 억지로 시킨다고 해서 되는 것도 아니다. 이런 영향력을 발휘하려면 정확한 판단력과 적당히 타협하지 않는 단호함, 그리고 행동 기준을 완화하면 성공하지 못한다는 절대적 소신의 자세를 갖추어야 한다. 그래서 많은 효과와 만족스런 결과를 보고 다른 많은 사람들이 스스로 개선행동을 할 때까지 계속 참고 추진하는 인내력도 필요하다.

조직적으로 추구할 수 있는 동기를 찾아라

도요타와 같이 거대한 조직의 사원들이 일사불란하게 통일된 개념을 갖기란 힘들다. 도요타 역시 매년 약 3000~4000명의 인원들이 채용되고 2000~3000명이 퇴사한다. 거의 80퍼센트 이상이 현장 사원이고 그 중에서도 6개월 기준의 계약직이 많이 차지한다. 이러한 상황에서 후미진 곳까지 개선정신이 관철되기란 여간 힘든 일이 아니다. 따라서 이를 극복하기 위해 도요타는 반장과 조장 등 현장 관리감독자의 철저한 훈련과 권한의 위임으로 개선정신을 유지해 가고 있다.

개선정신의 사상을 철저히 상부에서 하부까지 무장할 수 있도록 한 계기는 역시 1960년대에 도입한 TQC 활동이다. 철저한 방침관리 시스템으로 상사가 조직원들의 개선활동을 하나에서 열까지 직접 확인하고 독려하는 과정을 10년이나 걸쳐 반강제적으로 진행했다. 방침대로 해봤으나 잘 안 된다는 나약한 변명보다는 해보니 잘 안 돼서 추가로 이런 것을 실행했다는 식이라야 유능하다는 평가를 받던 시절이었다.

이런 과정에서, 계획된 활동은 반드시 실천하고 목표를 달성해야만 하는 동시에 상사는 최종 책임을 진다는 무거운 짐도 함께 지고 있어서 본인들도 부담을 안고 지속적으로 활동한 결과 자연스럽게 습관으로 변해버린 것이다. 이런 정신과 행동이 그때부터 후배들에게 어려움 없이 전달되고 승계되어 현재의 개선활동 문화로 정착되었다.

이런 활동들이 도요타 자사에 그치지 않고 협력사에까지 미치게 된 계기도 역시 TQC의 보급에서 비롯됐다. 1965년 일본 국내의 품질 관리 제1의 상인 '데밍상'을 심사하는 과정에서 평가단원들이 '도요타는 잘하는데 협력사들은 어떤 수준인가? 자동차의 실제 부품은 협력사가 만드는 것 아닌가?'라는 질문을 했을 때 마치 머리를 한 대 크게 얻어맞은 것 같은 기분이 들었던 것이다. 이때 아무리 도요타 내부가 뛰어나더라도 협력사가 보조를 맞춰주지 못하면 자동차 산업은 더 이상 진전이 있을 수 없다는 것을 깨닫게 되었다. 그래서 구매관리부를 새로 신설하여 협력사와 판매 딜러들의 개선활동 수준을 높이기 위해 대대적인 활동에 들어가 오늘날의 협력사 네트워크를 구축한 것이다.

이 시기 협력사에 TQC를 지도할 때 협력사의 고위 간부가 참여하면 사원들도 마지못해 겨우 참여하는 태도를 보이는 기업들도 많았다. 그래서 도요타는 협력사들에게 이 활동들을 하지 않으면 반드시 손해본다는 점을 부각시켜 동참시키기도 했다. 그 정도로 타기업까지 동일한 사상을 공유하게 한다는 것은 무척 힘든 일이다. 그러나 이것을 해내면 초일류요 못해내면 삼류로 전락하는 것이 현실이다.

협력사의 문제가 일단락되면 해외 생산기지의 사상 공유 문제가 부각된다. 글로벌 기업이 안고 있는 공통과제이기도 하다. 그러나 도요타

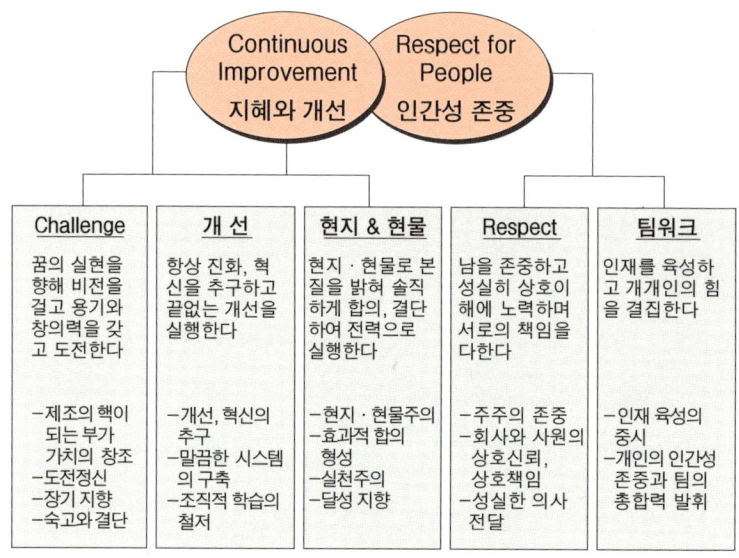

〈그림 2-16〉 도요타 WAY(2001)

는 가능한 해외공장에 빠르게 사상을 공유시키고 자립화를 구축하기 위해 '도요타 WAY'를 선언하고 공유하는 작업을 펼치고 있다. 암묵적으로 존재하는 도요타의 독자적인 신념이나 가치관 그리고 수법까지 도요타 WAY에 편입시켜 세계로 발신했던 것이다. 그 내용을 〈그림 2-16〉에 나타내 보았다.

벌어진 사실을 있는 그대로 볼 수 있는 환경

도요타의 많은 사람들은 세상에서 가장 어려운 것이 사실을 사실대로 보는 능력이라고 생각한다. 실체를 바라보고 그것에 대응하는 당연한 방법을 실행으로 옮기는 것인데도 그것이 그렇게 어렵다는 것이다. 사실을 사실대로 보면 이미 문제의 반은 해결된 것이고 약간의 지혜만 더하면 아무리 어려운 문제도 풀 수 있다고 생각한다. 그들이 눈으로 보는 관리를 계속 발전시키고 지속하고 있는 것은 많은 직원들로 하여금 사실을 사실로 인정하게끔 하도록 하기 위해서다.

일어난 사실이나 보이는 실체를 있는 그대로 보지 않고 자기 주관적 판단이나 경험에 기초한 관점에서 바라본다면 당연히 제거해야 할 문제점도 엉뚱한 방향으로 전개될 수 있다. 따라서 도요타는 개인차를 없애는 동시에 모두 같은 사실을 인지할 수 있는 확인 방식의 공유활동으로써 '눈으로 보는 관리'를 선택했다. 대표적인 도구로는 '간판'을 들 수 있고 경광등 시스템을 들 수 있다. 심지어 어디서나 작업자의 위치나 동작을 살피는 데 방해가 되지 않게끔 하기 위해 라인 옆의 모든 부품 선반은 1.5미터 이하로 제작한다. 재고나 재공을 두는 곳은 어김없이 최대의 적재 수량과 최소의 확인 수량을 표시해 놓았다. 또한 해외공장을 건설할 때는 공사 진행 중의 설계변경 낭비를 사전에 차단하기 위해 전체의 연결성을 사전에 검증하는 방법으로 공장 건물과 생산 라인을 세세한 부분까지 가시화Mock-up한 축소 모형을 만들기도 한다. 이런 도구나 조건을 통해 문제의 공유화를 추진해서 조기 해결의 행동을 만들어 내는 것이 눈으로 보는 관리의 목적이다.

TPS를 도입하려고 하는 많은 사람들은 양대 축인 저스트 인 타임 JIT과 자동화自働化를 합리화의 직접적인 개선 도구로 생각하는 경향이 있다. 그러나 이 두 가지는 개선활동이 아니라 개선활동을 하기 위한 포인트를 발견하는 방법으로 사용될 뿐이다. 발견된 현재의 낭비나 이상 현상을 없애가는 작업이 개선활동이다.

20 계획적인 인재육성을 통한 활동 전개

처음부터 체계적으로 하라

일반적인 개선 사이클은 관찰을 통해 사고하고 지혜를 내서 실행하는 과정이다. 이러한 과정을 계속 반복해 가는 것을 도요타에서는 인재육성이라 부른다. 도요타의 역대 경영자 중에 젊은 시절부터 개선 사이클을 가장 많이 겪은 사람은 5대 사장인 도요다 에이지다. 그는 창업 멤버로서 창업 초기에 임시로 만든 '감사개량부'라는 조직에 근무하며 초기 자동차 제조시기에 발생하는 모든 문제점이나 결점을 모조리 해결하라는 특명을 받고 활동한 경력이 있다.

불량 문제를 중심으로 활동하면서 심지어는 사내 이동 통로의 도로 포장상태 점검이나 직원 식당의 부식 문제까지 개선할 여지가 있는 것은 모두 해결하는 차원이었다. 해결하지 않으면 안 되는 문제를 스스로 찾아내어 지혜를 동원해서 집중적으로 해결하는 자세가 필요했다. 개선활동을 하는 가운데 에이지는 자연스럽게 회사의 구석구석 모르는 것이 없게 되었다. 이러한 경험을 갖고 있는 에이지가 사장이 되고 나서도 현장을 살피고 개선의 방향을 직접 지시하는 모습을 보고 현장의 어느 누구도 거짓 보고를 할 수가 없었고 그의 말이나 지침을 모든 작업자들은 존중하고 따랐다. 그래서 도요타의 발전기에 해당하는 1960년대부터 1980년대 초반까지 거침없는 혁신의 실현과 TPS와 TQC가 동시에 안정적으로 현장에 잘 정착될 수 있었다.

도요타에서는 관리직이나 현장 직원을 가리지 않고 육성 방침의 기준이 될 4가지 수준에 대한 정의를 다음과 같이 설정해 놓았다.

> ●●● 1. 가르침을 받으면 독자적 수행이 가능한 수준
> ●●● 2. 혼자서 업무 수행이 가능한 수준
> ●●● 3. 업무 수행 상태가 지속적인 안정을 보여주는 수준
> ●●● 4. 타인을 가르칠 수 있는 수준

현장에서는 특히 이와 같은 수준을 개인 작업자별로 계속 평가하여 인사고과나 전환 배치의 관리 자료로 활용한다.

가르침이 필요한 수준의 현장 직원을 예로 들어본다. 도요타 역시 임시직이 늘 필요한 기업으로 새로운 임시 작업자가 월별로 들고난다. 새로 들어온 임시공에게는 어렵지 않은 단순한 작업을 맡기기 때문에 3일 동안 집중적으로 훈련시키고 현장에 투입한다. 특히 조립 라인에 배치될 사람들은 이 3일 동안 볼트나 스크류 종류를 채우는 연습과 간단한 공구들을 다루는 방법을 익힌다. 일정 크기의 판재板材를

세워 놓고 수직의 각도로 힘들이지 않고 작업할 수 있는 수준과 회전을 종료시켜야 할 순간을 포착하는 감각까지 동시에 익힌다. 이런 체계적인 상황과는 대조적으로 국내 기업들은 단 하루의 훈련도 제대로 시키지 않고 급하다는 이유로 그냥 현장에 투입시켜 작업 중에 스스로 터득하기를 바란다. 그러나 그 시간 중에 불량 발생과 작업 라인의 시간 지체가 발생해서 결국 만성적인 낭비 발생 요인이 되기도 한다.

대개의 초보 작업자는 주어진 작업 방법을 의식하면서 작업하기 때문에 머리가 혼란스럽다. 몸도 긴장하게 되어 자연히 속도가 느릴 수밖에 없다. 적어도 한 달 정도가 경과해야 간단한 작업이라도 혼자서 책임지는 안정 상태에 도달한다. 이때부터는 작업이 익숙해져 머리와 몸이 따로 기능해도 오류를 범하지 않는다. 비로소 무의식적으로 변화에 대응할 수 있는 능력이 생긴 것이다. 의식하지 않아도 이상이 있으면 순간에 부자연스러움을 느낄 수 있는 수준으로 온 것이다. 그 정도의 수준에 왔을 때는 작업 중에 발생한 이상 상태를 주어진 작업 사이클 시간 내에 처리할 수 있게 된다.

이런 과정을 계속 경험하게 되면 자기도 모르게 몸에 요령이 붙게 되어 독자적인 작업 방법이 탄생되고 남을 가르칠 수 있는 수준에 오를 수 있다. 이는 반복적인 기본 작업의 수행 외에 불량이나 기계 정지의 원인 추구, 필요 조치 등의 불규칙적으로 발생하는 문제에도 대응할 수 있는 수준을 말한다. 도요타는 직원들이 이러한 수준에 도달했을 때 비로소 문제나 변화에 대응하기 위해 필요한 기능이나 지식이 어느 정도 갖추었다고 판단하며 이런 훈련 과정을 지적知的 훈련이라 부르면서 각 사원들의 수준을 관리하고 있다.

진급하고 싶은 욕망을 갖게 하라

도요타는 직책 체계에 엄격한 위계 질서를 부여함으로써 인재를 자동으로 육성시키는 수단으로 활용한다. 도요타 내부에는 약 7000명의 반장班長급(Expert)이 있고, 그 위의 조장組長급(Senior Expert)이 약 3000명 정도, 그리고 현장의 최고 직책인 공장工長급(Chief Expert)이 800~900명 정도 근무한다. 현장 작업자로 입사해서 반장이 되려면 10년 정도의 세월이 걸린다. 그리고 다시 공장이 되려면 16년 정도의 세월이 더 걸린다. 즉, 평사원에서 공장이 되려면 26년을 현장에서, 그것도 고과평가를 우수하게 받아야 가능한 시스템이다.

반장은 사원을, 조장은 반장을, 그리고 공장이 조장을 평가한다. 도요타가 갖는 인사고과의 특이한 점은 대학의 상대평가 학점제도와 같은 시스템이라는 것이다. 예를 들어 1년에 한 번 수령하는 인센티브 금액은 5등급의 평가에 의해 좌우된다. 가령 100만 원을 받는 중간 평가자가 C급이라면, 이를 기준으로 위로는 115퍼센트와 107.5퍼센트를 받는 A, B급의 작업자가 있는 반면 아래로는 92.5퍼센트와 85퍼센트를 받는 D, E급의 작업자도 있다.

다시 말해 아래 수준으로 평가받는 작업자의 인센티브 금액을 평가가 높은 자에게로 옮겨준다는 얘기다. 그리고 하위 평가를 연속해서 두 번 이상 받으면 상위 직급으로 진급할 수가 없다. 상급자의 평가에 따라 수입은 물론 진급까지 절대적으로 영향을 받기 때문에 도요타의 현장에 위계 질서가 철저히 지켜지는 것은 당연한 일이다.

상위 직급들이 이 영향력의 덕을 가장 많이 보는 분야가 개선활동이다. 평가의 내용에는 물론 화합이나 불평, 지각과 결근 등과 같은 근태 현황이 기초적인 대상이 되지만 가장 중요하게 평가하는 항목은 협력도協力度다. 지속적으로 하달되는 원가개선이나 생산성 목표를 달성하기 위해서는 조직원들에게 늘 개선활동의 참여를 요구해야 하기 때문이다. 따라서 개선활동에 참여하는 밀도가 낮은 작업자는 영영 상위 직급에 임명될 수 없는 체계다.

이왕에 젊은 나이에 도요타의 현장에 들어와서 다른 직장으로 갈 마음이 없다면 최고의 직책인 공장이 되어 보는 것이 도요타 현장 젊은이들의 꿈이다. 도요타는 이러한 개인별 꿈의 실현이 곧 자연스럽게 인재의 육성과 상통한다는 개념을 기초로, 인사관리 면에서 철저한 능력 가이드Skill Map를 제시하고 훈련시킨다. 가령 반장 직급의 진급 대상이 되면 '무엇이 가능하면 반장이 될 수 있는가' 혹은 '반장은 무엇을 해야 하는가'라는 직급 교육을 철저히 시키고, 과장급의 승격을 위한 과정에서는 과장에 기대되는 능력 조건을 가르쳐 특히 목표관리를 철저히 할 줄 아는 간부를 등용시키는 인재육성 시스템을 갖고 있다.

도요타의 특징적인 인재육성의 또 다른 점은, 학위 취득이나 외국에서 공부한 이력을 무조건 실력이 있다고 여기면서 경력 사원으로 채용하고 보는 마구잡이식 인사는 하지 않고 내부에서 성장한 인력을 중심으로 육성한다는 점이다.

키우려면 최고로 키워라

도요타의 인재육성 목표는 소속원이 자기의 환경을 극복하도록 하는 데 있다. 그리고 사원 각자가 존재하는 의미를, 남이 나를 대신할 수 없는 창조 활동에 두고 있다. 작년에 한 일의 방식을 지금도 변함없이 하고 있다면 존재 의미가 사라져버린 것과 같다. 특히 조직적인 활동을 할 때는 이런 뒤처진 상황이 일어나지 않도록 인원 구성에 있어서 낙오자를 만들지 않으려는 배려가 들어가 있다. 혁신 조직에는 변화 의지가 없는 중간관리자들은 물론 말단 사원이라도 문제의식이 강한 직원을 포함시켜 활동 과정 속에서 스스로 자기의 존재를 찾게끔 배려한다.

도요타는 사자새끼 육성 방식으로도 유명하다. 수요가 줄어들어 소인화少人化로 라인을 운영할 때, 라인에서 최우선으로 최고 숙련자들을 빼내어 다른 공장으로 파견을 보내거나 기술 관련 과장의 직속으로 특별 임무를 맡기기도 한다. 보통의 기업과는 정반대로 행동한다. 일반 기업에서는 라인의 작업자를 줄이려 할 때 주로 숙련자 중심으로 남겨 놓고 나머지 미숙련자들을 다른 곳으로 이동시키려는 경향이 거의 전부라고 할 수 있다. 그러나 도요타가 그렇게 하는 이유는 미숙련자들이 곧바로 숙련자만큼의 능력을 따라오게끔 훈련시키기 위해서다. 미숙련자들에게 할 수 있느냐를 물어보는 것이 아니라 생존하려면 무조건 주어진 스피드에 본인들의 능력을 적응시키라는 얘기다.

일 속에서 본인들의 목을 걸고 승부할 수 있는 일을 제시하고 그 일의 수행 과정을 살펴보면서 성장 가능성을 탐색한 후 최후 평가를 한다. 도요타의 사원들이라면 40세 전후에 어디 가서라도 연봉 1천만 엔(1억 원) 이상의 보수를 받을 수 있는 능력을 목표로 육성하고 있다.

도요타가 인재육성에 본격적으로 관심을 갖게 된 것은 1960년대 도요다 에이지가 TQC를 도입하는 시기였다. 특히 현장의 TQC 활동을 전개할 때는 현장 인력들의 학력이나 지식 수준이 부족하기 때문에 상사의 관심이 모두의 의지를 키울 수 있는 유일한 방법이다. 그 당시에 20명 정도를 거느린 조장들이 매월 순번제로 개선활동 발표회를 가졌다. 따라서 어느 작업장에 3개의 조로 편성되어 있다면 3개월마다 자기 차례가 돌아오는 조장 발표회를 가졌다. 조장 중심으로 운영한 것은 오노 다이이치가 작업자에게 크게 기대하지 않고 있었고 실제로 거의 조장들이 개선의 실천 의무를 지니고 있었기 때문이다.

제도를 만들었다면 활성화시켜라

1950년대 중반에 도요다 에이지가 미국으로 건너가 포드사로부터 제안계획Suggestion Plan이라는 책자를 가져와 '창의공부 제안제도'라는 제목으로 번역하여 제안제도를 활성화시킨 것이 1960년대의 TQC 활동에 의해 꽃을 피웠다. 도요타의 제안제도는 지금도 활발하다. 1년간 1인당 제안 건수가 100건이 넘는다. 한 달에 제안이 1인당 한 건도 안 되는 기업이 99퍼센트인 실정에서 도요타가 초일류를 독주하는 현상은 당연한 것이다.

특히 TQC 도입 시절에는 TQC 서클 활동이 활발했는데 현장 작업자는 참가하지 않아도 급료에는 영향이 없었지만 조장이 평가하는 5등급제의 위세에 눌려 거의 참석하는 분위기였다. 이러한 과정을 거쳐 모든 사원을 지능화知能化하는 일이 가능해졌다. 1960년대 후반 이후로는 TPS의 활동이 더욱 강화되어 이제는 진급의 관건이 TPS 활동의 참여도로 옮겨갔다. 따라서 도요타의 진급은 막연한 기준이 아니라 시대마다 확실한 기준이 있었다.

인간의 뇌는 약 1조 개 내지 2조 개의 세포로 구성되어 있고 생을 보내면서 뇌의 활용도는 20퍼센트 선을 넘지 못한다고 한다. 그래서 개선을 위한 발상이나 제안 연구는 누구에게나 가능성이 있다고 할 수 있다. 많은 회사들이 제안제도는 다 갖고 있다. 그것이 활성화되지 않는 이유는 종업원들에게 기초적인 발상 교육을 지속적으로 하지 않고 목표도 없고 실천도 감독도 하지 않기 때문이다. 유명무실한 제도인 것이다. 제도가 있다고 다 된다면 혁신하지 못할 기업이 어디 있겠는가.

일반 기업들이 의지를 갖고 시작한 계획적인 인재육성 방법이 거의 실패로 돌아가는 반면 도요타는 우연히 발생된 현상으로부터 출발하여 전사적인 움직임이나 시스템으로 변화된 경우가 많다. 즉 경쟁력에 도움이 되는 것이라면 우연偶然을 필연必然으로 전환시키는 능력이 어느 기업보다도 강하다.

도요타에서 제일 강한 개선력을 지닌 자주연自主硏도 1976년도에 본격적인 TPS의 협력사 보급을 위해 기초적인 활동(정리, 정돈, 흐름생산 등)을 협력사와 함께 하는 모임으로 출발했지만, 도요타의 본사 공장 중에 엔진을 주로 만드는 가미고우上鄕 공장에서 부과장들이 자주적으로 팀을 구성해 일과 후 매일 테마 공정을 개선하기 위해 정보를 교환하는 모임이었다. 이렇게 출발한 개선 테마 해결의 연구모임이 후에는 도요타 그룹에 걸쳐 수백 개의 정규적 개선모임체인 자주연으로 발전하게 된 것이다. 이런 자발적 모임이 해외 공장에서 활성화되기란 문화가 달라 기대하기 힘들지만 도요타는 미국 내의 공장과 협력사들의 TPS 정착을 돕기 위해 자문기구TSSC, Toyota Supplier Support Center를 세워 리드하고 있다.

도요타 사원들의 놀라운 기획력

인재양성의 방법론으로서 도요타가 실무에 반영하는 독특한 제도가 하나 있다. 일반 기업에서는 보고용 용지의 표준으로 A4 용지를 사용하여 두껍게 기재하여 보고하지만 도요타는 A3 용지 한 장에 보고하도록 규정하고 있다. 활동 계획의 전모에 대해 전달하지 않고 요약의 전달만으로 상사를 단시간에 설득시킬 수 있어야 하고, 상사의 확인 시간을 줄인다는 목표도 있지만 사실은 기획자의 정리된 사고와 정확한 지식 그리고 체계적인 논리가 서 있어야 간략하게 A3 종이 한 장에 일정을 포함한 모든 활동 계획의 많은 정보가 정리될 수 있다. 도요타는 신입사원 시절부터 체계적인 훈련을 시킨다.

이 제도는 복잡한 것을 단순화시키는 철학이 담겨져 있다. 가장 무서운 경쟁력을 발휘하는 노하우라 할 수 있다. 주어진 시간에 많은 업무 성과를 발휘하는 도요타의 기술직이나 관리직들의 파워는 여기서 나온다. 실제로 오래 전 도요타의 간부와 만날 기회가 있었는데 그의 손에 들려진 결재 파일 안에는 단 한 장의 A3 기획서만 들어 있었다. 물류 전반의 혁신에 관한 계획서였던 것으로 기억한다. 이런 내용을 국내의 기업에 가르치고 적용하면서 느낀 점은 간부를 비롯한 많은 사원들의 논리력이 너무 빈약하고 사고력도 시원치 않다는 거다. 도저히 도요타의 인재들을 따라잡을 수 없을 것 같은 기분이 들었다.

도요타가 적용하는 것과 비슷한 형태로 된 예제를 든 것이 〈그림 2-17〉이다. 이 기획서는 특정 기업의 지도 과정에서 제시한 사례에 해당된다. 맨 위에는 추구하고자 하는 전략 활동의 제목을 기재한다. 그리고 바로 밑에 있는 '기본적 사고'란에는 왜 이 전략적 행위를 해야 하는지 그리고 어떤 자세로 임해야 이 전략을 성공적으로 달성할 수 있는지를 적어나간다.

그리고 오른쪽으로 가서 그 전략을 추진하는 데에 필요한 수단행위(전술)를 모두 적출하고 검증한 후 주요 전술만 기재한다. 그 다음에는 왼쪽에 있는 '현상의 변화' 항목으로 가서 추진 전략과 관련된 분야에서 전술을 실천한다면 지금의 행동 패턴들이 어떻게 변할지를 예상해서 기재한다. 그 다음 오른쪽의 '기대효과'란으로 옮겨서, 전술을 펼치면 어떤 결과적 현상이 나타나는지를 살피고 그 아래에 계량계수적인 대표적 목표값을 제시한다. 그런 다음 그 아래에는 전술을 달성시킬 구체적 수단, 즉 직접적 활동(추진활동 과제)들을 도출하여 대표적인 것만 기록하고 난 후 굵직한 일정 중심으로 바로 아래에 기간과 주요 일정들을 표시한다.

맨 마지막으로 왼쪽 아래쪽의 '전략 이미지'란에는 이제까지 계획한 모든 전술과 과제를 어떠한 모습으로 추진할 것이냐를 간략하게

전략 : 장비 설치 기간의 1/2 단축 활동

기본적 사고
1. 가장 짧은 시간의 설치로 고객의 가치를 실현준다
   설치 기간의 최소화를 통하여 주어진 고객 L/T를 만족시켜 주는 동시에 자사 제작의 충실도 최소로 전환시켜준다.
2. 기간의 단축으로 투입 자원의 최소화를 유도한다
   기간의 규모는 자원의 투입 규모와 비례한다는 진리에 입각해서 우선적으로 기간의 단축을 고려한다
3. 설치 기간의 최소화 능력도 기술완성도의 PARAMETER

현상의 변화
- 출하 이전에 고객과의 설치 환경 논의 항목 증가
- 출하 이전 단계의 CS 설치 계획 및 사전 준비 업무 활동으로의 집중
- 상세한 대상의 활동 계획과 실행의 Follow Up

전략의 이미지
(다이어그램)

중점 전술
- 시간(분) 단위의 Installation Schedule 실행
- 시기, 담당, 대상의 계획 Matrix 사전 계획
- 고객사 설치 환경의 조건 완성 SPEC.의 철저한 시행
- 고객사 사전 확인에 의한 출하 전 완전 대비 활동
- 매일의 계획 달성 추구를 위한 일정책임제도
- 계획 대 실적 차이 분석 및 차기 대비 대책 설계

기대효과
- 설치 현장에서 제품과 관련된 임의의 변경 행위 및 추가 비용 발생 감소
- 계획과 실천 사이의 불일치 설계 도출
- 국복 개선점들의 설계 도출
- 만성적인 상주 요원제의 폐지가 가능
- CS 부문의 BEST 표준의 정착 및 IDEA 전파

현상치
- 설치 L/T=25일
- 투입CS 전문요원 = 평균 8명

↑ **목표치**
- 설치 L/T=12일
- 투입CS 전문요원 = 평균 2명

추진 과제
1. CS의 전문 설치계획서 작성법 개발 및 적용
2. 출하 이전 결정사항 설계 및 고객확인 활동 시스템 설계 및 적용
3. 설치 SITE 사전 구비조건 완성 지참 Follow-UP 시스템
4. 참업 요원의 설치 용어 운영 지참 시스템 개발(전략 2)
5. 상세계획 대비 진도따악 시스템 개발
6. 종료 후 불일치 추적 연구 정치 시스템 설계
7. 프로젝트별 설치 L/T 혁신 달성 평가관리 제도 구축

일정

	5월	6월	7월	8월	9월	10월	11월
	▶1	3		5	6	4	▶ 점검
	2					7	

〈그림 2-17〉 단기 혁신 전략의 기획서(A3 1장)

그림 중심의 다이어그램 관련법으로 표시하여 결정권자가 그림만 봐도 담당자들이 어떤 활동을 전개할 것인가를 바로 알아채도록 정확하게 묘사한다. 예제를 보는 사람들은 뭐 그리 어려운 것이냐고 생각하겠지만 본인이 실제로 자신들의 과제를 해보면 얼마나 어려운 것인지를 알게 될 것이다. 설령 모습은 비슷하게 완성했더라도 내용 자체가 핀트도 맞지 않고 엉성한 말잔치로 끝날 수가 있다. 완벽하다 할 만큼의 연습과 노력이 필요한 분야다.

단기업무의 목표달성 방법

어느 일을 하느냐에 관계없이 당면과제에서 성실하게 목표 이상으로 달성효과를 얻으려면 의외로 철두철미한 업무준비 습관이나 진행관리가 요구된다. 도요타에서 요구하는 일반적인 업무추진 원칙 4가지를 소화하려면 보통의 준비자세와 기획력으로는 부족하다. 따라서 일상적인 업무처리는 물론 특수한 목적으로 활동하는 업무에도 빈틈없는 추진방식이 요구된다. 도요타가 요구하는 업무추진 점검 4원칙은 아래와 같다.

●●● 점검 1-당신은 이 일을 어떻게 할 것인가?
●●● 점검 2-당신은 이 일을 올바르게 하고 있다는 것을 어떻게 아는가?
●●● 점검 3-당신은 결과가 무결점이라는 것을 어떻게 확신하는가?
●●● 점검 4-만일 문제가 발생하면 당신은 어떻게 대처할 것인가?

점검의 첫 번째 원칙은 일을 추진하기 전에 상세한 시나리오를 준비하라는 뜻이고, 두 번째는 시나리오 과정에 점검기준을 마련하라는 의미다. 세 번째는 결말이 희망대로 될 수 있는가에 대해 과정의 정확성과 연계성을 계속 점검하라는 의미고, 마지막은 예측하지 못한 돌발상황에 대해 최소한의 대비책은 준비하라는 의미다. 이렇듯 도요타는 일반사원들에게까지 철두철미한 업무수행의 방법론을 제시하여 이왕 하는 일이라면 빈틈 없는 결과가 되도록 유도한다.

우선 통상적이고 반복적인 일상업무에서의 단순관리(주간 업무관리)부터 정착시켜야 특수업무에까지 능력을 확장시킬 수 있다. 업무를 주간 단위로 계획하고 실천하는 경우가 대부분이다. 월간 단위의 계획과 관리는 너무 불확실한 경우가 많아 의미가 없다. 그리고 많은 관리자들이 탁상달력을 관리용도로 사용하는데 이는 너무 수준이 낮은 관리자임을 드러내는 일이다. 기업의 업무가 탁상달력의 메모 정도로 해결되고도 관리가 가능하다면 그 관리자는 없어도 되는 사람임을 뜻한다.

다음 주에 할 일을 계획하는 시점은 그 전 주 금요일 정도가 적당하다. 다음 주에 할 일들을 요일별로 계획하고 그 업무가 어느 정도의 시간을 소요하는지도 계획해야 한다. 그래야 요일의 업무조정이 가능하다. 그리고 일상적인 업무와 시점이 요구되는 업무는 구분하여 계획한다. 이런 계획서가 완성되면 상사와의 정보교환을 통해 조율해야만 상사와의 의견 불일치를 사전에 제거할 수 있다. 그렇게 했어도 다음 주 업무에 임하면 생각대로 되지 않는 업무가 발생하게 마련이다. 그런 변동 정보를 다시 정확하게 관리하고 그 다음 주로 연기되는 활동을 잘 점검하여 다음 주의 계획 시점에 참고할 수 있게 해야 한다.

이러한 치밀한 관리방식의 예제를 들어보면 〈그림 2-18〉과 같다. 그림에서와 같이 연기된 일은 그 즉시 변경시점을 기록하고, 주초에 계획 당시에 없던 주중 후반부 일의 정보가 입수되면 해당 일자에 우선 기록해둔다. 그런 후 주말에 한 주일의 평가를 나름대로 해석해야 한다. 과연 얼마나 계획대로 수행했는가, 원하는 성과는 모두 이루었는가를 판단하여 다음 주 계획에 기준으로 삼아야 한다. 이러한 기본적인 습관이 더 큰 일을 도모하고 실천하게 만든다.

업무 중에는 뚜렷한 목표가 정해져 있는 관계로 계획적인 시나리오를 짜야만 일을 추진할 수 있는 과제도 종종 발생한다. 그런 경우는 과제 자체를 하나의 테마로 해서 구체적인 절차의 시나리오를 세워 추진하는 것이 업무완성도 면에서 탁월한 결과를 낳는다. 도요타는 특히 중간간부(반장급) 이상에게는 이 분야의 훈련을 집중적으로 실시한다. 시나리오가 목표달성에 미달될 것 같으면 상사는 몇 번이고 반려하여 부하직원으로 하여금 스스로 상황을 극복하는 안을 강구하게 만든다. 그 시나리오 안에는 품질, 납기, 원가의 개념이 철저하게 반영돼야 하는 어려움이 있다. 필자는 이를 스토리 보드Story Board라 칭하여 지도에 적용하기도 한다.

실제 사례로서 장마철에 대비해 건설현장에 위치한 협력사 사무실을 이전하는 토목공사(1일 소요)를 체계적으로 계획을 세워서 실행하는 경우가 〈그림 2-19〉다. 완료시점을 기준으로 하여 약 15일 전부터 치밀하게 활동계획을 수립해서 실시했다. 통상 이런 업무는 정규 공사도 아니고 번외 업무라 생각하여 무심하고 경솔하게 준비해 예상과

〈그림 2-18〉 주간 업무계획표의 사례

◎ : 계획대로 당일 완료
○ : 이번 주에 완료
× : 취소 혹은 다음 주 이월

구분	2000년 ( )주		월 일~월 일		소속팀명		성 명		
	월(11)	C	화(12)	C	수(13)	C	목(14)	금(15)	토(16)
기본업무	- 계약 시스템 가동 확인(2H) - 관련자 출장계획 확인 - 본사 NEGO금액 실시 확인 - 계약이행 보증 불급(1H)	◎ ◎ ◎ ◎	- 계약 관련업체 리스트 작성 - 00하이테크 사장 내방 협의(10:00~11:00) - 전기공사 계약 검토(2H)		- 설계용역 설명회 개최(10:00~2H) - 설명회 결과 회독 작성 - 과업요청서 작성(2H)	C	- 대금 지불조건 검토 - 성과물 확인(2H) - 특별약관 작성(1H) - 00하이테크 사장 내방(14:00) 연기	- 구매실 계약 의뢰 - 주간기성평가 작성 - 준공정산 준비(2H) - 용역계약 재협의 - 주중 신규 추가	- 준공 정산서류 완료
협조업무	- 00시청 민원담당 내방(14:00)	×	- 00사 방문 건축 협의(15:00)		- 토목본부 회의 발표자료 작성		- 본부 발표자료 결재 - 시청 민원담당 내방(10:00)	- 공단본부 방문(13:00) - 00초등학교 내방(14:30)	
회의	- 주간회의-소장실(08:30)		- 동아리 회의(16:30)		- 감독관 회의(09:00)		- 주간혁신 점검회의(16:00)	- 팀회의(16:00)	

현시점 ▶

〈그림 2-19〉 목표과제 업무 STORY BOARD 사례

Q-POINT: 품질 보증　D-POINT: 납기 준수　C-POINT: 원가 절감

공사현장 (PJT)	공사종류	ACT. NO / ACT. 명	부대토목	공사 L/T (일자)
A-303	토목공사		사무실부지 조성	00.00.00

작업부지 사전 검토 (6/5~6/10)
- 현재 협력업체 사무실 배치현황 파악(6/5)
- 사무실 부지 주변 LEVEL 확인 측량(6/5)
- 사무실 부지 형성에 문제점 파악(6/5)
  - 배수에 문제점 발견
  - 배전함 문제점 발견
- 사무실 부지 조성에 관련된 시 공방안 검토 및 협의(6/10)
- 작업일시 기상현황 검토, 1주 일 전(6/10)

↓

작업계획수립 (6/14)
- 예정공정표 작성(6/14)
- 작업방법 및 배치계획 수립(6/14)
  # 협력도면 참조
- 시공사, 협력사와 협의하여 작업계획 일정 수립
  - 협력사 사무실 이동에 건섭 이 있으므로 공재포설시 병 행하여 작업이 가능하도록 해야 함
- 투입장비, 인원, 자재수량 확인(6/14)

↓

장비 및 인원투입 계획 검토(6/14)
- 작업 수량에 맞춰 장비 체결, 자재 투입 계획 사전에 검토
  - 장비 보험가입 여부 확인
  - 장비 단가 협의
  - 자재 구입처 선정
  - 장비, 자재 투입 가능 여부 확인
- 작업 수량에 맞춰 장비인원투입 계 획 사전검토(6/14)
  - 작업인원 투입가능 여부 검 토(환경관리비)

↓

장비 및 인원투입 계획 수립(6/15)
- 작업에 필요한 장비 예약 (6/15)
  - B/H 0.6W 1대
- 작업에 필요한 자재 신청 (6/15)
  - PE배수관 :
    65m(300×300)
  - 75mm 골재 : 90m³
- 작업인력 투입 예약(6/15)

↑

작업 D-1 (6/18)
- 장비(예약 확인)(09:00)
- 자재투입 확인(09:10)
- 타 공종 간 작업계획 통보 및 간섭 확인(07:00~18:00)
- 장비(예약 확인)(17:30)
- 자재투입 확인(17:40)

→

작업 D-DAY (6/19)
- 작업 착수 전
  - T.B.M 실시 후 신규 채용자 안전교육 실시
  - 안전보호구 착용 확인
  - 준비사항 체크, 작업계획 설 명(상세하게)
- 작업 착수
  - 작업 중 간섭상황 확인
  - 안전준수 여부 확인
  - 자재반입 장소 및 부지 형성 위치 확인

→

작업 D-DAY (6/19)
- 작업 착수
  - 배수로 설치위치 및 LEVEL 측량 및 확인
  - 협력사 사무실 이동과 골재 포설 건섭 확인 및 사무실 배치 실시

↓

작업 중 문제발생 대처사항
- 장비고장 및 미투입시
  - 장비 예약시 대체 장비가 가 능하도록 규모가 큰 업체, 근거리 장비업체 선정
  - 기존 사무실 운반장비 부재시
  - 근거리 지게차 사용
  - 일일 목표량 미달성시
  - OVER TIME 실시하여 목 표량 달성

는 다른 상황이 벌어지는 경우가 다반사다. 하지만 이 사례에서는 주요 공사는 아니더라도 계획적으로 하지 않으면 비용이나 일정에 지장을 줄 수 있는 일이라 여겨 주의 깊게 추진해보았다. 그리고 이런 상세 활동계획을 세우면 앞서 설명한 주간활동 계획서의 일정에 자동적으로 내용이 기입될 수 있다. 결국 주간활동 계획서의 내용이 빈약한 사원은 단위활동 계획능력이 약한 사원이라 볼 수 있다.

시나리오대로 추진한 결과 예상치 못한 일이 일어나 결국 10퍼센트 정도의 오차가 발생했다. 철저하게 준비한 시나리오라고 생각해도 결과는 의도대로 나오지 않는 경우가 많다. 즉 아직도 부족한 2퍼센트가 존재한다는 의미다. 따라서 결과를 반성하고, 무엇이 문제였는지를 해석하고, 앞으로 불일치가 발생하지 않도록 하기 위해서 취할 행동 원칙을 새롭게 발견하는 보람 있는 시간을 보내게 된다.

그리고 본인이 수행한 계획과 시행 및 반성의 내용을 다른 직원과 공유한다면 많은 교육효과를 가져올 수 있다. 이러한 절차를 경험한 당사자는 차후 어떠한 업무를 맡는다 해도 별 애로사항 없이 추진하는 능력을 발휘할 것이 분명하다. 예제와 같이 업무를 추진하는 관리자를 목격하는 일은 아주 드물다. 하지만 도요타의 초급간부들 이상은 이런 정도의 계획능력을 전부 갖추고 있다고 봐야 한다. 그들의 초일류 경쟁력은 결국 사원들의 내부능력에서 나온다.

TOYOTA

도요타식 문제해결 방법은 독특하다. 문제를 해결하는 방식보다는 발견하는 능력을 더 중요시한다. 문제의 정확한 발견은 문제해결 과정의 반 이상을 차지한다는 사고에서 출발한다. 국내 경영자들은 물론이고 많은 관리자나 현장 작업자들의 가장 취약한 부분이 발견 능력이다. 발견 능력을 향상시키기 위해서는 보다 폭넓은 사고와 지식 그리고 경험을 바탕으로 한 지혜를 키우는 노력이 필요하다.

PART 03

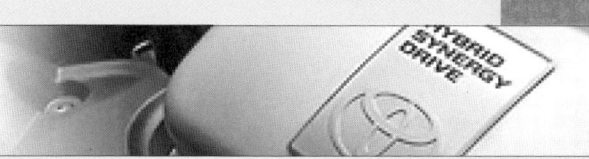

도요타식 낭비 발견 학습

CHAPTER 07

연속생산(가공조립 및 장치산업) 형태에서 낭비 발견

실제 상황에서 낭비를 발견하는 연습

낭비 발견 포인트 해석과 개선 논리

TOYOTA

21 실제 상황에서 낭비를 발견하는 연습

　아무리 많은 정보를 읽고 머리에 쌓아 두어도 실제로 적용하지 않으면 죽은 지식이 되며 아무런 지혜도 솟을 수가 없다. 그래서 독자들의 종사 업종과는 관계없이 그리고 직책과도 상관없이, 이제까지 익혀 온 도요타식의 개선 철학에 입각해서 단지 제시된 현상을 보고 과연 얼마만큼 낭비 현상을 문제로 발견할 수 있는가를 스스로 점검할 필요가 있다.

　이 장에서 제시된 예제는 가공과 조립을 하는 동시에 설비 장치에 많이 의존하는 전형적인 양산 시스템의 한 형태다. 그리고 다음 장에서는 하나의 주문에 대해 오랜 기간에 걸쳐 제품을 완성시키는 프로젝트 베이스의 수주 산업 예제를 제시했다. 이 두 예제 중에 독자가 속한 업종이 어느 예제와 더 가까운지를 선택하여 본인의 낭비발견 능력을 시험해보기 바란다. 물론 두 예제 모두 가상현실이다.

테스트는 다음과 같은 4가지 절차를 밟아야 한다.

첫째, 제시된 내용을 자세히 읽으면서 낭비에 해당되는 문구나 문장을 발견하면 그 해당 부분에 밑줄을 쳐나가면 된다. 하나의 예제를 본문에 표시해 보았다.

둘째, 이렇게 발견한 문구나 문장들을 예제문에 바로 이어서 게재한 〈표 3-1〉의 빈칸에 번호를 붙여가면서 하나씩 기재한다. 이때 기재한 문장의 낭비 형태(도요타의 7대 낭비에 폐기 낭비 추가)를 분석하여 오른쪽의 낭비 종류에서 선택하되 그 문장의 대표적 낭비 형태에는 원으로 표시하고 부수적인 낭비 현상이 더 있다고 생각되면 해당 형태에 삼각형으로 표시한다. 포맷을 미리 몇 장 복사해두어 활용한다. 역시 위의 낭비 문구 예제를 표에 예시해 보았다.

셋째, 만약 낭비의 종류나 현상을 더 익히고 능력을 점검해 봐야겠다고 느낀다면 본 책의 선행 필독서인 『도요타처럼 생산하고 관리하고 경영하라』(*「참고문헌」 1)의 9장)를 완독한 후 시도해 본다.

넷째, 약 1시간 정도 걸린 테스트를 완료했다면 부록에 있는 필자가 제시한 모범해답과 비교하여 맨 오른쪽의 평가란에 동일한 낭비를 선택했을 때 표시를 해두어 자신의 스코어(퍼센트)를 표시할 수 있어야 한다. 만약 일치 비율이 70퍼센트 이상이면 낭비발견 능력이 상당한 수준에 와 있다고 보아도 좋다.

그러나 부록에 제시한 모범답안을 먼저 보거나 귀찮다고 그냥 답안을 보고 이해하려 하면 아무런 성과도 얻지 못한다는 것을 명심해야 한다. 본인이 만족할 만큼 제시된 글을 음미하고 테스트했을 때만이 소기의 성과를 얻을 수 있다.

낭비 발견 TEST I

건축용 마루 내장재를 생산하는 ㈜탑시스템의 생산관리부에서 근무하는 고바우 부장은 월말을 맞은 오늘 어김없이 공장사무실로 들어섰다. 생산하는 모델은 주종 20여 가지이고, 소비자가 원하는 디자인이 별도로 100여 종이 넘게 있다. 주택 건설 경기가 위축된 시기라 주문량이 줄어서 생산 설비 가동의 하락을 고민해야 하는 고 부장은 다음 달에도 이전과 같이 가동률을 중심으로 한 생산계획을 짜기로 결심했다. 수주물량만으로 생산 계획을 세우면 경영층에서 기계를 놀린다는 질책이 떨어졌기 때문이다.

수주 물량이 부족해도 비싸게 들여온 설비가 계속 가동되어야만 제품 원가에 설비 원가가 적게 할당된다는 사고가 팽배했다. 영업부에서 넘겨온 수주물량 정보를 살펴보니 인천 송도지구 아파트의 물량은 세대 수보다 20퍼센트가 많이 입력되어 있었다. 곧이어 시공할 부천시 아파트 물량의 일부를 수주할 것이라고 판단되어서인지 의외로 많은 영업 물량이 표준 모델 A-1에 몰려있었다. 하지만 고 부장은 경험으로 볼 때 B-1 모델도 많이 출하되므로 A-1 모델의 추가 수주가 실패할 때 분명히 B-1 모델로 대체될 것으로 예측해서 익월의 생산 요구량은 없어도 내부적으로 생산해 놓기로 마음먹었다. 아울러 생산 요청이 있는 C-1 모델도 안전 재고를 감안해 더 생산하기로 계획을 잡았다.

이렇게 세운 계획을 보니 월말 현재 익월의 수주 확정 수량은 월 전반부에 70퍼센트 정도이고 후반부는 불과 30퍼센트에 그쳤다. 그렇다고 기계는 놀릴 수 없다는 생각에 재고가 생겨도 평소에 출하되는 여러 가지 모델로 나머지 수량을 채워서 생산하기로 하였다.

제품의 제조 공정은 원목을 분쇄하여 칩을 만든 후 이 칩을 섞어 합판을 만든다. 그 합판에 무늬 필름을 씌우고 그 위에 다시 UV 코팅을 하여 건조시킨다. 건조가 완료되면 요구 사이즈대로 절단한 후 모서리 연마를 하면 끝나는 제품으로서 원재료인 원목의 조달 수급도 고 부장의 관리 영역이었다.

합판을 만들기 위해서는 원목을 잘게 부수어 칩을 만든 후 일정기간 사일로Silo(원통형 대형 보관 박스)에 종류별로 보관하다가 필요한 제품의 착수시기에 칩을 꺼내어 융착融着시켜 압연하면 필요한 합판이 생산되었다. 원목은 주로 하절기에 집중적으로 공급받기 때문에 동절기에 필요한 양까지 확보하려면 넓은 땅이 필요했다. 계절별로 수요가 있는 제품의 원목별로 입고될 때부터 제대로 정리하고 싶었지만 일이 바빠서 그냥 입고되는 순으로 아무데나 여유 공간이 있으면 놓아두었다가 필요하면 찾아 쓰는 방법을 택했다. 그런 결과로 원목의 적재량이 적은 동절기에도 멀리 방치한 원목을 옮기는데 많은 노력이 필요했다.

원목을 분쇄해서 칩을 만들어 보관하는 사일로는 한꺼번에 많이 보관하기 위한 대용량으로 크게 설계해서 설치했다. 사일로 중에는 원가를 낮추기 위해 재생 칩(잔여 잡목처리)을 보관하는 사일로도 있었다. 그러나 재생 칩을 혼합하여 제품을 만들 때 가끔 이물질이 혼합되는 관계로 정상적인 칩까지 못쓰게 되는 경우도 있었다.

1차 칩을 만드는 공정은 2차 공정인 숙성 공정보다 공정 시간이 짧기 때문에 1차 공정 칩을 완료한 작업자는 2차 숙성 공정이 완료될 때까지 공정 주위를 서성거리는 현상이 잦았다. 숙성 공정의 작업자는 합판의 숙성에 사용되는 액화 경화제를 투입하기 위해 고체 상태로 들여온 경화제를 액체로 만드는 작업까지 도맡아야 했다.

얇은 합판 두 장을 겹쳐서 만드는 마루 재료는 합판을 접착제로 붙이는 공정이 있다. 이때 밑판이 되는 한 종류의 기준 판에 상판이 되는 종류는 여러 가지가 있었다. 따라서 가끔 계획된 상판을 생산하지 못한 경우에는 임시로 쌓아두었던 다른 종류의 상판을 대체하여 생산하기도 했다. 접착된 합판은 90도에서 융착시키기 때문에 다음 공정이 가능한 30도까지 온도를 내리기 위해서는 일정한 시간 자연 조건에서 냉각시켜야 한다. 시간이 서너 시간 요구되어서 길이가 긴 컨베이어를 설치해서 처리한다.

냉각이 된 합판은 곧바로 표면 처리에 들어간다. 무늬 필름을 표면에 붙이기 위해서는 합판의 표면에 있는 굴곡을 없애기 위해 1차로 고압 모래를 뿌려 평면을 만든다. 이 (샌딩)공정에서는 자주 두께 불량이 발생했다. 두께 차이가 발생하면 필름을 입히고 UV 코팅을 하는 도장 라인에서 미도장이 발생하기 때문이다. 따라서 샌딩 표면 처리 공정이 끝나면 바로 평면도 검사를 해서 굴곡이 있으면 재작업을 해야 한다. 그리고 샌딩 표면 처리의 압력이 너무 세면 판 자체에 휨이 발생해서 이동 중에 컨베이어 벨트에서 이탈해 떨어지는 경우가 가끔 발생했다.

표면 처리 공정에 뒤이은 필름 붙이기 공정과 UV 도장 공정은 일체화되어 있다. 그래서 샌딩 공정에서 기계가 일시적으로 정지하는 현상이 일어나면 도장 공정도 따라서 정지하곤 한다. 그리고 도장 공정이 정지하거나 준비교체를 위해 오래 정지하면 거꾸로 표면 처리 공정도 동시에 오랜 시간 정지할 수밖에 없게 되어 있다. 고 부장은 이런 설비 유휴 손실을 줄이려고 경력자를 배치했지만 소용없었다.

도장 공정은 제품의 종류에 따라 도포 두께도 다르고 성분도 약간씩 달라서 제품 사양이 바뀔 때마다 설비 정지를 하고 관련된 교체 작업을 해야만 했다. 동시에 도장 ROLL의 청소도 해야 한다. 이러한 도장 공정의 품종교체 시간은 거의 30분 이상씩 소비되었다. 게다가 도료 교환 이후에 점도를 맞추는 조정 시간이 그 이후에 더 추가된다. 아무리 준비를 잘 해도 가끔 코팅 ROLL의 변형이나 이물의 발생으로 합판 표면이 손상되어 도장 불량으로 처리되는 양이 적지 않았다.

또 도장을 통과할 때 고온에 의해 변형된 판재가 출구에 걸리면 기계를 정지시키고 작업자가 달려가서 위치 교정을 해주어야 했다. 도장의 고온 조건은 직접 가열시키는 장치가 없고 연료를 절약하기 위해 타 공정에서 발생한 스팀열을 이용해 가동시키는데, 스팀열을 보내주는 타 공정이 정지했을 때는 도장 공정도 정지시켜야만 하는 고통이 따랐다.

도장을 완료시킨 후에는 60도의 고온이라서 자연조건에서 2~3일간 양생시키는 공정이 필요하다. 이때 많은 합판들이 긴 컨베이어 위에서 머물게 된다.

도장 후의 양생이 끝난 판재는 컨베이어에서 들어내 바로 옆의 적재 장소에 일단 쌓아 놓는다. 이때 공압空壓에 의해 운전되는 운반로봇의 흡착 기능을 하는 팔의 위치가 안 맞아 판재를 떨어뜨리거나 판재를 들지 않은 채 헛동작을 하는 경우가 자주 발생했다.

이후에는 후처리 공정인 절단 공정과 모서리 연마 공정 그리고 포장 공정이 있다. 중간에 쌓인 판재가 절단 공정에 투입되는 작업은 역시 공압식 로봇이 담당했다. 절단 공정은 고객이 요구하는 대로 사이즈 별로 잘라야 하기 때문에 치수 세팅 작업이 필요하고, 마모된 커팅 칼 날의 교환이 주로 이루어진다. 그러나 커팅 위치를 잘못 세팅하여 절단 불량이 발생하기도 한다.

절단 칼을 교체하는 데는 시간이 안 걸리지만 위치 조정에는 시간이 필요했다. 그리고 절단을 담당하는 송 반장은 절단 치구를 설비와 멀리 떨어진 공구함에 보관하고 사용하는 습관 때문에 교체 시마다 공구를 가져오는 시간이 꽤 걸렸다. 어떤 경우에는 교체할 크기의 칼날이 공구함에도 준비되지 않아서 창고에서 가져올 때까지 오래 정지해야 하는 경우도 있었다.

송 반장이 근무할 때는 잘 벌어지지 않지만 신참 사원이 일하는 야간에는 칼날의 마모를 제때 확인하지 않아 무뎌진 날에 의해 절단 부위가 파괴되는 불량도 가끔 발생했다. 절단 공정의 제품교체 시에 걸리는 20~30분의 시간과 교체 후의 조정 시간이 귀찮아 작업자는 종종 도장 완료품 중에서 동일한 품종을 골라 계속 절단하려고 해서 심지어 필요 작업량의 두 배까지 해버린 적이 있었다.

그러나 반드시 작업해야 할 제품별 수량만을 준수하도록 확실한 지시를 하지 않은 고 부장의 책임도 있음을 고 부장은 알고 있었다. 하지만 설비의 정지 시간을 최소화해서 가동률을 높이겠다는 현장 사원 생각에 고 부장도 동의했기에 내버려두는 상태였다.

도장 후의 양생 완료품이 없을 때는 후공정에서도 대기하기는 마찬가지였다. 절단을 한 후에는 최종적인 모서리 연마를 하는데 연마는 벨트 형식의 연마 기구를 사용하여 처리하였다. 그러나 연마 벨트의 마모 속도가 빨라 3일에 한 번씩 교체해 주어야 연마 상태가 안정적인 것을 알았다. 교체 시간은 무려 한 시간이 소요된다. 이 연마 벨트 또한 국내에서는 구입할 수가 없어서 수입해서 쓰는데 발주기간이 3개월이라 약 4개월 분량을 쌓아 놓고 사용하는 실정이다.

연마할 때 나오는 많은 부스러기를 담기 위해 밑에 받쳐놓은 이물질 포대는 순식간에 채워져 수시로 지게차를 부르지 않으면 안 되었다. 또 연마 공정과 이물 포대의 하치장은 거리가 멀어 지게차도 쉴 틈이 없었다. 연마 공정은 절단 공정보다 시간이 더 걸려서 연마 공정 앞에 대기품이 항상 쌓여있는 상태였다.

한편 무늬가 들어간 필름을 만드는 필름 공정은 김 대리가 책임지고 있었다. 김 대리는 이 계통에 오랜 경험이 있어서 베테랑이라는 소리를 듣고 있었다. 그런데 고 부장으로서는 이해가 되지 않는 현상을 발견했다. 이상할 만큼 필름 면적당 소요 수지(樹脂)량이 과다하게 투입된다. 그래서 자세히 관찰한 결과 타입이 다른 필름을 만들 때마다 수지량이 200kg씩의 잔량이 생겼다. 또 김 대리가 생산 지시를 할 때도 판재의 요구 수량에 1:1로 맞는 필름량이 아니라 단순히 ROLL의 수로 지시를 내렸다. 항상 잔량의 필름을 보유하는 이유를 알 것 같았다.

그리고 김 대리는 매번 사람이 충분치 않다고 불평했는데 확인을 위해 현장에 가보니 때마침 품종교체를 하고 있었다. 그런데 5명 중 준비교체 작업은 단지 두 사람이 하고 나머지 3명은 어영부영 시간을 보내고 있었다. 도대체 왜 인원이 부족한지 이유를 모를 지경이었다. 그리고 정상적으로 가동되기 시작하여 공정을 각자 맡아 일할 때는 모든 작업자의 작업이 주로 기계를 감시하는 것임을 목격했다.

김 대리는 현장이 비좁다는 이유로 부재료를 창고에 두고 필요할 때 가져와서 사용하는 습관이 있었다. 그래서 부재료가 떨어지면 창고에서 가져오기 때문에 설비를 잠시 멈출 때도 발생하곤 했다.

고 부장은 완제품 창고를 순시하고 제품출하 지시의 일과를 큰 일로 생각하고 처리하였다. 창고에 도착하면 제일 먼저 눈에 띠는 것은 무늬 필름의 종류별 잔량이 많은 것과 완성된 판재의 남은 자투리 수량을 보관하는 종류도 꽤 많다는 거다. 이것 모두 재고 대상으로 입력하여 관리하고 있었다. 무늬 필름은 반제품으로, 판재 완성품의 잔량은 완제품으로 분류하여 관리했다. 그런데 가끔은 불량 판정품이나 샘플로 만든 수량이 완제품 재고로 등재되어 출하의 혼선을 유발했다.

지게차 담당자는 하루 종일 창고 안의 제품을 이리저리 옮기면서 당일 출하할 품목을 끌어내느라 정신이 없었다. 재고 중에는 표준품이 아니라 고객의 불량 판정을 받아 납품을 취소당한 채 재고로 보관되고 있는 주문품도 있었다. 그리고 표준품인데도 출고된 후 고객의 불만으로 반납된 제품도 있었다. 회사는 획일적인 품질의 기준을 갖고 임하는 반면에 고객의 양품 판정 기준은 다양했기 때문이다. 결국 2등급품으로 처리하여 할인 판매할 수밖에 없는 대상들이다. 그리고 오래된 보관품은 재생이 불가능해서 폐기 처리할 수밖에 없었다.

설비 가동을 너무 강조한 나머지 연속된 장기長期 가동으로 인해 수시로 보수해야 할 설비가 나타나고 가동률이 걱정되어 임시 조치로 넘어가는 수가 많아 고장 정지가 항상 걱정되는 고 부장은 살얼음을 딛고 사는 느낌을 지울 수가 없다. 그래서 그런지 최근에는 포장기마저 자주 정지해 버려 제때에 납품 처리를 못하는 경우도 더러 있었다.

〈표 3-1〉 낭비 분석 TEST SHEET

○:주 △:부

No	현 상	낭비의 종류		평가
1	수주 물량이 적어도 설비가동률을 위해 계속 가동하는 행동	(과잉제조), 재고, 불량, 운반, 대기, 가공, 동작, 폐기		
		(과잉제조, 재고, 불량, 운반, 대기, 가공, 동작, 폐기)		
		(과잉제조, 재고, 불량, 운반, 대기, 가공, 동작, 폐기)		
		(과잉제조, 재고, 불량, 운반, 대기, 가공, 동작, 폐기)		
		(과잉제조, 재고, 불량, 운반, 대기, 가공, 동작, 폐기)		
		(과잉제조, 재고, 불량, 운반, 대기, 가공, 동작, 폐기)		
		(과잉제조, 재고, 불량, 운반, 대기, 가공, 동작, 폐기)		
		(과잉제조, 재고, 불량, 운반, 대기, 가공, 동작, 폐기)		
		(과잉제조, 재고, 불량, 운반, 대기, 가공, 동작, 폐기)		
		(과잉제조, 재고, 불량, 운반, 대기, 가공, 동작, 폐기)		
		(과잉제조, 재고, 불량, 운반, 대기, 가공, 동작, 폐기)		
		(과잉제조, 재고, 불량, 운반, 대기, 가공, 동작, 폐기)		
		(과잉제조, 재고, 불량, 운반, 대기, 가공, 동작, 폐기)		

22 낭비 발견 포인트 해석과 개선 논리

과잉 제조와 재고 낭비

대량생산을 하는 가공산업이나 조립산업에서는 생산의 연속성과 효율을 위해 대부분 자동화된 고가 설비를 보유하고 있다. 이 설비에 대한 투자 때문에 설비를 가능한 놀리지 않으려고 노력한다. 그런 이유로 수주된 물량이나 수요에 합당한 물량을 생산하기 보다는 설비를 일단 가동시키는 계획을 세워 생산한다. 그 결과 팔리지 않는 재고를 만드는 과잉 제조 현상이 뚜렷하여 영업 담당들이 하는 일이 고객이 찾는 상품의 연구가 아니라 고작 기존에 쌓여 있는 재고 처분이다.

한편으로는 과잉 제조의 발단이 영업 부문의 오류에서 일어난다는 것도 부인할 수 없다. 정확한 정보에 의해 생산을 유도하기 보다는 추측이나 예상에 의존하는 투기적인 업무 습관에 젖어있는 기업들도 상당히 많다. 제조 부문이 영업 부문이 요청한 것을 지상 명령으로 착각하고 무비판으로 생산하면 낭패를 보기 쉽다. 가끔 긴급 주문에 관해 불평이나 의문을 영업 부문에 전달하지만 결국 생산부터 하고 본다.

영업의 능력은 정보 획득의 실력으로 판가름 난다. 즉, 정보의 양에 따라 반비례하여 기업의 낭비 규모가 결정된다. 고객과 수요에 대한 비교적 양질의 정보를 많이 수집하면 과잉의 제조를 유발하여 재고를 증가시키는 일은 거의 일어나지 않는다.

영업에 의한 흔한 오류는 제조 부문과 거의 정보 교환을 하지 않고 시행하는 데 있다. 정보 교환이 있더라도 수박 겉핥기식에 지나지 않는다. 대개의 영업 계획은 경영 계획에 의거하여 수행하지만 영업의 일상 활동 과정에서 정보가 빈번히 변경되는 것이 사실이다. 그래서 영업사원일지라도 제품의 제조 공정 지식과 주문량 변동에 따른 제조의 문제점 정보를 확보하는 편이 바람직하다.

예문에 나타난 바와 같이 기업에서 흔히 범하는 일로서 생산부가 영업을 뒷받침해준다는 의미로 주문도 없는 상품을 임의대로 해석하여 만들 생각을 한다. 영업의 빗나간 예측이나 주문 정보에 많이 당해 본 생산 책임자는 차라리 과거의 출하 실적을 근거로 생산해 두는 것이 더 합리적이라고 생각한다. 생산의 본분을 망각한 의사 결정이다. 따라서 영업이 보다 계획적으로 활동하면서 제조 부문에 정보를 가능한 빨리 전해주면 생산 부문에서 영업을 많이 이해해 줄 수 있을 것이다.

생산의 의무는 영업이 제시한 주문량만을 생산하되 재고가 생기면 그 발생 사유에 대한 근거를 정확히 밝혀 경영자에게 제시하는 일이다. 경영자는 그 자료를 근거로 '아니면 말고 식'의 책임지지 않는 생산 지시를 다시는 하지 않도록 분명한 조치를 영업 담당에게 지시하면 된다. 그러나 평소에 영업의 요구 조건을 완벽하게 들어주지 못하는 생산의 입장으로서는 자기의 능력부족은 빼고 영업의 실수만을 부각시키기는 어려울 것이다.

따라서 영업이든 생산이든 어느 한 쪽이라도 완벽에 가까운 실력을 갖출 필요가 있다. 그래야 상대방의 수준이 향상될 수 있다. 도요타가 초일류의 길을 걸을 수 있었던 것도 생산 부문에서 확실한 능력을 키우고 난 후 분리되어 있었던 판매 법인을 흡수해서 통합된 제조 시스템을 이룰 수 있었기 때문이다. 하지만 생산과 영업 모두 분명한 실력이 없다면 그 기업은 이미 낭비로 뒤덮여 있을 것이다.

운반 · 대기 · 동작 낭비

기업에서 가장 골머리를 앓는 분야가 원자재의 확보다. 특히 국내에서 조달받는 원자재가 아니면 그 기복은 더욱 심하다. 거의 투기성이 가미된 원자재 공급 시스템으로 변질된다. 이런 이유로 계절성 상품을 양산하는 기업은 원자재의 재고 발생 확률이 높고, 원자재 공급 루트가 불안한 작은 기업들은 고가의 원자재 구입이나 부족 현상으로 판매 손실을 가져올 수 있다. 따라서 원자재의 공급 과정은 계획적인 통제가 힘든 경우가 많아 입고된 이후의 관리를 통해 추가로 발생하는 부수적 낭비를 배제하는 개선활동이 주를 이룬다.

'필요한 물품을, 필요한 양만큼, 필요한 시기에'라는 도요다 기이치로의 저스트 인 타임JIT 사상을 잘 적용하기 힘든 분야가 바로 원자재 공급이다. 하지만 그 원리에 숨어 있는 '필요한 장소에'라는 개념은 적용 가능하다. 필요한 장소에 배치하지 않아 발생하는 사후적인 낭비 자원의 투입을 최소로 줄이기 위한 노력이 있어야 한다. 3정(정품, 정위치, 정량)의 원리로 처음 원자재가 입고되는 시점부터 계획적이고 치밀한 흐름을 설계하여 최소의 자원으로 운영을 해야 한다.

도요타의 공장 내부에서 재료의 투입과 제품의 흐름은 물론 심지어 협력사로 되돌려 보낼 빈 용기의 위치 및 선입선출까지 정확하게 지정하고 통제하는 모습을 볼 때, 어려운 고급 기술의 적용 장소가 아닌 곳에서 낭비는 무단히 생길 수 있는 반면에 그 낭비를 쉽게 방지할 수도 있다는 것을 느낀다.

재고의 낭비를 유발하는 대용량의 설비나 용기 혹은 물류의 취급시대는 끝났다. 모든 것을 필요한 만큼만 구하고 거기에 맞춰 설계하는 철학으로 바꾸어야 한다. 특히 부가가치가 발생하지 않은 상태의 물품(특히 원재료)은 관계가 비교적 적지만, 일단 초기 가공을 시작한 반제품의 취급 물량을 대규모로 대응하는 일은 바람직하지 않다. 상품의 종류가 적던 시절에는 몇 단계의 가공을 거칠 때까지는 다양한 최종 상품에 공용으로 사용되기 때문에 대량이 허용됐으나 요즈음에는 종류가 너무 다양해 초기 가공부터 소량 체제로 전환하지 않으면 곤란하다. 따라서 구식 설비가 있기 때문에 할 수 없다는 식의 발상은 버리고 패러다임을 바꿀 필요가 있기 때문에 모든 조건을 일신한다는 개선쪽으로 나가야한다.

작업자의 대기 낭비는 주로 공정 간의 능력 균형이 맞지 않아서 생긴다. 특히 연속 생산을 하는 장치 산업에서 공정별 혹은 설비별 능력이 불규칙할 때 노동생산성이 하락한다. 그러나 공정과 공정 사이에 많은 재공을 두고 작업하는 기업은 공정별 균형 정도를 파악할 수 없고 작업자들이 부가가치가 없는 동작이나 작업을 많이 하게 되어 노동생산 효율은 극도로 하락한다. 노동생산성은 단순히 많은 OUTPUT을 내는 것이 아니고 필요한 OUTPUT을 내야 측정 가능한 것이다.

특히 중간에 여러 종류의 재공품이 많으면 대체 생산을 막을 수가 없다. 특정 경우가 안 되면 다른 경우로 넘어가는 식의 발상이 매우 효율적인 것 같지만 그것은 착각에 불과하다. 생산하는 모든 물품은 사가는 고객이 있어서 만든다. 그런 물품이 완성 시점이 없을 리가 없다. 그러나 마치 모든 물품의 완성 시점은 의미가 없고 그저 주어진 상황 내에서 기계나 사람을 놀리지만 않으면 괜찮다는 발상은 모든 낭비를 자초하기도 하지만 낭비 자체를 인식하는 능력을 확보할 수 없다. 가장 피해야 할 의식이라 할 수 있다.

재공 감축은 L/T 단축

재공이 많이 생기는 이유 중의 하나는 품종이 바뀔 때 설비 조건을 바꾸는 준비교체 시간이 오래 걸려 관리자나 작업자 모두 기피하기 때문이다. 관리자는 교체 시간의 소요로 목표 생산량을 채우지 못할까 걱정해서고, 작업자는 교체 작업이 번잡하고 귀찮으며 교체 후의 초기 불량도 염려되어 기피한다. 실제로 많은 기업에 준비교체의 단축을 지도해 보면 단시간에 거의 50퍼센트 이하로 줄일 수 있음을 경험했다. 자체적으로 자세한 관찰이나 약간의 발상마저 하지 않기 때문에 과다한 시간을 투입하고 있다. 준비교체의 발상 이미지와 활동

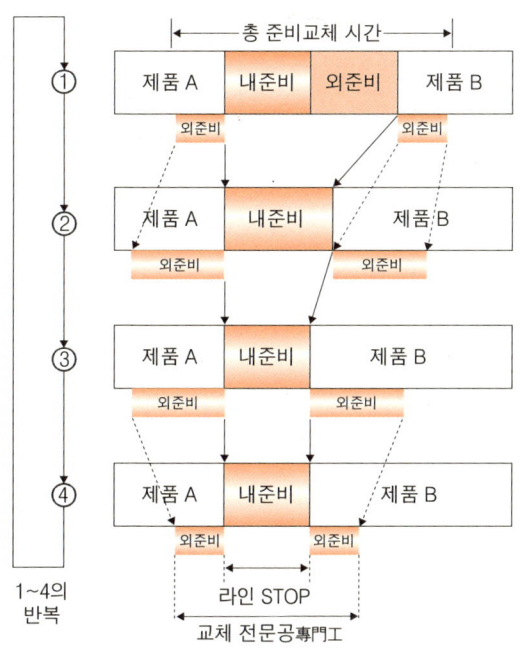

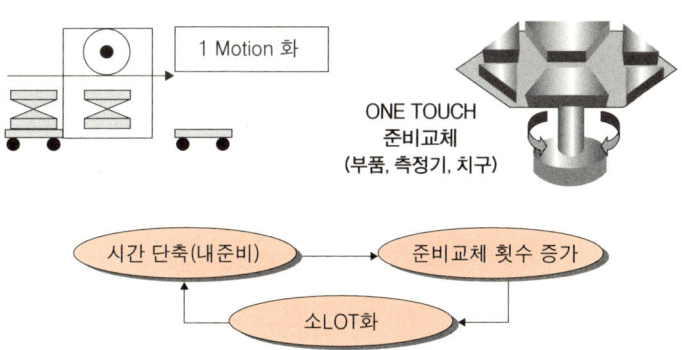

〈그림 3-1〉 1개 흐름을 위한 준비교체 개선

사이클을 표현해보면 〈그림 3-1〉과 같다.

　도요타의 생산 라인은 차체 용접에서부터 조립검사 공정까지 하나의 선으로 연결되어 있지만 그 사이사이에는 각 공정에서 발생할 정지 요인을 흡수할 수 있는 충격 흡수 재공이 보이지 않을 정도의 미세한 양으로 존재한다. 도요타도 처음에는 설비와 설비의 연속성을 너무 강조한 나머지 근접 설비의 정지로 인한 충격 흡수 영역의 설계를 하지 않은 상태로 운영했으나 그것 자체가 대량생산의 자동화 체제가 갖는 맹점이라고 판단했다. 주요 공정 사이에 충격 흡수 영역을 두어 연계 공정의 유휴 손실 없이 하는 편이 오히려 최소의 시간에 정지 요인을 극복시키는 개선까지 유도할 수 있어서 더 효과적임을 알았다.

　재공의 보다 정확한 이해를 돕기 위해 재공의 상세 분석을 해보기로 한다. 재공의 종류는 주로 5가지로 분류된다.

●●● 첫째, 영업 재공이다. 생산 진행 중에 발생하는 영업의 주문 취소나 수량 변경에 의해 더 이상 공정 진행이 무의미하여 생기는 경우에 발생한다. 영업이 책임을 져야 한다.

●●● 둘째, 생산 재공이다. 생산 중에 실수로 인하여 불량이 대량으로 발생하거나 수주되지 않은 제품을 임의로 투입하여 주문과 연결시키지 못하고 무한 대기하는 경우를 말한다. 생산이 책임을 져야 한다.

●●● 셋째, 버퍼Buffer 재공이다. 각 공정이 선행 공정의 설비나 품질상의 이유로 유휴 시간이 발생할 것을 대비하여 평균가동률값에서 정지되는 시간만큼의 작업량을 미리 보유하는 준비성 대기를 말한다.

●●● 넷째, 표준 재공이다. 주문의 빈도가 높고 생산량의 비중이 높

> 은 품목 중에 단납기 주문이 주로 발생되는 품목을 공정 중에 계획적으로 진행시켜 고객의 단납기 요구를 충족시켜주기 위한 준비성 대기를 말한다.
> ●●● 다섯째, 공정 재공이다. 생산을 하고 있는 현행 생산 LOT량을 말한다. 대부분 진행 LOT는 재공에서 제외시키기도 한다.

　이상과 같은 5가지의 재공 중에 영업 재공과 생산 재공을 결과 재공이라 부르고 버퍼 재공과 표준 재공은 목적 재공이라 부른다. 따라서 재공 전략은 현존하는 총 재공을 5가지의 재공으로 분류하여 영업 재공과 생산 재공을 가능한 '0'가 되도록 하는 것이며, 공정간 최소 유휴발생 활동으로 버퍼 재공을 점차 줄여 가고, 표준 재공은 유연성 있게 시기에 따라 종류와 양을 조절하는 것이어야 한다. 이 과정에서 재공의 감축은 L/T의 단축과 같다는 진리를 잊지 말아야 한다.

　생산의 투입에서 완료까지 소요되는 시간 중에 가장 큰 비율을 차지하는 시간은 대기 시간이다. 아무런 변환이 일어나지 않는 시간은 전부 대기 시간이라고 보면 된다. 그러나 자연냉각이라든지 혹은 숙성이라든지 하는 눈에 보이지 않는 물성物性의 변화를 무기로 대기를 무단히 방치하는 경우가 더러 있다. 하지만 이런 발상은 개선을 위한 연구와 지혜가 부족한 조직에서 나온다. 제조 자체가 자연현상이 아니다. 다 인공적인 것에 불과하다. 따라서 요구되는 사양을 달성하기 위한 방식을 새로 개발하는 것이 개선에 해당한다.

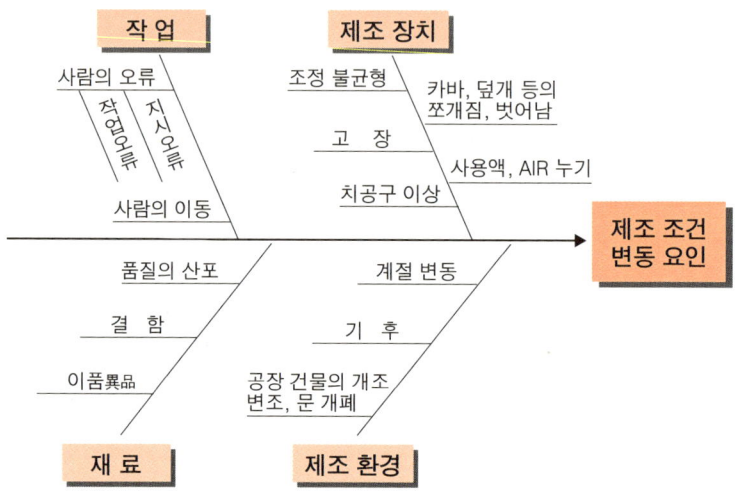

〈그림 3-2〉 제조 조건의 변동 요인 분석 예제

불량 · 가공 · 폐기 낭비

생산 과정에서 발생하는 일체의 불량은 거의 접촉 물체에 의해 유발된다. 특히 눈에 보이지 않는 기체 등에 의한 변형까지 모두 양품의 제조 조건으로 정확히 정의하고 방지해야 하는데도 대부분의 기업이 불량 발생 후 부분 조치에 그치고 있다. 도요타와 같이 양품 조선 만들기 사전 개선활동으로 전환해야 한다.

대개 제조 조건의 변동요인을 4가지로 보는데 사람Man의 요인, 제조 장치Machine의 요인, 재료Material의 요인, 제조환경Environment의 요인으로 크게 구분한다. 이때 각 요인별 세부 요인으로 구분해보면 〈그림 3-2〉와 같고 이에 각기 어떤 대응으로 하는 것이 바람직한가에 대한 요인의 억제책을 간단하게 열거한 것이 〈표 3-2〉이다. 특히 근래에

〈표 3-2〉 제조 조건 변동 요인의 억제 대책

변동 요인	제조 조건 목적	억제 대책 구체적 대책	대책 담당자
제조	이상의 조기 발견	작업자를 사용장치의 EXPERT로 육성	관리감독자, 작업자
	고장의 예방	작업자의 고장 징후 파악 SKILL 양성	관리감독자
	정상 운전의 유지	PM의 중시	관리자, 설비 담당자
장치	고장 빈도의 압축	MTBF 관리	현장 감독자, 설비 담당자
	정상 운전의 확보	조정의 무용화 혹은 용이화, 눈금 때 제거	관리자, 설비 담당자
	정상 운전 안정화	수명 늘림	설계자, 설비 담당자
	기준의 적정화	작업 기준, 작업 요령의 적정화(순수 기준으로)	현장 감독자
작업	작업 오류의 박멸	개인별 관리(긴장감 유지, 오류 작업자는 쉬운 작업)	지시자
	제시 오류의 박멸	제시의 레벨 UP(지시자에 의한 확인 습관)	관리감독자
	결점 항목의 준수	실시 확인 시스템의 도입	관리감독자, 설비 담당자
제조	변동 영향 배제	계절 변동의 사전 대응, 공조기 도입	관리감독자
환경	변동 영향 경감	기후 변화의 연구	설비 담당자
	기후, 기압의 안정화	건물 개조 안정 제도, 파손의 보전	관리감독자, 작업자
	기류 안정, 혼탁 방지	문의 개폐 규제, 덮개 · COVER의 보전과 취급 규제	설비 담당자, 작업자
	방청, 임의 변동 억제	약품, 가스, 공업의 보전	검수자
재료	품질 정횡확인	재료 성적서 제출 의무, 수입 검사	관리감독자, 기술자
	품질 안정화	기술검토회(정기, 필요시)	

PART 3 도요타식 낭비 발견 학습

<표 3-3> CLEAN도 개선의 원리 원칙과 이물의 특질

구분		특질 내용	이물의 내용
발생 상의 특질	움직임에 의한 발생	마찰에 의해 발생한다	마모분말, 액체에 의한 침식침전물
		운동에 의해 발생한다	박리물, 이탈물(실, 섬유 등)
		진동에 의해 발생한다	박리물, 이탈물(수지, 도장 등)
		충돌에 의해 발생한다	충돌파손물(도장 벽부스러기, 도료 등)
		파괴에 의해 발생한다	파괴이탈물(유리파편, 수지조각 등)
		가공에 의해 발생한다	가공부스러기(연마찌꺼기, Burr 등)
	기타의 발생	열화에 의해 발생한다	고무, 프라스틱, 접착물
		산화에 의해 발생한다	녹, 부식가루
		변식에 의해 발생한다	이끼, 수초, 벌레(곤충)
		배척물에 의해 발생한다	때, 비듬, 탈모, 도료, 손톱때
		전여 부스러기가 이물이 된다	인쇄판의 망사에 남은 잉크
		넘쳐 흘린 부스러기가 이물이 된다	넘쳐 흘린 잉크나 분말
		오염이 이물이 된다	접착오염, 잉크오염 등
		기체나 액체가 이물이 된다	기포, 결로 등
이동 상의 특질		위에서 떨어진다	부유먼지, 천정부착이물
		사람·동물·사물 등의 움직임과 함께 이동	움직이는 것에 붙은 이물의 모든 것
		기체나 액체의 흐름과 함께 이동	침식미립자, 폐수
		정전기로 끌어당김	부유먼지, 섬유 등
		틈만 있으면 침입함	천정, 벽 뒤 등의 이물, 모래 먼지
축적 상의 특질		평평한 면 위에는 반드시 쌓인다	모든 이물
		울퉁불퉁한 곳에는 반드시 쌓인다	섬유, 티끌
		구석 부분에 집중되기 쉽다	거의 모든 이물
		용기의 가운데 부분은 반드시 축적	거의 모든 이물
		접착물에 부착	거의 모든 이물
		웅덩이에는 침전물이 고인다	액체 중의 이물

CLEAN화의 원칙

1) 발생 이물량 + 보유 이물량
　　　　제거 물량

이물 유발 분류

1. 건물에서 발생
2. 사람에서 발생
3. 의류, 장신구
4. 제품 자체에서 발생
5. 제조 과정의 부재료
6. 제조 용구에서 발생
7. 제조 장치에서 발생
8. 미생물
9. 옥외에서 발생

318

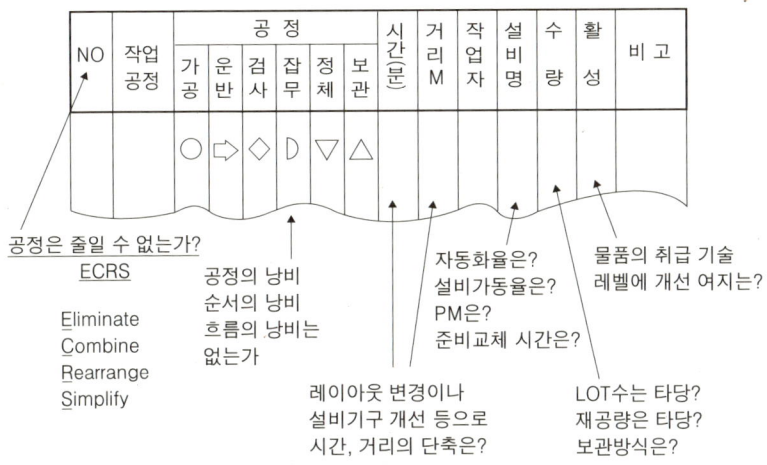

〈그림 3-3〉 공정분석시 검토 항목

정밀 제품들의 출현으로 환경의 변동 요인이 크게 부각되어 부가적인 설비 투자가 많이 되므로 중요하게 여겨지는 클린Clean화 요인들을 자세하게 표시하면 〈표 3-3〉과 같이 압축할 수 있다.

　예문에서 알 수 있듯이 많은 낭비(동작, 대기, 가공 등)는 가장 기본적인 5청정 활동을 등한시해서 발생한다. 운반과 동작의 낭비를 없애는 가장 기본적인 개선은 정리와 정돈작업(*「참고문헌」 1)의 8장 참조)이다. 조직적이고 섬세한 5청정 활동을 지속시키는 일이 개선의 큰 축이 되기도 하지만 역으로 개선활동이 활발히 진행되는 기업은 5청정 활동의 효과를 제일 많이 보고 있을 것이라고 단언할 수 있다. 그리고 주기적으로 초심의 공정 설계자로 돌아가 공정별로 재조사하여 낭비 요인을 철저히 가려내 개선을 시도해야 한다. 분석하는 방식으로 참고할 수 있도록 한 가지 예를 들어 본 것이 〈그림 3-3〉이다.

CHAPTER 08

수주설계생산(프로젝트 산업) 형태에서 낭비 발견

실제 상황에서 낭비를 발견하는 연습

낭비 발견 포인트 해석과 개선 논리

23 실제 상황에서 낭비를 발견하는 연습

낭비 발견 TEST II

최고자동화㈜는 첨단 정밀제품 생산의 특수 공정 설비를 수주 받아 제작하는 장비 전문 제작 업체로서 엔지니어링 수주 사업을 하고 있다. 영업부의 책임자는 노 부장이고 설계부의 책임자는 마 차장이며, 구매부는 박 과장이 맡고 있고 생산 조립과 현장 설치는 이 차장이 담당했다. 이 모든 과정을 김삿갓 상무가 지휘하고 있었다.

영업부의 노 부장은 해외의 수출과 국내 수주를 동시에 맡고 있었다. 그가 가장 어렵게 느끼는 점은 국내 고객사의 수주 사양 협의에 있었다. 그 이유는 고객사에서 미리 고민하고 여유 있게 주문하는 것이 아니고 시간에 쫓긴 결정으로 다급히 주문하는 일이 거의 다반사였기 때문이다. 따라서 항상 빠듯한 일정으로 장비를 개발할 수밖에 없었다.

우리가 요구하는 제작 기간보다 짧은 기간을 늘 이겨내야만 했다.

고객 분포가 다국적인 관계로 가장 많은 문제가 고객마다 다른 인증 사양을 갖는다는 것이었다. **가끔 이 인증 정보의 차이나 해석의 오류로 재설계와 재제작**을 하기도 했다. 설령 인증 관계 사양을 고객으로부터 받더라도 엔지니어링적 언어의 공통성이 부족해 해석을 잘못하여 엉뚱한 사양으로 만들기도 한다.

기술 영업을 담당하는 영업원은 여러 명이 있다. 그런데 각자의 경력 차이가 달라 견적서에 특정 사양을 빠뜨리고 제출하는 경우도 있어서 본의 아니게 수주 가격의 손실을 가져오는 적도 있다. 신규 사업을 한지 수년이 지났지만 아직도 몇년 전의 가격으로 견적을 제출하는 기능 부문도 발생하여 고객의 오해를 사거나 비용 손실을 유발시키기도 했다.

설령 고객과 마주 앉아 많은 시간을 할애하여 사양을 접수한다고 해도 고객의 내부 사정으로 인해 미결정 부분을 남겨둔 채로 계약 체결을 하는 경우가 많았다. 노 부장의 이런 고민거리를 이해는 하고 있지만 설계 일정도 빠듯한 마 차장은 가능하면 영업부에서 확실한 사양 정보를 가져오길 기대한다. 하지만 늘 부족한 것이 현실이었다.

시간이 촉박한 수주를 가져온 관계로 설계 부서에서는 고객 사양을 우선하지 않을 수 없었다. 그래서 과거에 발생했던 실적 프로젝트를 검토해 과거 도면을 그대로 사용할 수 있는지의 검토를 할 시간도 없이 고객 사양 그대로 설계하고 프로젝트가 완료된 후 되돌아보면 표준품을 사용할 수 있었던 사양도 꽤 발견되는 실정이었.

설계에 착수하려고 할 때 늘 발견하는 것은 세부 사양에서 꼭 필요한 항목들이 누락되어 오는 경우였다. 아무리 영업원에게 사전에 부탁을 해도 단지 고객이 사양을 말하지 않았다고만 하고 영업쪽에서 밝히려고 하는 노력은 보이질 않았다. 밝힐 능력이 사실 없는 모양이다. 할 수 없이 누락 사양 부분을 설계자 임의대로 자기 경험을 기준으로 설계할 수밖에 없지만 결국 이후에 사양 변경이 발생하는 경우가 가끔 있어서 곤란을 느낀다.

그러나 문제는 사양 누락만이 아니다. 비록 사양을 확정하여 왔더라도 고객의 안이한 사고방식으로 인해 제작중에 설계 변경을 요청하는 경우도 많다. 어떻게 설계 변경을 사전에 막아야 할지의 방법 연구가 낭비제거의 관건이라 생각했다. 그래도 고객의 요청으로 설계 변경이 일어났다면 설계자의 오류가 아닌 것으로 되지만 누락된 사양 항목을 설계자 임의의 경험 지식으로 처리할 때 가장 안전한 사양값으로 설계했어도 실제 조건은 아주 단순한 설계값으로 정의했어도 충분한 것으로 드러났을 때 설계자의 오류 같아 가장 아쉬움이 남았다.

마 차장이 요사이 타 부서 책임자들로부터 지적당하고 있는 것은 후속 부서에 미치는 업무처리 지연 발생이었다. 마 차장은 현재 설계의 일정 계획은 자체적으로만 활용하고 타 부서로는 전달해주지 않고 있었다. 그 일정을 준수하지 못하는 경우가 많았기에 타 부서로부터 비난받을 것을 염려했기 때문이다.

설계 일정이 항상 어긋나는 이유는 설계 공수의 실적값에 의한 표준공수 자료가 없어서 프로젝트를 착수할 때마다 팀장들의 머릿속에 있는 경험치에 의존하는 것을 알고 있으면서도 고치지 못한 채 업무를 지속시켜 왔기 때문이다.

간혹 수주 계약을 했더라도 고객이 돌연 취소하면 억울하지만 차기의 수주를 받으려면 미리 구매해 놓은 많은 자재들이 재고로 쌓여도 어디 불평할 데가 없었다. 그러나 그 누구도 책임을 지지 않는 분야라 하여 사실 관리의 사각지대나 다름이 없었다. 마 차장은 설계가 끝난 후 구입 자재의 리스트를 구매에 넘겨주고 도면을 출도해 주면 설계 업무는 끝난다고 보았다. 그러나 구매의 박 과장이 회의 시간에 항상 재고량 소진을 재촉하는 얘기를 들어야만 했다. 부품 발주 리스트를 작성할 때 기존의 동일 자재 재고를 확인한 후 구입 수량을 결정해야 마땅하나 그럴 시간이 주어지질 않아서 매번 잔소리를 들어야 했다.

그러나 전산 처리에서도 문제는 있었다. 재고로 전환되면 바로 주소 없는 부품이 되어야 함에도 불구하고 항상 프로젝트 번호가 명시된 채로 화면에 보이기 때문에 지나칠 수밖에 없다는 것이 설계자들의 불만이었다. 그것이 해결되기 전에는 고려하지 않겠다는 태도를 보였다. 한마디로 그럴 시간 없이 바쁘다는 것이다.

가끔 구매의 박 과장이 이미 발주 예정 시기가 경과했는데 왜 도면 출도를 안 하느냐고 물어온다. 이때 상황을 살펴보면 설계 담당자가 누락된 사양 정보를 영업으로부터 수령할 때까지 기다리느라고 지연시킨다는 것을 발견하곤 당장 영업부 나 부장에게 추궁하곤 했다.

정말 통제하기 힘들다고 느낀 적이 한두 번이 아니다. 도면 출도도 문제지만 부품 구성 리스트 확정도 지연되는 것은 당연한 일이었다. 결국 전체의 일정이 지연되는 결과를 낳았다. 어떻게 해야 설계 일정만이라도 준수할 수 있을까가 마 차장의 고민이었다.

박 과장은 발주용 외주제작 도면을 받아 들고 곰곰이 생각했다. 과연 이 도면은 완전한 정보라 할 수 있을 것인가. 많은 도면을 일일이 검토할 수 없어 그대로 외주처에 전달하니 엉뚱한 부품 제작으로 불합격을 받을 때가 한두 번이 아니다. 외주 제작사는 그들 나름대로 항변하고 있었다. 도면대로 만들었다는 것이다. 실제로 전달 도면을 살펴보니 치수의 소수점이 도면에 표시되지 않은 적도 있었다. 거꾸로 설계에 연락하니 그럴 수가 없다면서 확인한 결과 반복사용 도면인 경우 복사본을 복사해서 출도한 도면이 복사 과정을 거치면서 소수점이 사라졌던 것이다. 그것만이 문제의 전부가 아니다. 제작 오류의 문제로 불량 판결에 대한 원인을 살펴보니 설계할 때 도면에 제작상의 유의점이나 특이점을 제시하지 않아 제작사의 임의 처리에 의한 결과였던 것이다. 만드는 사람에게 필요한 정확한 정보의 전달이 이토록 어려운 것일까를 다시 생각하게 한다.

도면을 설계 부서로부터 받았더라도, 곧 도면 변경이 있을 것 같으니 발주를 미루어 달라고 부탁 받아 발주를 연기시키면 기다려도 하염없이 세월만 갈 뿐 약속한 수정 도면은 오질 않는다. 그래서 재차 독촉하면 그때서야 잠깐 까먹었다는 변명만 할 뿐 개선이 되질 않았다.

자재 중에는 조달 시간이 오래 걸리는 장납기長納期품이 많았다. 그런데 발주 시기가 지났는데도 도면이 나오지 않아 재촉하면 아직 설계가 덜 끝났으니 기다려달라는 말 뿐이다. 알고 보니 도면을 수시로 발행하는 것이 귀찮아 일괄 처리하기 위해 발행하지 않는 것이었다.

어느 날 박 과장이 부품을 들고 품질 요원에게 따지기 시작했다. 생산의 조립부에서 조립 중에 발견한 불량품이었는데 재제작 요청이 들어온 부품을 턱에 들이밀고 이런 자재가 어떻게 품질을 통과했냐고 따졌다. 그랬더니 품질 요원이 품질기준서와 대조하고 난 후 이상이 없는 부품이라고 했다. 결국 조립, 구매, 품질, 설계 4명의 관계자가 다시 모여 판명한 결과 생산부의 사용 불가론이 1차로 옳았고, 품질검사 기준에 입각한 검사 행위도 옳았다. 그리고 외주 제작사의 오류도 아니다. 단지 부품의 양품 판정 기준 항목에 설계가 한 가지를 빠뜨린 것이 원인이었다. 과연 이렇게 일이 발생할 때마다 회의를 거쳐 임의 수정 조치하는 것이 옳은 것인가를 박 과장은 고민했다.

박 과장은 어느 날 김 상무로부터 원가절감 목표를 할당받았다. 그런데 어디서부터 시작할지 난감하였다. 우선 구입 가격 결정이 외주 업체로부터 오는 견적에 많이 의지한다는 점에 주목했다. 그래서 견적 실적을 살펴보니 천태만상이었다. 지금까지 견적을 협력사의 일방적 양식에 의존하여 판단해 왔던 것이 걸렸다. 과연 외주 제작 의뢰품의 종류별 표준화는 불가능한 것인가를 가늠해 보기 시작했다.

박 과장은 외주 제작품의 적기 입고 준수율에 특히 고민이 많았다. 아무리 협력사와 구두로 약속해도 제날짜에 오는 경우가 드물었다. 중간에 업체별로 전화를 해서 진행 중임을 확인했음에도 결국 납기일에는 도착하지 않는 것이다. 그리고 도착한 것이 불량으로 판정될 때면 앞이 노랗게 변했다.

생산부 이 차장의 성화가 기다리고 있기 때문이다. 이 차장은 나름대로 조립 추진 일정을 사전에 알려주고 그 일정대로 자재들을 보내달라고 요청했지만 하나의 자재가 없어서 하루 종일 작업자들이 노는 신세가 된 적이 많았다. 결국 이 차장은 작업 순서에 입각한 일정 계획은 집어치우고 그냥 많은 작업을 할 수 있는 조건의 일정 계획을 잡아 통보하기 시작했다. 따라서 작업자들은 노는 시간이 많이 없어지기는 했으나 그렇다고 조립 완료가 예정된 시기에 끝나지는 않았다.

자재의 투입 시기가 논리적이지 않게 진행되자 부품 출하를 담당하는 자재 요원은 여기저기에 자재들을 산재하여 보관하는 습관이 생겨났다. 자재는 회사 내부에 있되, 어디에 얼마만큼이 있는지는 알 수 없을 지경이었다.

투입된 자재를 믿고 작업하는 중에 일부의 부품이 전혀 맞지 않거나 조립성이 떨어지는 것을 발견하면 설계 부서에 부품 불일치 발생 신고를 하는 조치를 수행한다. 그 후 수정 부품이 오기까지 다시 일정을 까먹게 되어 있다. 과연 조립 부서는 부품을 집고 나서야만 그 부품이 오류인가를 알 수밖에 없는 것인가 고민하게 되었다. 어떤 경우에는 부품의 오류를 발견한 작업자가 나중에 설계에 통보한다고 생각하고 우선 다른 부품을 조립하다가 통보를 깜빡해서 일정이 지연되는 경우도 적지 않았다.

이렇게 조립 시에 발견된 변경 사항은 컴퓨터에 입력된 상태였다. 물론 조립 시에 일어난 소소한 변경은 정식 설계변경 통보체계를 밟지 않고 임의의 오류발생 처리 데이터로 활용하고 있었다. 그런데 이상한 것은 다음의 동일 장비 프로젝트때 앞서 일어났던 오류들이 하나도 반영이 안 된 채 수정 이전 상태의 부품이 또 들어오는 현상이 일어났다. 이 차장은 이럴 때가 가장 신경질이 솟구쳤다.

어떤 경우는 부품의 불일치를 발견하여 해당 기구 설계자에 연락하면 이상이 없는 것이라고 해명하고 회로 담당자의 의견은 기구가 오류를 범한 것이라고 일축했다. 이런 현상은 하나의 사양에 대해 설계의 기능 주체별로 다르게 해석했기 때문이다. 논란은 끊이지 않는다.

조립 현장의 작업자들도 경력이 서로 달라서 신참자의 작업 결과에 종종 오류가 발견되었고 또한 조립 공수의 계획 수립도 힘들었다.

조립의 완료 후 기능 실험을 철저히 해야 함에도 불구하고 납기에 쫓겨 부분적으로 처리하고 납품하기도 했다. 그러나 그 실험 정보마저 설계나 현장설치팀에게 제대로 정리되어 전달되지 않아 차기의 동일 프로젝트에 동일한 오류가 반복되었다. 모듈별 단위 기능의 검사가 철저히 이루어지지 않은 상태로 고객에게 전달되어 현지에서의 설치 담당자가 검증하는 사태까지 일어나는데도 만성이 되어 그것이 잘못인 줄 모르고 있다. 특히 현장 설치 시에는 도면과 다른 상태의 조건인 경우로 발견되는 것이 다반사였다. 그래서인지 공사 요원의 추가 공수는 당연한 것으로 받아들이고 있는 현실이다.

〈표 3-4〉 낭비 분석 TEST SHEET

○:주 △:부

No	현 상	낭비의 종류	평가
1	고객 인증정보의 확보와 해석의 오류로 재설계와 재제작	(과잉제조, 재고, 불량, 대기, 운반, 가공, 동작, 폐기)	
		(과잉제조, 재고, 불량, 대기, 운반, 가공, 동작, 폐기)	
		(과잉제조, 재고, 불량, 대기, 운반, 가공, 동작, 폐기)	
		(과잉제조, 재고, 불량, 대기, 운반, 가공, 동작, 폐기)	
		(과잉제조, 재고, 불량, 대기, 운반, 가공, 동작, 폐기)	
		(과잉제조, 재고, 불량, 대기, 운반, 가공, 동작, 폐기)	
		(과잉제조, 재고, 불량, 대기, 운반, 가공, 동작, 폐기)	
		(과잉제조, 재고, 불량, 대기, 운반, 가공, 동작, 폐기)	
		(과잉제조, 재고, 불량, 대기, 운반, 가공, 동작, 폐기)	
		(과잉제조, 재고, 불량, 대기, 운반, 가공, 동작, 폐기)	
		(과잉제조, 재고, 불량, 대기, 운반, 가공, 동작, 폐기)	
		(과잉제조, 재고, 불량, 대기, 운반, 가공, 동작, 폐기)	
		(과잉제조, 재고, 불량, 대기, 운반, 가공, 동작, 폐기)	
		(과잉제조, 재고, 불량, 대기, 운반, 가공, 동작, 폐기)	

24 낭비 발견 포인트 해석과 개선 논리

비반복성 업무에도 7대 낭비는 있다

양산 업종과는 달리 수주 설계 업종에서의 낭비는 연속적이지 않다. 양산 업종은 하나의 낭비 포인트를 개선하면 많은 효과를 얻지만 수주 설계 형태는 수주를 받아 해당 제품을 수행할 때마다 낭비를 제거하지 않으면 효과를 거두기가 힘들다. 하지만 제품의 제조 프로세스 관점에서 보면 역시 반복의 원리를 갖기 때문에 한 번의 낭비발견으로 시스템적인 개선을 해 놓으면 도미노적인 효과를 볼 수 있다. 수주 설계 형태에서 제일 필요로 하는 낭비발견 의식은 정확성이다. 여기서의 정확성이란 정보 중심으로서 누락과 오류의 방지를 말한다.

수주 설계 형태의 업무에는 6가지의 특징이 있다.

> ●●● 1. 비정형적이고 반복적이지 않은 업무가 대부분이다.
> ●●● 2. 신규성이 높은 기술 과제들이 많이 포함되어 있다.
> ●●● 3. 사고를 하면서 업무를 집행해야 하는 대상이 많다.
> ●●● 4. 잡다한 업무가 광범위하게 퍼져 있다.
> ●●● 5. 계획 이외의 돌발적 업무가 많이 발생한다.
> ●●● 6. 단독 업무보다는 팀워크로 해결해야 할 일이 많다.

해보지 않으면 누구도 사전에 알 수 없는 대상들이 많은 편이고 기존의 기술을 적용하기에는 애매한 구석이 많은 신규 요구가 발생한다. 또한 생각을 요하는 시간이 많아서 어떠한 내용이 진행되는지 잘 파악하기 힘들고, 잡다한 일이 많은 관계로 업무 총량을 가늠하기 힘들다. 신규성의 업무로 인해 돌발적인 처리 대상이 많아지고 혼자서 고민하기보다는 팀원이 협동해야 완성될 수 있는 일이 많다.

이와 같은 업무 특성 때문에 업무 진행자들이 평소에 무단히 바쁘다는 감정을 보유하기가 쉽고, 새로운 국면을 타개하기 위해 해결의 접근법을 찾는 노력이 부단히 필요하고, 전에 없던 창조적 업무를 발굴해야 한다는 3가지 어려움이 있다.

양산품과는 달리 오랜 기간에 걸친 설계와 제작이 필요하므로 한 번의 오류가 있다 해도 즉시 극복할 수 있는 여지는 있다. 하지만 일과성이 있는 수주 성향으로 인해 지속적인 연구가 등한시 될 확률이 높아 끈기 있는 개선 정신이 요구된다. 수주 설계 형태에서의 실적 제품에 대한 피드백 기능은 초기 설계의 변경이나 재작업을 줄이는 역할을 하므로 수주 품별로 적극적인 대응이 반드시 필요하다.

수주 산업에서 가장 중요시해야 할 관리 분야는 데이터의 정밀성이다. 한 번 결정하고 연속적인 행동이 뒤따라오는 형태가 아니고 개개의 설계와 수행이 독립적으로 벌어지기 때문에 사양의 정확도에 따라 품질이 결정된다. 특히 초기의 제품 설계의 프로세스나 기획에 충실해야 한다.

L/T 단축에 따른 경쟁력 만들기

수주 설계 업종에서의 수익은 시간에 의해 좌우된다. 고객이 요구하는 기간보다 설계하고 제조하는 기간이 더 오래 걸리는 경우가 많다. 따라서 품질을 보증하는 전제 하에서 기간을 혁신적으로 단축시키는 길만이 생존의 유일한 조건이 된다. 즉, 'No Time is No Cost'가 절대적으로 적용된다. 따라서 생산을 위한 계획과 준비의 정확성을 기하되 스피드를 높일 필요가 있다.

프로젝트 수주 설계 업종의 관리력 강화를 위해서는 4가지 측면에서 체질을 강화할 필요가 있다.

●●● 첫째, 다양성의 증가에 따른 원가부담을 줄이는 활동으로서 원가 기획력과 원가저감 방법의 개발이 필요하다.
●●● 둘째, 기술적인 표준화와 정보 처리의 기술로 개발의 정확도와 스피드를 해결해야 한다.
●●● 셋째, 시장 정보의 확보로 고객의 변화 정보를 흡수하고 사전에 대응하는 역할이 강해야 한다.

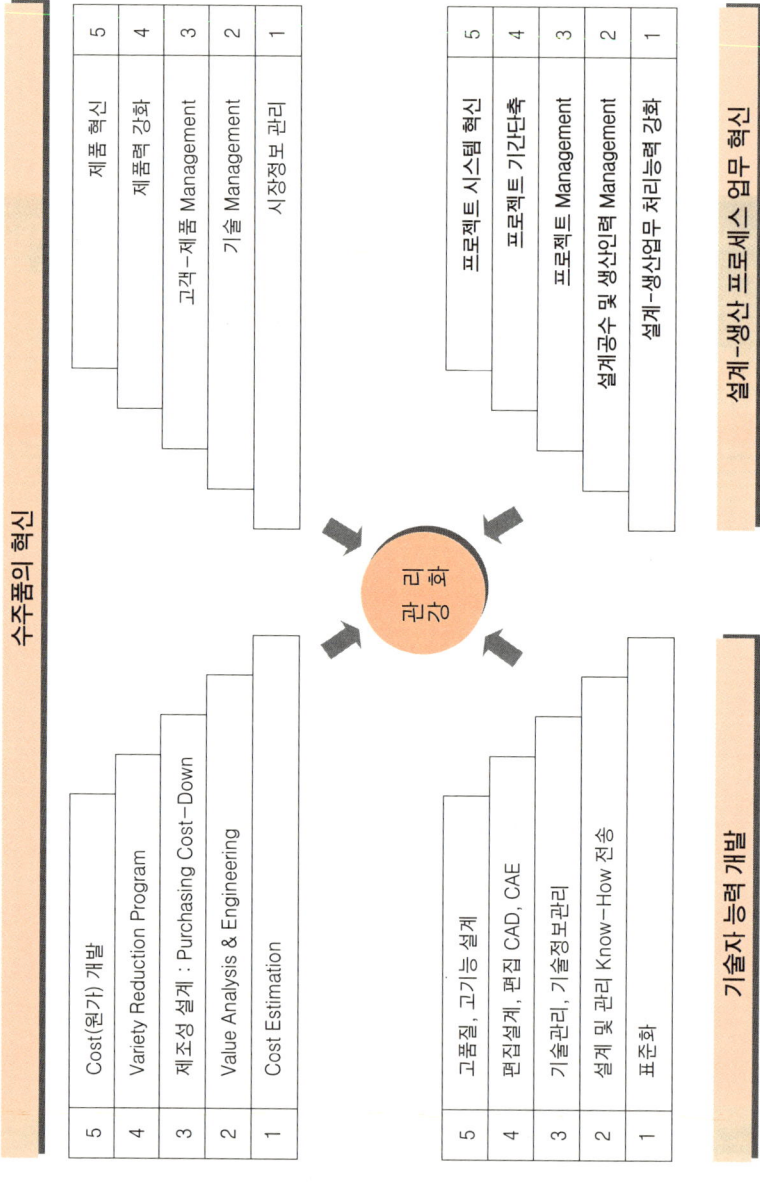

<그림 3-4> 프로젝트 관리력 강화의 측면과 단계

●●● 넷째, 프로젝트의 수행 기간을 획기적으로 단축하여 수익성을 확보하는 일이다.

이와 같은 4가지의 체질 강화 방향을 체계적으로 정리하면 〈그림 3-4〉와 같다.

수주 설계를 하는 기업의 기술적 수준은 고객의 수준보다 항상 높아야 하는 전제가 있다. 양산의 경우 기술적인 정보면에서 고객보다 생산자의 입장이 절대적으로 앞서 있다. 그러나 대중적인 성격이 거의 없는 수주 설계품의 경우는 오히려 주문하는 고객이 더 우위의 지식을 보유하는 경우도 있어서 고객이 요구하는 사양과 제조하는 사양과의 충돌이 일어날 확률이 높다. 그러나 반대로 고객의 제품 지식 수준이 낮으면 오히려 제조를 담당하는 측에서 많은 것을 리드할 의무가 있다. 이때 리드해야 할 관리 대상 전부가 정보 형태로 존재한다. 아직 형상이 없는 관계로 실제로 존재하는 것은 정보밖에 없다. 그래서 정보의 범위와 양과 질적으로 체계적인 관리가 중요하다.

패턴이 없는 7대 낭비 출현

수주 형태에서 제일 낭비가 심하게 유발되는 요인은 설계 변경과 설계 오류라고 할 수 있다. 두 가지 모두 고객과 설계자들이 유발하는데, 고객의 사양 변경에 의한 낭비 규모가 크고 설계자의 변경 발생에 의한 낭비는 비교적 작다. 따라서 고객과의 사양 협의 과정을 가장 중요한 단계로 생각하고 제품 정보의 확실한 지식을 보유한 엔지니어가 영업을 담당하는 기술영업 행위가 이루어져야 한다.

그러나 많은 설계 엔지니어들은 설계를 직접 하고 있지 않으면 능력이 없는 것으로 간주하는 풍토를 경계한 나머지 기술영업 행위를 기피하는 경향이 있다. 하지만 도요타에서는 도면을 설계하는 엔지니어보다 컨셉을 잡거나 고객의 요구 정보를 체계화하여 제품 사양의 기초를 만들어 내는 Pre-Design 엔지니어를 더 선호하고 높이 평가한다.

그리고 제품 사양의 확정에서부터 기본 설계, 상세 설계, 구매 발주, 제작 생산에 이르는 과정의 주요 전환점에서 항상 작업 결과물의 정확도와 완성도를 점검하는 검토 행위DR, Design Review가 체계적으로 수행되어야 한다. 도요타와 같이 설계상의 오류가 일으킬 영향을 미연에 방지하는 DRBFM(앞의 3장에서 설명)을 철저히 실행할 필요가 있다.

수주 설계가 갖는 취약점으로서 부품의 조달 방식을 들 수 있다. 수주 설계 품목은 수많은 부품으로 구성된 구조물이나 기능성 설비가 대부분인 관계로 다양한 부품의 조달이 쉽지 않다. 우선 조달 거점이 많고, 조달 시기의 다양성에 의해 일정 관리도 복잡하다. 또한 모든 부품에는 반드시 도면이 따르기 때문에 제시한 도면의 정확성과 완성된 외주 가공품의 최종 품질을 일치시키는 일에 많은 시간과 노력이 투입된다. 이러한 조달 과정에서 많은 낭비 요인이 발생된다. 이 과정에서 발생되는 불량, 대기, 재고 발생, 가공의 낭비 등을 제거하는 개선을 실행하면 수주 설계 업종에서 발생되는 거의 모든 낭비를 없앨 수 있다고 해도 과언이 아니다.

특히 외주 제작 의뢰를 한 이후에 입고할 때만 품질 검사를 하는 행동에서, 외주 제작을 진행하는 과정에 도면의 일치 여부와 기간 내의 달성 여부 정보를 현장에 직접 나가 확인하는 출장검사 제도로의 전환이 필요하다. 이러한 개선으로 외주 제작 부품이 납기 기한을 경과해 전체의 대기 낭비를 유발하거나 사양 판독의 오류로 부품을 재제작하는 과잉 제조의 낭비를 전부 없앨 수 있다. 품질 요원을 많이 두라는 얘기가 아니라 단지 부가가치 활동으로 전환하라는 것이다. 투입 자원은 그대로지만 개선 효과는 대단히 크다.

양산 업종에서 원재료나 부품 및 완제품의 재고가 있는 것은 특이한 일이 아니지만 수주 설계 업체가 여러 종류의 재고를 보유하고 있다는 것은 제조 과정에서 그만큼의 낭비를 유발하는 업무적 오류가 내포되어 있음을 깨달아야 한다. 따라서 수주 설계 업종의 낭비 발생 유무는 역시 납기 지연 대기, 불량과 재고의 낭비 규모로 가늠할 수 있다.

수주 설계 형태의 업무에서 가장 조심해야 할 일은 L/T가 길어지는 현상이다. 대부분의 결과가 계획보다 길어지는 이유는 계획할 때에 애매한 업무 내용과 목표를 제시함으로써 계획 자체의 정밀도가 떨어지기 때문이다. 그리고 진행 중에 개인과 팀의 지적知的 생산성이 발휘되고 있지 않기 때문이기도 하다. 수주 설계 업종에는 계획 업무의 수행을 방해하는 장해물들이 시간과 장소에 구애받지 않고 잠재되어 있어서 각 단계마다 상세한 계획 시스템을 준비하지 않으면 예상을 넘는 소요 공수와 기간이 될 수밖에 없다. 계획 단계에서 각 과제별로 팀의 모든 지혜를 발휘해 모든 예상 문제들을 사전에 현재화顯在化하고 그 해결 행동을 시도하는 능력과 의지가 절대적으로 요구된다.

에 | 필 | 로 | 그

실속도 없이 허풍만 거창한 사람을 일러 흔히 "빈 수레가 요란하다"거나 "소문난 잔치에 먹을 것 없다"고 비아냥댄다. 많은 기업들이 거창하게 혁신 운운하며 달려들어 보지만 실속 있는 성과를 거두는 경우는 드물다.

기본과 과정에 소홀하고 성급하게 결과에만 집착하기 때문이다. 가랑비에 옷이 젖는 시간을 인내하지 못하고 당장 소나기라도 내리게 해야 직성이 풀리는 조급증이 개선을 늘 일회성 이벤트에 머물게 한다. 천리 길도 한 걸음부터 시작되고, 우물에서 숭늉을 구할 수는 없는 노릇이다.

도요타가 위대한 기업으로 성장하는 과정에 가장 크게 기여한 것은 전 임직원들의 꾸준하고도 치열한 개선활동이다. 이를 통해 틀을 갖추고 정교해진 TPS(도요타생산방식)이 도요타 기업 전체의 진화를 지배하고 있다.

'개선'의 위대함은 끊임없는 추구와 결과물의 오랜 축적에서 비롯한다. 아무리 탁월한 개선 아이디어도 끊임없이 진화하지 않으면 그 진가를 제대로 발현하지 못한다.

"기업은 생존을 위해 현재의 모든 것을 창조적으로 파괴해야 한다"고들 역설하지만 그렇게 어렵게 표현하지 않아도 된다. 그

낭비 '0'를 실현하는 도요타 개선력
TOYOTA

저 "개선하라"고 하면 된다. 개선의 필요성은 현실의 부정에서 비롯하기 때문이다. 경영계의 세계적인 석학들이 기업의 진화에 대해 거창한 이론을 설파하고 있는 사이에 도요타는 소리 없는 개선활동으로 놀라운 진화를 거듭하고 있었다. 경영학 대가들은 뒤늦게 도요타의 진화를 목격하고 머쓱해지지 않을 수 없었다. 이제는 도요타 자체가 살아 있는 경영학 교과서다.

나는 도요타를 연구하는 과정에서 경영의 참된 진리들을 발견했고 기업을 지도하는 과정에서 도요타의 정신을 깨달을 수 있었다. 이제 경영자라면 누구나 도요타의 방식을 인정하고 그로부터 배우고 싶어 한다. 따라서 개선에 따른 그럴듯한 청사진을 제시한다. 그러면 어떤 순진한(?) 간부가 경영자의 청사진에 적극 호응하여 구체적으로 개선 작업에 착수한다. 막상 이렇게 행동에 들어가면 다른 대부분의 간부들은 그 간부를 비난하면서 '왕따'시켜 버린다. 그동안 말로만 '개선'을 해온 환경에 젖어 있기 때문이다. 게다가 경영자들도 대부분 개선 계획 '선언'만 거창하게 하고 '행동'은 흐지부지해 왔기 십상이다.

내 경험으로 비춰 보건대, 개혁이든 개선이든 이처럼 '선언'으로만 끝나곤 하는 기업이 9할이다. 그 '선언'은 대개 만장일치로 지지를 받는다. 그러나 정작 그 선언을 실행하려는 사람은 드물다.

우리 기업 현장에서의 '개선'은 선언만 난무하고 실행은 없는 셈이다. 다들 "도요타처럼 개선할 수 있다"고 쉽게 대답하지만 막상 "도요타처럼 개선하고 있다"고 자신 있게 대답하는 기업은 만나보지 못했다.

도요타라고 해서 무슨 특별한 '비급'이 있는 게 아니다. 수십 년 동안 시나브로 쌓여서 아예 체질이 되어버린 '개선 습관'이 비급이라면 비급이다. 따라서 도요타 방식은 하루아침에 따라할 수 있는 아이디어나 이론이 아니라 가치관이고 신앙이다. 적어도 도요타가 해온 만큼의 세월 동안 실천해야 비로소 제대로 배웠다고 할 수 있다.

아무쪼록 이 책이 우리 기업계에 희망 하나를 더 보탤 수 있기를 소망하며, 끝까지 읽어주신 독자께 감사드린다.

부 록

TEST I의 모범 해답

TEST II의 모범 해답

참고문헌

TOYOTA

01 TEST I의 모범 해답

건축용 마루 내장재를 생산하는 ㈜탑시스템의 생산관리부에서 근무하는 고바우 부장은 월말을 맞은 오늘 어김없이 공장사무실로 들어섰다. 생산하는 모델은 주종 20여 가지이고, 소비자가 원하는 디자인이 별도로 100여 종이 넘게 있다. 주택 건설 경기가 위축된 시기라 주문량이 줄어서 생산 설비 가동의 하락을 고민해야 하는 고 부장은 다음 달에도 이전과 같이 가동률을 중심으로 한 생산계획을 짜기로 결심했다. 수주물량만으로 생산 계획을 세우면 경영층에서 기계를 놀린다는 질책이 떨어지기 때문이다.

수주 물량이 부족해도 비싸게 들여온 설비가 계속 가동되어야만 제품 원가에 설비 원가가 적게 할당된다는 사고가 팽배했다. 영업부에서 넘겨온 수주물량 정보를 살펴보니 인천 송도지구 아파트의 물량은 **세대 수보다 20퍼센트가 많이 입력**되어 있었다. 곧이어 시공할 부천시 아파트 물량의 일부를 수주할 것이라고 판단되어서인지 의외로 많은 영업 물량이 표준 모델 A-1에 몰려있었다. 하지만 고 부장은 경험으로 볼 때 B-1 모델도 많이 출하되므로 A-1 모델의 추가 수주가 실패할 때 분명히 **B-1 모델로 대체될 것으로 예측**해서 익월의 생산 요구량은 없어도 내부적으로 생산해 놓기로 마음먹었다. 아울러 생산 요청이 있는 C-1 모델도 **안전 재고를 감안해 더 생산하기로 계획**을 잡았다.

이렇게 세운 계획을 보니 월말 현재 익월의 수주 확정 수량은 월 전반부에 70퍼센트 정도이고 후반부는 불과 30퍼센트에 그쳤다. 그렇다고 기계는 놀릴 수 없다는 생각에 **재고가 생겨도 평소에 출하되는 여러 가지 모델로 나머지 수량을 채워서 생산**하기로 하였다.

제품의 제조 공정은 원목을 분쇄하여 칩을 만든 후 이 칩을 섞어 합판을 만든다. 그 합판에 무늬 필름을 씌우고 그 위에 다시 UV 코팅을 하여 건조시킨다. 건조가 완료되면 요구 사이즈대로 절단한 후 모서리 연마를 하면 끝나는 제품으로서 원재료인 원목의 조달 수급도 고 부장의 관리 영역이었다.

합판을 만들기 위해서는 원목을 잘게 부수어 칩을 만든 후 일정기간 사일로Silo(원통형 대형 보관 박스)에 종류별로 보관하다가 필요한 제품의 착수시기에 칩을 꺼내어 융착融着시켜 압연하면 필요한 합판이 생산되었다. 원목은 주로 하절기에 집중적으로 공급받기 때문에 동절기에 필요한 양까지 확보하려면 넓은 땅이 필요했다. 계절별로 수요가 있는 제품의 원목별로 입고될 때부터 제대로 정리하고 싶었지만 일이 바빠서 **그냥 입고되는 순으로 아무데나 여유 공간이 있으면 놓아두었다가** 필요하면 찾아 쓰는 방법을 택했다. 그런 결과로 원목의 적재량이 적은 동절기에도 **멀리 방치한 원목을 옮기는 데 많은 노력**이 필요했다.

원목을 분쇄해서 칩을 만들어 보관하는 사일로는 **한꺼번에 많이 보관하기 위한 대용량으로 크게 설계**해서 설치했다. 사일로 중에는 원가를 낮추기 위해 재생 칩(잔여 잡목처리)을 보관하는 사일로도 있었다. 그러나 **재생 칩을 혼합하여 제품을 만들 때 가끔 이물질이 혼합되는 관계**로 정상적인 칩까지 못쓰게 되는 경우도 있었다.

1차 칩을 만드는 공정은 2차 공정인 숙성 공정보다 공정 시간이 짧기 때문에 1차 공정 칩을 완료한 작업자는 **2차 숙성 공정이 완료될 때까지 공정 주위를 서성거리는 현상**이 잦았다. 숙성 공정의 작업자는 합판의 숙성에 사용되는 액화 경화제를 투입하기 위해 **고체 상태로 들여온 경화제를 액체로 만드는 작업까지** 도맡아야 했다.

얇은 합판 두 장을 겹쳐서 만드는 마루 재료는 합판을 접착제로 붙이는 공정이 있다. 이때 밑판이 되는 한 종류의 기준 판에 상판이 되는 종류는 여러 가지가 있었다. 따라서 가끔 **계획된 상판을 생산하지 못한 경우에는 임시로 쌓아두었던 다른 종류의 상판을 대체하여 생산**하기도 했다. 접착된 합판은 90도에서 융착시키기 때문에 다음 공정이 가능한 30도까지 온도를 내리기 위해서는 일정한 시간 자연 조건에서 냉각시켜야 한다. 시간이 **서너 시간 요구되어서 길이가 긴 컨베이어를 설치**해서 처리한다.

냉각이 된 합판은 곧바로 표면 처리에 들어간다. 무늬 필름을 표면에 붙이기 위해서는 합판의 표면에 있는 굴곡을 없애기 위해 1차로 고압 모래를 뿌려 평면을 만든다. 이 (샌딩)공정에서는 자주 **두께 불량이 발생**했다. 두께 차이가 발생하면 필름을 입히고 UV 코팅을 하는 도장 라인에서 **미도장이 발생**하기 때문이다. 따라서 샌딩 표면 처리 공정이 끝나면 바로 평면도 **검사를 해서 굴곡이 있으면 재작업**을 해야 한다. 그리고 샌딩 표면 처리의 압력이 너무 세면 판 자체에 **휨이 발생해서 이동 중에 컨베이어 벨트에서 이탈**해 떨어지는 경우가 가끔 발생했다.

표면 처리 공정에 뒤이은 필름 붙이기 공정과 UV 도장 공정은 일체화되어 있다. 그래서 샌딩 공정에서 기계가 일시적으로 **정지하는 현상이 일어나면 도장 공정도 따라서 정지**하곤 한다. 그리고 **도장 공정이 정지하거나 준비교체를 위해 오래 정지**하면 거꾸로 표면 처리 공정도 동시에 오랜 시간 정지할 수밖에 없게 되어 있다. 고 부장은 이런 설비 유휴 손실을 줄이려고 경력자를 배치했지만 소용없었다.

도장 공정은 제품의 종류에 따라 도포 두께도 다르고 성분도 약간씩 달라서 제품 사양이 바뀔 때마다 설비 정지를 하고 관련된 교체 작업을 해야만 했다. 동시에 도장 ROLL의 청소도 해야 한다. 이러한 도장 공정의 **품종교체 시간은 거의 30분 이상씩** 소비되었다. 게다가 도료 교환 이후에 **점도를 맞추는 조정 시간이 그 이후에 더 추가**된다. 아무리 준비를 잘 해도 가끔 **코팅 ROLL의 변형이나 이물의 발생으로 합판 표면이 손상**되어 도장 불량으로 처리되는 양이 적지 않았다.

또 도장을 통과할 때 **고온에 의해 변형된 판재가 출구에 걸리면 기계를 정지**시키고 작업자가 달려가서 위치 교정을 해주어야 했다. 도장의 고온 조건은 직접 가열시키는 장치가 없고 연료를 절약하기 위해 타 공정에서 발생한 스팀열을 이용해 가동시키는데, **스팀열을 보내주는 타 공정이 정지**했을 때는 도장 공정도 정지시켜야만 하는 고통이 따랐다.

도장을 완료시킨 후에는 60도의 고온이라서 **자연조건에서 2~3일간 양생**시키는 공정이 필요하다. 이때 많은 합판들이 긴 컨베이어 위에서 머물게 된다.

도장 후의 양생이 끝난 판재는 컨베이어에서 들어내 바로 **옆의 적재 장소에 일단 쌓아 놓는다**. 이때 공압空壓에 의해 운전되는 운반로봇의 흡착 기능을 하는 팔의 위치가 안 맞아 **판재를 떨어뜨리거나 판재를 들지 않은 채 헛동작**을 하는 경우가 자주 발생했다.

이후에는 후처리 공정인 절단 공정과 모서리 연마 공정 그리고 포장 공정이 있다. 중간에 쌓인 판재가 절단 공정에 투입되는 작업은 역시 공압식 로봇이 담당했다. 절단 공정은 고객이 요구하는 대로 사이즈별로 잘라야 하기 때문에 치수 세팅 작업이 필요하고, 마모된 커팅 칼날의 교환이 주로 이루어진다. 그러나 **커팅 위치를 잘못 세팅하여 절단 불량이 발생**하기도 한다.

절단 칼을 교체하는 데는 시간이 안 걸리지만 **위치 조정에는 시간이 필요**했다. 그리고 절단을 담당하는 송 반장은 절단 치구를 설비와 멀리 떨어진 공구함에 보관하고 사용하는 습관 때문에 **교체 시마다 공구를 가져오는 시간이 꽤 걸렸다.** 어떤 경우에는 교체할 크기의 **칼날이 공구함에도 준비되지 않아서 창고에서 가져올 때까지 오래 정지**해야 하는 경우도 있었다.

송 반장이 근무할 때는 잘 벌어지지 않지만 신참 사원이 일하는 야간에는 칼날의 마모를 제때 확인하지 않아 **무뎌진 날에 의해 절단 부위가 파괴되는 불량**도 가끔 발생했다. 절단 공정의 제품교체 시에 걸리는 20~30분의 시간과 교체 후의 조정 시간이 귀찮아 작업자는 종종 도장 완료품 중에서 **동일한 품종을 골라 계속 절단하려고 해서 심지어 필요 작업량의 두 배까지 해버린 적**이 있었다.

그러나 반드시 작업해야 할 제품별 수량만을 준수하도록 확실한 지시를 하지 않은 고 부장의 책임도 있음을 고 부장은 알고 있었다. 하지만 설비의 정지 시간을 최소화해서 가동률을 높이겠다는 현장 사원 생각에 고 부장도 동의했기에 내버려두는 상태였다.

도장 후의 양생 **완료품이 없을 때는 후공정에서도 대기**하기는 마찬가지였다. 절단을 한 후에는 최종적인 모서리 연마를 하는데 연마는 벨트 형식의 연마 기구를 사용하여 처리하였다. 그러나 연마 벨트의 마모 속도가 빨라 3일에 한 번씩 교체해 주어야 연마 상태가 안정적인 것을 알았다. **교체 시간은 무려 한 시간이 소요**된다. 이 연마 벨트 또한 국내에서는 구입할 수가 없어서 수입해서 쓰는데 발주기간이 3개월이라 **약 4개월 분량을 쌓아 놓고 사용**하는 실정이다.

연마할 때 나오는 많은 부스러기를 담기 위해 밑에 받쳐놓은 이물질 포대는 순식간에 채워져 **수시로 지게차를 부르지 않으면 안 되었다**. 또 연마 공정과 이물 포대의 하치장은 **거리가 멀어 지게차도 쉴 틈이 없었다**. 연마 공정은 절단 공정보다 시간이 더 걸려서 **연마 공정 앞에 대기품이 항상 쌓여있는 상태**였다.

한편 무늬가 들어간 필름을 만드는 필름 공정은 김 대리가 책임지고 있었다. 김 대리는 이 계통에 오랜 경험이 있어서 베테랑이라는 소리를 듣고 있었다. 그런데 고 부장으로서는 이해가 되지 않는 현상을 발견했다. 이상할 만큼 필름 면적당 소요 수지樹脂량이 과다하게 투입된다. 그래서 자세히 관찰한 결과 타입이 다른 **필름을 만들 때마다 수지량이 200kg씩의 잔량이 생겼다**. 또 김 대리가 생산 지시를 할 때도 판재의 요구 수량에 1:1로 맞는 필름량이 아니라 **단순히 ROLL의 수로 지시를 내렸다**. 항상 잔량의 필름을 보유하는 이유를 알 것 같았다.

그리고 김 대리는 매번 사람이 충분치 않다고 불평했는데 확인을 위해 현장에 가보니 때마침 품종교체를 하고 있었다. 그런데 5명 중 **준비교**

체 작업은 단지 두 사람이 하고 나머지 3명은 어영부영 시간을 보내고 있었다. 도대체 왜 인원이 부족한지 이유를 모를 지경이었다. 그리고 정상적으로 가동되기 시작하여 공정을 각자 맡아 일할 때는 모든 작업자의 작업이 **주로 기계를 감시하는 것임을 목격했다.**

김 대리는 현장이 비좁다는 이유로 부재료를 창고에 두고 필요할 때 가져와서 사용하는 습관이 있었다. 그래서 부재료가 떨어지면 창고에서 가져오기 때문에 **설비를 잠시 멈출 때도 발생**하곤 했다.

고 부장은 완제품 창고를 순시하고 제품출하 지시의 일과를 큰 일로 생각하고 처리하였다. 창고에 도착하면 제일 먼저 눈에 띠는 것은 무**늬 필름의 종류별 잔량이 많은 것과 완성된 판재의 남은 자투리 수량을 보관**하는 종류도 꽤 많다는 거다. 이것 모두 재고 대상으로 입력하여 관리하고 있었다. 무늬 필름은 반제품으로, 판재 완성품의 잔량은 완제품으로 분류하여 관리했다. 그런데 가끔은 **불량 판정품이나 샘플로 만든 수량이 완제품 재고로 등재**되어 출하의 혼선을 유발했다.

지게차 담당자는 하루 종일 창고 안의 **제품을 이리저리 옮기면서 당일 출하할 품목을 끌어내느라 정신이 없었다.** 재고 중에는 표준품이 아니라 고객의 불량 판정을 받아 **납품을 취소당한 채 재고로 보관**되고 있는 주문품도 있었다. 그리고 표준품인데도 출고된 후 고객의 불만으로 **다시 반납된 제품**도 있었다. 회사는 획일적인 품질의 기준을 갖고 임하는 반면에 고객의 양품 판정 기준은 다양했기 때문이다. 결국 2등급품으로 처리하여 할인 판매할 수밖에 없는 대상들이다. 그리고 **오래된 보관품은 재생이 불가능해서 폐기 처리**할 수밖에 없었다.

설비 가동을 너무 강조한 나머지 연속된 장기長期 가동으로 인해 수시로 보수해야 할 설비가 나타나고 가동률이 걱정되어 임시 조치로 넘어가는 수가 많아 고장 정지가 항상 걱정되는 고 부장은 살얼음을 딛고 사는 느낌을 지울 수가 없다. 그래서 그런지 최근에는 **포장기마저 자주 정지**해 버려 제때에 납품 처리를 못하는 경우도 더러 있었다.

〈표 1〉 낭비 분석 TEST SHEET

○:주 △:부

No	현 상	발생 낭비의 종류	평가
1	수주 물량이 적어도 설비가동률을 위해 계속 가동하는 행동	(과잉제조), 제고, 불량, 대기, 운반, 가공, 동작, 폐기	
2	세대 수보다 많은 수량의 영업부 입력	(과잉제조), 재고, 불량, 대기, 운반, 가공, 동작, 폐기	
3	B-1 모델로 대체될 것을 예측한 계획 생산	(과잉제조), 재고, 불량, 대기, 운반, 가공, 동작, 폐기	
4	안전 재고를 감안한 생산 추가	(과잉제조), 재고, 불량, 대기, 운반, 가공, 동작, 폐기	
5	평소에 좋하되는 모델로 계획 보충 생산	과잉제조, (재고), 불량, 대기, 운반, 가공, 동작, 폐기	
6	입고되는 순서대로의 현재로 임의 보관	과잉제조, 재고, 불량, 대기, (운반), 가공, (동작), 폐기	
7	멀리 방치한 원목의 이송작업	과잉제조, 재고, 불량, 대기, (운반), 가공, (동작), 폐기	
8	한꺼번에 대용량을 보관하기 위한 대형 사일로 제작	과잉제조, (재고), 불량, 대기, 운반, 가공, 동작, 폐기	
9	재생청의 혼합 사용에 의한 불량	과잉제조, 재고, (불량), 대기, 운반, 가공, (동작), 폐기	
10	2차 숙성 공정 완료 시점까지 1차 공정 작업자 대기	과잉제조, 재고, 불량, (대기), 운반, 가공, 동작, 폐기	
11	고체 상태의 경화제를 작업자가 액제로 작업	과잉제조, 재고, 불량, 대기, 운반, 가공, (동작), 폐기	
12	계획된 생판이 미도착시 대체 생판으로 작업	과잉제조, (재고), 불량, 대기, (운반), 가공, 동작, 폐기	
13	냉각 시간이 장시간 요구된다	과잉제조, 재고, 불량, (대기), 운반, 가공, 동작, 폐기	
14	센딩 공정에서 두께 불량이 발생	과잉제조, 재고, (불량), 대기, 운반, (가공), 동작, 폐기	
15	두께 불량에 의한 미도장 발생	과잉제조, 재고, (불량), 대기, 운반, (가공), 동작, 폐기	
16	검사 후 재센딩 작업 투입	과잉제조, 재고, 불량, 대기, 운반, (가공), (동작), 폐기	
17	판의 휨으로 컨베이어 수송 이탈 발생	과잉제조, 재고, 불량, 대기, 운반, (가공), (동작), 폐기	

낭비 분석 TEST SHEET

○:주 △:부

No	현상	발생 낭비의 종류	평가
18	표면처리 설비 정지로 도장 공정 정지 발생	과잉제조, 재조, 불량, 대기, 운반, 가공, 동작, 폐기	
19	도장 공정이 정지하거나 준비 교체로 표면 처리 공정 정지	과잉제조, 재조, 불량, 대기, 운반, 가공, 동작, 폐기	
20	품종교체 시간이 30분씩 걸림	과잉제조, 재고, 불량, 대기, 운반, 가공, 동작, 폐기	
21	점도를 맞추는 조정 시간이 추가로 걸림	과잉제조, 재고, 불량, 대기, 운반, 가공, 동작, 폐기	
22	교반물의 변형 혹은 이물 발생에 의한 불량 발생	과잉제조, 재고, 불량, 대기, 운반, 가공, 동작, 폐기	
23	고온에 의한 판재 변형으로 좁우에 의한 걸림 현상	과잉제조, 재고, 불량, 대기, 운반, 가공, 동작, 폐기	
24	스팀 열 공급원 공정이 정지에 의한 도장 공정 가동 중지	과잉제조, 재고, 불량, 대기, 운반, 가공, 동작, 폐기	
25	자연 조건에서 2~3일을 양생하는 공정 시간	과잉제조, 재고, 불량, 대기, 운반, 가공, 동작, 폐기	
26	도장 후 라인에 재공품 쌓기	과잉제조, 재고, 불량, 대기, 운반, 가공, 동작, 폐기	
27	판재 운반 과정이 낙하 혹은 공운전 발생	과잉제조, 재고, 불량, 대기, 운반, 가공, 동작, 폐기	
28	젯팅 위치의 오류 셋팅으로 조기 절단 불량 발생	과잉제조, 재고, 불량, 대기, 운반, 가공, 동작, 폐기	
29	위치 조정에 시간이 요구됨	과잉제조, 재고, 불량, 대기, 운반, 가공, 동작, 폐기	
30	교체 시마다 공구를 가져오는 시간이 소요	과잉제조, 재고, 불량, 대기, 운반, 가공, 동작, 폐기	
31	교체할 공구의 준비 부족으로 창고 불출 대기 시간 소요	과잉제조, 재고, 불량, 대기, 운반, 가공, 동작, 폐기	
32	갈날이 마모 미발견으로 절단 부위에 제품 불량 발생	과잉제조, 재고, 불량, 대기, 운반, 가공, 동작, 폐기	
33	동일품의 절단 지속을 위한 작업 로트 대량화	과잉제조, 재고, 불량, 대기, 운반, 가공, 동작, 폐기	
34	양생 완제품이 없으면 후공정도 대기	과잉제조, 재고, 불량, 대기, 운반, 가공, 동작, 폐기	

낭비 분석 TEST SHEET

○:주 △:부

No	현 상	발생 낭비의 종류		평가
35	연마 벨트의 교체시간이 길다	(과잉제조, 재고, 불량, (대기), 운반, 가공, 동작, 폐기)		
36	연마 벨트의 재고를 4개월분 보유	(과잉제조, (재고), 불량, 대기, 운반, 가공, 동작, 폐기)		
37	이물질 포대 이송을 위한 지게차 출출 작업	(과잉제조, 재고, 불량, 대기, (운반), 가공, 동작, 폐기)		
38	포대 이송 거리가 멀어 지게차의 운용이 과다	(과잉제조, 재고, 불량, 대기, (운반), 가공, (동작), 폐기)		
39	연마 공정 시간이 길어 공정 전 제품이 과다함	(과잉제조, (재고), 불량, (대기), 운반, 가공, 동작, 폐기)		
40	필름의 매제품 변경 시마다 수지 전량이 넘음	(과잉제조, 재고, 불량, 대기, (운반), 가공, 동작, 폐기)		
41	단순히 룰 수량으로 작업 지시	(과잉제조, (재고), 불량, 대기, 운반, 가공, 동작, (폐기))		
42	준비 작업 시 소수 인원만 작업	(과잉제조, 재고, 불량, (대기), 운반, 가공, 동작, 폐기)		
43	공정 가동 시 대부분 감시 작업	(과잉제조, 재고, 불량, (대기), 운반, 가공, (동작), 폐기)		
44	부재료 보충을 위한 기계 정지 발생	(과잉제조, 재고, 불량, (대기), 운반, 가공, 동작, 폐기)		
45	필름의 종류별 전량과 판재의 전량 재고 발생	(과잉제조, (재고), 불량, 대기, (운반), 가공, 동작, 폐기)		
46	불량 판정품이나 샘플이 출하 대기 재고품으로 등재	(과잉제조, 재고, (불량), 대기, 운반, 가공, 동작, 폐기)		
47	창고에서 제품을 이동시키며 출하 작업	(과잉제조, 재고, 불량, (대기), 운반, 가공, (동작), 폐기)		
48	납품이 취소 당한 채 오래 보관	(과잉제조, 재고, (불량), (대기), 운반, 가공, 동작, 폐기)		
49	출하된 후 고객의 불만으로 반품 된 제품 보관	(과잉제조, (재고), 불량, 대기, 운반, 가공, 동작, (폐기))		
50	오래된 보관품은 재생이 불가능해서 폐기 처리	(과잉제조, 재고, 불량, 대기, 운반, 가공, 동작, (폐기))		
51	포장기의 순간 정지 발생	(과잉제조, 재고, 불량, (대기), 운반, 가공, 동작, 폐기)		

02 TEST II의 모범 해답

최고자동화㈜는 첨단 정밀제품 생산의 특수 공정 설비를 수주 받아 제작하는 장비 전문 제작 업체로서 엔지니어링 수주 사업을 하고 있다. 영업부의 책임자는 노 부장이고 설계부의 책임자는 마 차장이며, 구매부는 박 과장이 맡고 있고 생산 조립과 현장 설치는 이 차장이 담당했다. 이 모든 과정을 김삿갓 상무가 지휘하고 있었다.

영업부의 노 부장은 해외의 수출과 국내 수주를 동시에 맡고 있었다. 그가 가장 어렵게 느끼는 점은 국내 고객사의 수주 사양 협의에 있었다. 그 이유는 고객사에서 미리 고민하고 여유 있게 주문하는 것이 아니고 시간에 쫓긴 결정으로 다급히 주문하는 일이 거의 다반사였기 때문이다. 따라서 항상 빠듯한 일정으로 장비를 개발할 수밖에 없었다. 우리가 요구하는 제작 기간보다 짧은 기간을 늘 이겨내야만 했다.

고객 분포가 다국적인 관계로 가장 많은 문제가 고객마다 다른 인증 사양을 갖는다는 것이었다. **가끔 이 인증 정보의 차이나 해석의 오류로 재설계와 재제작을** 하기도 했다. 설령 인증 관계 사양을 고객으로부터 받더라도 엔지니어링적 **언어의 공통성이 부족해 해석을 잘못하여 엉뚱한 사양으로 만들기도** 한다.

기술 영업을 담당하는 영업원은 여러 명이 있다. 그런데 각자의 경력 차이가 달라 **견적서에 특정 사양을 빠뜨리고 제출**하는 경우도 있어서 본의 아니게 수주 가격의 손실을 가져오는 적도 있다. 신규 사업을 한지 수년이 지났지만 아직도 **몇년 전의 가격으로 견적을 제출하는 기능 부문도 발생**하여 고객의 오해를 사거나 비용 손실을 유발시키기도 했다.

설령 고객과 마주 앉아 많은 시간을 할애하여 사양을 접수한다고 해도 고객의 내부 사정으로 인해 **미결정 부분을 남겨둔 채로 계약 체결**을 하는 경우가 많았다. 노 부장의 이런 고민거리를 이해는 하고 있지만 설계 일정도 빠듯한 마 차장은 가능하면 영업부에서 확실한 사양 정보를 가져오길 기대한다. 하지만 늘 부족한 것이 현실이었다.

시간이 촉박한 수주를 가져온 관계로 설계 부서에서는 고객 사양을 우선하지 않을 수 없었다. 그래서 과거에 발생했던 실적 프로젝트를 검토해 과거 도면을 그대로 사용할 수 있는지의 **검토를 할 시간도 없이 고객 사양 그대로 설계**하고 프로젝트가 완료된 후 되돌아보면 표준품을 사용할 수 있었던 사양도 꽤 발견되는 실정이었다.

설계에 착수하려고 할 때 늘 발견하는 것은 **세부 사양에서 꼭 필요한 항목들이 누락**되어 오는 경우였다. 아무리 영업원에게 사전에 부탁을 해도 단지 고객이 사양을 말하지 않았다고만 하고 영업쪽에서 밝히려고 하는 노력은 보이질 않았다. 밝힐 능력이 사실 없는 모양이다. 할 수 없이 누락 사양 부분을 설계자 임의대로 자기 경험을 기준으로 설계할 수밖에 없지만 결국 **이후에 사양 변경이 발생하는 경우**가 가끔 있어서 곤란을 느낀다.

그러나 문제는 사양 누락만이 아니다. 비록 사양을 확정하여 왔더라도

고객의 안이한 사고방식으로 인해 제작중에 설계 변경을 요청하는 경우도 많다. 어떻게 설계 변경을 사전에 막아야 할지의 방법 연구가 낭비제거의 관건이라 생각했다. 그래도 고객의 요청으로 설계 변경이 일어났다면 설계자의 오류가 아닌 것으로 되지만 누락된 사양 항목을 **설계자 임의의 경험 지식으로 처리할 때 가장 안전한 사양값으로 설계**했어도 실제 조건은 아주 단순한 설계값으로 정의했어도 충분한 것으로 드러났을 때 설계자의 오류 같아 가장 아쉬움이 남았다.

마 차장이 요사이 타 부서 책임자들로부터 지적당하고 있는 것은 후속 부서에 미치는 업무처리 지연 발생이었다. 마 차장은 현재 설계의 일정 계획은 자체적으로만 활용하고 타 부서로는 전달해주지 않고 있었다. 그 **일정을 준수하지 못하는 경우**가 많았기에 타 부서로부터 비난받을 것을 염려했기 때문이다.

설계 일정이 항상 어긋나는 이유는 **설계 공수의 실적값에 의한 표준공수 자료가 없어서** 프로젝트를 착수할 때마다 팀장들의 머릿속에 있는 경험치에 의존하는 것을 알고 있으면서도 고치지 못한 채 업무를 지속시켜 왔기 때문이다.

간혹 수주 계약을 했더라도 고객이 돌연 취소하면 억울하지만 차기의 수주를 받으려면 미리 구매해 놓은 많은 자재들이 재고로 쌓여도 어디 불평할 데가 없었다. 그러나 그 누구도 책임을 지지 않는 분야라 하여 사실 관리의 사각지대나 다름이 없었다. 마 차장은 설계가 끝난 후 구입 자재의 리스트를 구매에 넘겨주고 도면을 출도해 주면 설계 업무는 끝난다고 보았다. 그러나 구매의 박 과장이 회의 시간에 항상 재고량 소진을 재촉하는 얘기를 들어야만 했다. 부품 발주 리스트를 작성할 때 **기존의 동일 자재 재고를 확인한 후 구입 수량을 결정해야 마땅하나 그럴 시간이 주어지질 않아서** 매번 잔소리를 들어야 했다.

그러나 전산 처리에서도 문제는 있었다. 재고로 전환되면 바로 주소 없는 부품이 되어야 함에도 불구하고 항상 프로젝트 번호가 명시된 채로 화면에 보이기 때문에 지나칠 수밖에 없다는 것이 설계자들의 불만이었다. 그것이 해결되기 전에는 고려하지 않겠다는 태도를 보였다. 한마디로 그럴 시간 없이 바쁘다는 것이다.

가끔 구매의 박 과장이 이미 발주 예정 시기가 경과했는데 왜 도면 출도를 안 하느냐고 물어온다. 이때 상황을 살펴보면 **설계 담당자가 누락된 사양 정보를 영업으로부터 수령할 때까지 기다리느라고 지연시킨다는 것**을 발견하곤 당장 영업부 나 부장에게 추궁하곤 했다.

정말 통제하기 힘들다고 느낀 적이 한두 번이 아니다. 도면 출도도 문제지만 **부품 구성 리스트 확정도 지연**되는 것은 당연한 일이었다. 결국 전체의 일정이 지연되는 결과를 낳았다. 어떻게 해야 설계 일정만이라도 준수할 수 있을까가 마 차장의 고민이었다.

박 과장은 발주용 외주제작 도면을 받아 들고 곰곰이 생각했다. 과연 이 도면은 완전한 정보라 할 수 있을 것인가. 많은 도면을 일일이 검토할 수 없어 그대로 외주처에 전달하니 **엉뚱한 부품 제작으로 불합격을 받을 때**가 한두 번이 아니다. 외주 제작사는 그들 나름대로 항변하고 있었다. 도면대로 만들었다는 것이다. 실제로 전달 도면을 살펴보니 치수의 소수점이 도면에 표시되지 않은 적도 있었다. 거꾸로 설계에 연락하니 그럴 수가 없다면서 확인한 결과 반복사용 도면인 경우 복사본을 복사해서 **출도한 도면이 복사 과정을 거치면서 소수점이 사**

라졌던 것이다. 그것만이 문제의 전부가 아니다. 제작 오류의 문제로 불량 판결에 대한 원인을 살펴보니 **설계할 때 도면에 제작상의 유의점이나 특이점을 제시하지 않아 제작사의 임의 처리**에 의한 결과였던 것이다. 만드는 사람에게 필요한 정확한 정보의 전달이 이토록 어려운 것일까를 다시 생각하게 한다.

도면을 설계 부서로부터 받았더라도, 곧 도면 변경이 있을 것 같으니 발주를 미루어 달라고 부탁 받아 발주를 연기시키면 기다려도 하염없이 세월만 갈 뿐 **약속한 수정 도면은 오질 않는다**. 그래서 재차 독촉하면 그때서야 잠깐 까먹었다는 변명만 할 뿐 개선이 되질 않았다.

자재 중에는 조달 시간이 오래 걸리는 장납기長納期품이 많았다. 그런데 발주 시기가 지났는데도 도면이 나오지 않아 재촉하면 아직 설계가 덜 끝났으니 기다려달라는 말 뿐이다. 알고 보니 **도면을 수시로 발행하는 것이 귀찮아 일괄 처리하기 위해 발행하지 않는 것**이었다.

어느 날 박 과장이 부품을 들고 품질 요원에게 따지기 시작했다. 생산의 조립부에서 조립 중에 발견한 불량품이었는데 재제작 요청이 들어온 부품을 턱에 들이밀고 이런 자재가 어떻게 품질을 통과했냐고 따졌다. 그랬더니 품질 요원이 품질기준서와 대조하고 난 후 이상이 없는 부품이라고 했다. 결국 조립, 구매, 품질, 설계 4명의 관계자가 다시 모여 판명한 결과 생산부의 사용 불가론이 1차로 옳았고, 품질검사 기준에 입각한 검사 행위도 옳았다. 그리고 외주 제작사의 오류도 아니다. 단지 **부품의 양품 판정 기준 항목에 설계가 한 가지를 빠뜨린 것이 원인**이었다. 과연 이렇게 일이 발생할 때마다 회의를 거쳐 임의 수정 조치하는 것이 옳은 것인가를 박 과장은 고민했다.

박 과장은 어느 날 김 상무로부터 원가절감 목표를 할당받았다. 그런데 어디서부터 시작할지 난감하였다. 우선 구입 가격 결정이 외주 업체로부터 오는 견적에 많이 의지한다는 점에 주목했다. 그래서 견적 실적을 살펴보니 천태만상이었다. 지금까지 **견적을 협력사의 일방적 양식에 의존하여 판단해 왔던 것**이 걸렸다. 과연 외주 제작 의뢰품의 종류별 표준화는 불가능한 것인가를 가늠해 보기 시작했다.

박 과장은 외주 제작품의 적기 입고 준수율에 특히 고민이 많았다. 아무리 협력사와 구두로 약속해도 **제날짜에 오는 경우가 드물었다**. 중간에 업체별로 전화를 해서 진행 중임을 확인했음에도 결국 납기일에는 도착하지 않는 것이다. 그리고 **도착한 것이 불량으로 판정될 때**면 앞이 노랗게 변했다.

생산부 이 차장의 성화가 기다리고 있기 때문이다. 이 차장은 나름대로 조립 추진 일정을 사전에 알려주고 그 일정대로 자재들을 보내달라고 요청했지만 **하나의 자재가 없어서 하루 종일 작업자들이 노는 신세**가 된 적이 많았다. 결국 이 차장은 작업 순서에 입각한 일정 계획은 집어치우고 **그냥 많은 작업을 할 수 있는 조건의 일정 계획**을 잡아 통보하기 시작했다. 따라서 작업자들은 노는 시간이 많이 없어지기는 했으나 그렇다고 조립 완료가 예정된 시기에 끝나지는 않았다.

자재의 투입 시기가 논리적이지 않게 진행되자 부품 출하를 담당하는 자재 요원은 **여기저기에 자재들을 산재하여 보관하는 습관**이 생겨났다. 자재는 회사 내부에 있되, 어디에 얼마만큼이 있는지는 알 수 없을 지경이었다.

투입된 자재를 믿고 **작업하는 중에 일부의 부품이 전혀 맞지 않거나**

조립성이 떨어지는 것을 발견하면 설계 부서에 부품 불일치 발생 신고를 하는 조치를 수행한다. 그 후 수정 부품이 오기까지 다시 일정을 까먹게 되어 있다. 과연 조립 부서는 부품을 집고 나서야만 그 부품이 오류인가를 알 수밖에 없는 것인가 고민하게 되었다. 어떤 경우에는 부품의 오류를 발견한 작업자가 **나중에 설계에 통보한다고 생각하고 우선 다른 부품을 조립하다가 통보를 깜빡해서 일정이 지연**되는 경우도 적지 않았다.

이렇게 조립 시에 발견된 변경 사항은 컴퓨터에 입력된 상태였다. 물론 조립 시에 일어난 소소한 변경은 정식 설계변경 통보체계를 밟지 않고 임의의 오류발생 처리 데이터로 활용하고 있었다. 그런데 이상한 것은 **다음의 동일 장비 프로젝트때 앞서 일어났던 오류들이 하나도 반영이 안 된 채 수정 이전 상태의 부품이 또 들어오는 현상**이 일어났다. 이 차장은 이럴 때가 가장 신경질이 솟구쳤다.

어떤 경우는 부품의 불일치를 발견하여 해당 기구 설계자에 연락하면 이상이 없는 것이라고 해명하고 회로 담당자의 의견은 기구가 오류를 범한 것이라고 일축했다. 이런 현상은 **하나의 사양에 대해 설계의 기능 주체별로 다르게 해석**했기 때문이다. 논란은 끊이지 않는다.

조립 현장의 작업자들도 경력이 서로 달라서 **신참자의 작업 결과에 종종 오류가 발견**되었고 또한 **조립 공수의 계획 수립도 힘들었다.**

조립의 완료 후 기능 실험을 철저히 해야 함에도 불구하고 **납기에 쫓겨 부분적으로 처리하고 납품**하기도 했다. 그러나 **그 실험 정보마저 설계나 현장설치팀에게 제대로 정리되어 전달되지 않아 차기의 동일 프로젝트에 동일한 오류가 반복**되었다. 모듈별 단위 기능의 검사가 철저히 이루어지지 않은 상태로 고객에게 전달되어 **현지에서의 설치 담당자가 검증하는 사태**까지 일어나는데도 만성이 되어 그것이 잘못인 줄 모르고 있다. 특히 현장 설치 시에는 **도면과 다른 상태의 조건인 경우로 발견**되는 것이 다반사였다. 그래서인지 공사 요원의 추가 공수는 당연한 것으로 받아들이고 있는 현실이다.

〈표 2〉 낭비 분석 TEST SHEET

○:주 △:부

No	현 상	발생 낭비의 종류	평가
1	고객 인증정보의 확보와 해석의 오류로 재설계와 재제작	(과잉제조), 재작, 불량, 운반, 대기, 가공, 동작, (폐기)	
2	사양 해석 능력 부족으로 사양 결정 오류	(과잉제조), 재고, (불량), 운반, 대기, (가공), 동작, (폐기)	
3	견적시에 사양의 누락으로 이익 감소	(과잉제조), 재고, 불량, 운반, 대기, (가공), 동작, 폐기	
4	옛날 전의 가격으로 견적하는 항아의 오류	(과잉제조), 재고, 불량, (운반), 대기, (가공), 동작, 폐기	
5	결정되지 않은 사양을 남긴 채 계약 착수	(과잉제조), (재고), 불량, (운반), 대기, (가공), 동작, (폐기)	
6	검토 시간 부족으로 고객 사양 일변도로 설계	(과잉제조), 재고, 불량, 운반, (대기), 가공, 동작, (폐기)	
7	세부 사양 항목에서 필요 부분의 누락	(과잉제조), 재고, (불량), 운반, 가공, 동작, 폐기	
8	사양 변경의 발생	(과잉제조), (재고), 불량, 대기, 가공, 동작, (폐기)	
9	고객 인식 부족으로 사후 설계 변경	(과잉제조), (재고), 불량, 대기, 가공, 동작, (폐기)	
10	설계자 임의의 설계로 안전값 고려 설계	(과잉제조), 재고, 불량, 운반, (가공), 동작, 폐기	
11	설계 일정을 준수하지 못하는 능력	(과잉제조), 재고, 불량, (대기), 운반, 가공, 동작, 폐기	
12	설계 공수의 실적값에 의한 표준 부재	(과잉제조), 재고, 불량, 운반, 대기, 가공, (동작), 폐기	
13	수주 계약을 했어도 고객의 취소 흡수	(과잉제조), (재고), 불량, 대기, 가공, 동작, (폐기)	
14	기존의 재고량을 감안하지 않은 자재 발주 리스트 발행	(과잉제조), (재고), 불량, 대기, 가공, 동작, (폐기)	
15	사양 누락정보 수령을 기다리는 설계 지연	(과잉제조), 재고, 불량, 운반, 대기, 가공, 동작, 폐기	
16	자재 리스트 확정의 지연	(과잉제조), 재고, 불량, 운반, 대기, 가공, 동작, 폐기	
17	외주 제작품의 입고 불량 판정	(과잉제조), 재고, (불량), (운반), 대기, (가공), 동작, (폐기)	
18	도면의 관리 부족으로 출도 도면 부실화	(과잉제조), 재고, (불량), 대기, 가공, 동작, (폐기)	
19	도면상에 제작의 유의 항목이나 특이 사항 정보 누락	(과잉제조), 재고, (불량), 대기, (가공), 동작, (폐기)	

낭비 분석 TEST SHEET

○:주 △:부

No	현 상	발생 낭비의 종류		평가
20	설계 변경 예정품의 출도 지연	(과잉제조, 재고), 재고, 불량, 불량, 운반, 가공, 동작, 폐기		
21	도면의 수시 처리를 기피하는 일괄 처리 습관	(과잉제조, 재고, 재고, 불량, (불량), 운반, 가공, 동작, 폐기		
22	양품 판정 기준 부족으로 불량품의 조립 중 발견	(과잉제조, 재고, 재고, (불량), 불량, 대기, 운반, 가공, 동작, 폐기)		
23	협력사 정보에 의존한 견적 방식	(과잉제조, 재고, 재고, 불량, 불량, 대기, 운반, 가공, 동작, 폐기)		
24	외주 발주품의 납기 지연 발생	(과잉제조, 재고, 재고, 불량, 불량, (운반), 운반, 가공, 동작, 폐기)		
25	도착된 외주품이 불량으로 판정	(과잉제조, 재고, 재고, (불량), 불량, (대기), 운반, 가공, 동작, 폐기)		
26	하나의 자재 부족으로 전체 작업 인원이 유휴	(과잉제조, 재고, 재고, 불량, 불량, (대기), 운반, 가공, 동작, 폐기)		
27	작업량 실적 기준의 작업 계획	(과잉제조, 재고, 재고, (불량), 불량, 대기, 운반, 가공, (동작), 동작, 폐기)		
28	자재의 비둘기 잎고 선재하여 보관	(과잉제조, (재고), 재고, 불량, 불량, (대기), 운반, (가공), 동작, 폐기)		
29	조립 작업 중에 오른 부품의 발견	(과잉제조, 재고, 재고, 불량, (불량), 대기, 운반, 가공, 동작, 폐기)		
30	물일치 발견 후 정보 전달 지체로 인한 낭비 발생	(과잉제조, 재고, 재고, 불량, 불량, (대기), 운반, 가공, 동작, 폐기)		
31	불일치 개선 정보가 다음 동일 프로젝트에 반영 안 됨	(과잉제조, 재고, (재고), 불량, 불량, 대기, 운반, 가공, 동작, 폐기)		
32	하나의 사양 항목에 설계 기능별로 해석 차이 발생	(과잉제조, 재고, 재고, (불량), 불량, 대기, 운반, 가공, 동작, 폐기)		
33	신참 작업자의 발생 오류	(과잉제조, 재고, 재고, (불량), 불량, 대기, 운반, (가공), 동작, 폐기)		
34	조립 공수의 계획 수립하기 힘듦	(과잉제조, 재고, 재고, 불량, 불량, 운반, 운반, 가공, (동작), 동작, 폐기)		
35	납기에 쫓긴 부분적 성능 실험	(과잉제조, 재고, 재고, (불량), 불량, (대기), 운반, 가공, (동작), 동작, 폐기)		
36	실험 정보의 관련자 피드백 부실	(과잉제조, 재고, 재고, (불량), 불량, 대기, 운반, (가공), 동작, 폐기)		
37	현지에서의 설치 인원이 검증 작업 추가	(과잉제조, 재고, 재고, 불량, 불량, (대기), 운반, 가공, 동작, 폐기)		
38	도면(제작장비)과 다른 설치 현장의 조건 발견	(과잉제조), 재고, 재고, 불량, 불량, (대기), 운반, 가공, 동작, 폐기)		

참 | 고 | 문 | 헌

1) 정일구, 『도요타처럼 생산하고 관리하고 경영하라』, 시대의 창, 2004
2) 藤本隆宏, 『日本のもの造り哲學』, 日本經濟新聞社, 2004
3) 藤本隆宏, 『能力構築競爭』, 中公新書, 2003
4) 金田秀治, 『トヨタ式 勝つ現場力』, PHP, 2004
5) 石田退三, 『トヨタの商賣 成功の7原則』, WAC, 2004
6) 佐藤正樹, 『現場改善』, JMAM, 2003
7) 安田有三, 『奧田碩のトヨタ式 發想法』, アスコム, 2003
8) しばた まこと, 『トヨタ語の事典』, 日本實業出版社, 2004
9) 三戶節雄, 『大野耐一とトヨタ生産方式』, 淸流出版, 2003
10) 失野 弘, 『原價はもっと下げられる』, あいであらいふ, 2002
11) 下川浩一, 『トヨタシステムの原點』, 文眞堂, 2004
12) 日本經濟新聞社, 『トヨタ式』, 日本經濟新聞社, 2005

13) 水島愛一朗,『ファイナル プロジェクト』, MEDIA FACTORY, 2004

14) 水島愛一朗,『トヨタの改善傳道師』, 日本實業出版社, 2004

15) 石井正光,『入門トヨタ生産方式』, 中經出版, 2005

16) 相模兵介,『トヨタの舞臺裏』, 新生出版, 2003

17) 千田浩一郎,『SPT』, 文藝社, 2003

18) 東澤文二,『仕事の改善』, PHP研究所, 2003

19) 小宮和行,『ホンダ夢を實現する經營』, PHP, 2005

20) 近江堅一,『中小製造業のためのムダとり心得50』, 日刊工業新聞社, 2004

21) デルフイスワクス,『トヨタとGAZOO』, 中央經濟社, 2001

22) 杉谷正廣,『儲かる現場をつくる7つの道具』, PHP, 2004

23) 讀賣新聞特別取材班,『豊田市トヨタ町一番地』, 新潮社, 2003

24) 荒賀年美,『トヨタの頭腦が挑んだ最強のTQM』, 實業之日本社, 2002

25) 根本正夫,『TQCと トップ部課長の役割』, 日科技研, 1992

26) 水島愛一朗,『トヨタ發新産業革命』, 日本實業出版社, 2005

27) 松平智敬,『トヨタの社員は幸せか』, YELL, 2003

28) 小宮和行,『障子を開けてみよ外はいぞ』, あさ出版, 2005

29) 中山清孝,『直トヨタ方式』, ダイアモンド社, 2005

30) 細川幹夫,『トヨタ成長』, 近代文藝社, 2002

31) 碇 義郞,『ハイブリッドカ-の時代』, 光人社, 1999
32) 中澤孝夫,『トヨタを知るということ』, 日經ビジネス, 2004
33) 日本經濟新聞社,『奧田イズムがトヨタを變えた』, 日經ビジネス, 2004
34) トヨタ生産方式を考える會,『トヨタ生産方式で 品質管理』, 日刊工業新聞社, 2004
35) 黑田英敏,『トヨタ生産方式展開マニュアル』, 日刊工業新聞社, 2004
36) 西澤和夫,『儲かる生産現場强化マニュアル』, 日刊工業新聞社, 2005
37) つじもと おさむ,『モノづくりの仕組み』, 筑波書房, 2004
38) 名古屋QS硏究會,『作業改善』, 日本規格協會, 2004
39) 今里健一郞,『改善力を高める』, 日本規格協會, 2004
40) 後藤康浩,『つよい 工場』, 日經ビジネス, 2005
41) 江頭 進,『進化經濟學のすすめ』, 講談社, 2002
42) 片山 修,『トヨタはいかにして最强の社員』, 祥伝社, 2005
43) 豊田英二硏究會,『豊田英二 語錄』, 小學館, 1999
44) 木本正次,『豊田喜一郞』, 學陽書房, 2002
45) 日經ビジネス,『トヨタはどこまで强いのか』, 日經ビジネス, 2002
46) 石井住伎,『トヨタのできる人』, 中經出版, 2005
47) 高木敏行,『トヨタ最强企業の哲學』, 實業之日本社, 2003

48) 青木昌彦,『モジュール化』, 東洋經濟新聞社, 2002

49) 若松義人,『トヨタ式 改善力』, ダイアモンド社, 2003

50) 土屋勉男,『日本自動車産業の實力』, ダイアモンド社, 2002

51) 篠原 勳,『NPS革命』, 東洋經濟新聞社, 2003

52) 宇野 章,『工場改革 90のポイント』, 日刊工業新聞社, 2004

53) 藤本隆宏,『生産マネジメント入門 1』, 日本經濟新聞社, 2004

54) 藤本隆宏,『生産マネジメント入門 2』, 日本經濟新聞社, 2004

찾|아|보|기

낭비 '0'를 실현하는 도요타 개선력
INDEX

[ㄱ]

가공	176
가공 낭비	177, 316
가공 대상물	247
가공 시간	119
가동可動	98
가동稼動률	98
가동률稼動率	143
가동성可動性	143
가시화Mock-up	275
가치율價値率	143
간소화	91
간판	95, 193
감사개량부	276
개발품질	236
개선	36, 37, 52
개선력	19, 224
개선활동 기피 현상	42
개선활동의 3원칙	58, 270
개선활동	30
검사	176
검토 행위DR	336
결과물Output	227
결품 현상	104
고정관념	115, 138
공급연결망 관리SCM	140
공급자 중심의 수요	200
공장工場	259
공정 재공	315
공정에서 품질삽입	237
공정 품질	237
과잉 제조	308
과잉 제조의 낭비	177
관리	217
관리 능력의 3요소	39

찾아보기 | 367

규모의 경제 ·············· 91, 200
기술 ······················ 217
기업자원관리시스템 ········ 228
끌어당기기PULL 생산 ········ 121

[ㄴ]

납기Delivery ·············· 26, 39
낭비 ···················· 52, 93
낭비 발견 도구 ············ 193
낭비 배제 ·················· 54
낭비 인식 수준 ············ 188
낭비 제거 ·············· 58, 179
낭비의 '제거활동' ·········· 52
내면 경쟁력 ·············· 221
노동생산성 중심 ············ 90
눈으로 보는 관리 ·········· 275
니혼덴소日本電裝 ············ 72

[ㄷ]

다기능화 ················ 71, 72
다품종소량 ·········· 69, 98, 147
단순화 ···················· 91
대기 낭비 ·············· 177, 310
대기 시간 ················ 315
대량생산방식 ·············· 137

대LOT ···················· 69
데밍상 ·················· 273
도요다 기이치로 ············ 19
도요다 사키치 ············ 107
도요다 에이지 ······ 19, 86, 163
도요타 웨이 ················ 28
도요타.생산방식 ······ 28, 41, 267
도요타 표준 위원회 ········ 231
도요타 현장 리더십 ········ 167
도요타 현장의 개선관 ········ 34
도요타 WAY ·········· 162, 274
도요타식 개선 ·············· 44
도장 완료 대기수량 ·········· 74
도장塗裝 공정 ·············· 73
독립적 개선 ················ 55
동働 ···················· 196
동動 ···················· 196
동력 시스템Power Mechanism ··· 247
동력원Power Source ·········· 247
동작 낭비 ·············· 167, 310

[ㄹ]

라인스톱 제도 ············ 222
라인화 ·················· 229
로트 ···················· 147
리더십 ·················· 100

린Lean 시스템 ············ 106, 229

[ㅁ]

매체Media ···················· 236
무디스 사 ····················· 17
문제 ···················· 43, 44
문제 발견 능력 ········ 114, 186
문제의식 ······················ 43
문제포착 ····················· 117
물건 만들기 ··················· 28
물품신고物의 申告 ············153
물품Material ·················· 92
밀어내기PUSH 생산 ·········· 121

[ㅂ]

발상의 전환 ················· 158
버퍼 재공 ··············· 76, 314
범위의 경제 ················· 200
변화의식 ····················· 257
보전성保全性 ················· 144
복구소요시간 ················ 144
부가가치 활동 ················· 52
부수작업 ····················· 176
불량 ···················· 35, 237
불량 낭비 ············· 177, 316

불량배제 활동 ··············· 237
블랙박스Black Box ············ 68
비반복성 업무 ··············· 331
비부가가치 ············· 93, 198
비즈니스 모델Business Model ··· 237
빅3 ··························· 18

[ㅅ]

사람신고者의 申告 ··········· 153
사람 만들기 ··················· 28
산출물Output 중심 ············ 90
상식常識 ······················ 100
생산 재공 ···················· 314
생산 기술 ···················· 118
생산성 측정 ··················· 90
설비 개선의 방향 ············· 98
설비 정지 ···················· 190
설비가치율 ··················· 145
설비Machine ·················· 92
성력화省力化 ················· 193
성인화省人化 ············ 61, 203
소비자 중심의 공급 ·········· 200
소인화少人化 ················· 282
소품종다량 생산 ·············· 98
소LOT ························ 70
수단에 의한 경영방식 ········ 30

찾아보기 | **369**

수익악화 · 195
수주 설계 업종 · · · · · · · · · · · · · · 331
수직적 개선활동 · · · · · · · · · · · · 229
수평적 활동 · · · · · · · · · · · · · · · · 229
스즈무라 기쿠오 · · · · · · · · · · · · 83
스피드 향상 · · · · · · · · · · · · · · · · 93
습관화 · · · · · · · · · · · · · · · · 35, 232
식스시그마 혼합 · · · · · · · · · · · · 229
신뢰성Reliability · · · · · · · · · · · · 144

[ㅇ]

암묵지暗默知 · · · · · · · · · · · · · · · 106
여유 · 176
역발상 · 151
연구사고研究思考 · · · · · · · · · · · · 232
영업 부문 · · · · · · · · · · · · · · · · · · 308
영업 재공 · · · · · · · · · · · · · · · · · · 314
오노 다이이치 · · · · · · 68, 161, 267
오노 라인 · · · · · · · · · · · · · · · · · · 266
오염 불량 · · · · · · · · · · · · · · · · · · 250
오쿠다 히로시 · · · · · · · · · · · · · · · 19
와타나베 가쯔아키 · · · · · · · · · · · · 20
요인분할분석 · · · · · · · · · · · · · · · 191
운반 · 176
운반 낭비 · · · · · · · · · · · · · 177, 310
움직임 · 154

워크헤드 · · · · · · · · · · · · · · · · · · 247
원가 · · · · · · · · · · · · · · · · · · · 37, 39
원가 내리기Cost Down · · · · · · · · 196
원가 의식 · · · · · · · · · · · · · · · · · · 197
원가개선 · · · · · · · · · · · · · · · · 37, 56
원가저감 · · · · · · · · · · · 47, 96, 199
원가저감의 개선 방향 · · · · · · · · · 98
원점原點 · · · · · · · · · · · · · · · · · · · 115
윈-윈Win-Win 전략 · · · · · · · · · · · 30
유연성Flexibility · · · · · · · · · · · · · 98
응원제도 · · · · · · · · · · · · · · · · · · 219
이동점 · 247
이물질 불량 · · · · · · · · · · · · · · · · 251
이상異常 대응 · · · · · · · · · · · · · · · 240
이시다 다이조 · · · · · · · · · · · 19, 66
인간존중 · · · · · · · · · · · · · · · · · · · 26
인식 · 117
인재육성 · · · · · · · · · · · · · · 116, 276
일일 오더 시스템 · · · · · · · · · · · 189

[ㅈ]

자동차의 수요 패턴 · · · · · · · · · · · 27
자동화설비 · · · · · · · · · · · · · · · · · 59
자동화自働化 · · · · · · · 152, 177, 240
자동화自動化 · · · · · · · · · · · · · · · 152
자주연구회 · · · · · · · · · · · · · · · · 234

자주연自主研 ············· 234, 283
자주自主정신 ················· 216
작업 사이클 타임 ············ 230
작업요령서 ··················· 166
작업지시 간판 ················· 69
작업표준 ······················· 61
작업표준서 ···················· 71
재고 ·························· 178
재고 낭비 ················ 177, 308
재고의 해결 ···················· 93
재공 감축 ···················· 312
재공량 ···················· 75, 95
재공품 ······················· 312
재공품의 삭감 ················ 103
재료Material의 요인 ·········· 316
저스트 인 타임JIT
  ················ 54, 94, 152, 177
적합適合품질 ·················· 236
전사적 품질관리TQC ········· 239
전사적 활동 ···················· 55
절대악 ························· 97
정지 없는 자동화 ············· 152
정체 ·························· 176
정합성整合性 ·················· 236
제거 개선 ······················ 60
제안계획 ····················· 282
제안제도 ······················· 55

제약 조건 ······················ 66
제조 장치Machine의 요인 ······ 316
제조기술 ················ 118, 226
제조업 ······················· 217
제조품질 ····················· 236
제조환경의 요인 ·············· 316
조 후지오 ······················ 20
조립 투입 재공량 ·············· 76
조립공수 ······················· 74
조립생산성 ···················· 54
조직 능력 ···················· 221
조직력 ······················· 224
좋은 제품, 좋은 사고 ··· 112, 116
주작업 ······················· 176
준비교체 능력 ············ 144, 146
준비교체 시간 ················· 69
줄이기 개선 ···················· 60
지속력 ························· 56
지적知的 생산성 ·············· 337
지적知的 훈련 ················ 279
지혜 ·························· 116
직행률 ······················· 222
집중력 ························· 56

[ㅊ]

창의공부 제안제도 ············ 282

초단위 관리 ················· 180
추상사고抽象思考 ············· 232
충격 흡수 ··················· 76
충격 흡수 영역 ············· 314
충격 흡수 재공 ············· 314

[ㅋ]

코롤라 ······················ 46
크라운 ······················ 68
클린Clean화 요인 ············ 319

[ㅌ]

택트 타임 ················· 219
통계적 품질관리SQC ········· 239
투입공수 ···················· 90
투입물Input ················ 227

[ㅍ]

평균고장간격 ··············· 144
평균비용 배부방식 ·········· 156
폐기 낭비 ·················· 316
포드자동차 ·················· 55
표면 경쟁력 ················ 221
표준 ························ 60

표준 재공 ·················· 314
표준(설계)공수 ·············· 90
품종 준비교체 ·············· 223
품질 ······················· 237
품질사슬관리체계QCMS ······ 254
품질의 개선 방향 ············ 98
품질Quality ············· 26, 39
프로세스Process ············ 227
프리우스 ················ 37, 57

[ㅎ]

하이브리드 자동차 ············ 37
한계이익 ··················· 157
한량限量생산 ················ 151
합리화 ····················· 104
해결 ························ 43
행동의식 ··················· 257
혁신의식 ···················· 41
혁신활동 ···················· 30
현물흐름 현장 ·············· 148
현상부정 사고 ··········· 40, 43
현상사고現象思考 ············ 222
현장 개선 ··················· 62
현장·현물의 정보 ·········· 118
현재화 ················ 120, 337
현지현물주의 ··············· 139

협력도協力度 ·················· 281
형식지形式知 ·················· 106
확인사고確認思考 ·············· 232
회복력 ························ 144
횡전개 원칙 ·················· 231
흐름생산 ······················ 137
흐름화 전략 ···················· 92

[C · D]

C.T ·························· 230
CCC-21 활동 ··················· 47
Cycle Time ··················· 230
DCM ·························· 141
Demand Chain Management
···························· 141
DRBFM ···················· 45, 136

[E · F · G]

ERP ·························· 228
Economy of Scale ········ 91, 200
Economy of Scape ·········· 200
Face Lift ······················ 27
Fool Proof ··············· 240, 241
GD 큐빅 ······················ 133
Good Design ··········· 133, 135

Good Discussion ············· 135

[I · J · L]

IE ····························· 39
Improvement ·················· 30
Industrial Engineering ········ 39
Innovation ···················· 30
JIT 사고 ······················· 94
L/T ······················· 90, 94

[M · N]

Machining Center ············ 91
Management By Means ········ 30
M/C ··························· 91
MBM ·························· 30
MFBF ························ 144
MWTPP 분석 체계 ············ 247
MWTPP 원리 ················· 248
NECK(애로) 공정 ·············· 96

[O · P]

One Man-Multi Boss ········ 267
One Man-One Boss ·········· 267
PDS ·························· 110

찾아보기 | 373

Plan-Do-See	110	Touch Up 공정	240
Pre-Design 엔지니어	336	TPS	28, 105, 218
Procuct Pull	200	TQC	107, 272
Procuct Push	200	TSSC	285
Pull	97		
Push	97		

[S · T]

Supply Chain Management ················ 140
T.T ····················· 219, 230
Tact Time ············ 62, 230

[기타]

3현現주의 ························ 233
5청정 ················ 87, 89, 193
5W2H ························· 45
5WHY ···················· 45, 114
7대 낭비 ··············· 176, 331

독자를 먼저 생각하는 정직한 출판

시대의창이 '좋은 원고'와 '참신한 기획'을 찾습니다

쓰는 사람도 무엇을 쓰는지 모르고 쓰는,
그런 '차원 높은(?)' 원고 말고
여기저기서 한 줌씩 뜯어다가 오려 붙인,
그런 '누더기' 말고

마음의 창을 열고 읽으면
낡은 생각이 오래 묵은 껍질을 벗고 새롭게 열리는,
너와 나, 마침내 우리를 더불어 기쁘게 하는

땀으로 촉촉히 젖은 그런 정직한 원고,
그리고 그런 기획을 찾습니다.

시대의창은 모든 '정직한' 것들을 받들어 모십니다.

시대의창 WINDOW OF TIMES   분야   역사 / 문화 / 정치 / 사회

서울시 마포구 동교동 113-81 (4층) (우)121-816
Tel : 335-6125   Fax : 325-5607   http://www.sidaew.co.kr